KB103046

인문의 스펙을 타고 가라

# 인문의 스펙을 타고 가라

2010년 5월 1일 초판 1쇄 찍음
2011년 10월 29일 초판 4쇄 펴냄

기  획  최윤영
엮은이  서울대학교 인문대학 학생생활문화원
지은이  이동진, 주경철, 표민수, 이수영, 노찬, 정화경, 고희경, 최영인, 문용식,
　　　　최영삼, 김태권, 조형준, 김대호, 이미연, 김경욱, 박준형, 안민
펴낸이  윤철호
펴낸곳  (주)사회평론

편  집  김천희, 김자영, 권현준
마케팅  서재필, 박현이
표지디자인  ZINO DESIGN 이승욱
본문디자인  디자인 시

등록번호  10-876호(1993년 10월 6일)
전　　화  326-1182(영업) 326-1185(편집)
팩　　스  326-1626
주　　소  서울시 마포구 서교동 247-14 임오빌딩 3층
이 메 일  editor@sapyoung.com
홈페이지  www.sapyoung.com

ⓒ 서울대학교 인문대학

ISBN 978-89-6435-096-6  03040

사전 동의 없는 무단 전재 및 복제를 금합니다.
잘못 만들어진 책은 바꾸어 드립니다.

사회평론

이 책은 다양한 직업 진로를 가진 인문·사회계 대학생들의 진로설계를 돕기 위해서 만들어졌다. 문과계열의 기초학문을 전공한 졸업생들의 진로는 매우 다양하다. 일반기업, 공기업, 금융업, 문화산업뿐 아니라 대학원 진학, 고시 등 정말 다양한 진로가 비슷한 비율로 선택되고 있다. 이러한 다양함은 오랫동안 자유로 이해되어 왔지만 최근에는 점차 불안 요인으로 바뀌어 가고 있는 듯한 양상이다.

인문학은 사회생활이나 직업생활에 직접적으로 쓰이는 학문이 아니다. 이는 인간과 자연 세계의 근본을 탐구하는 인문학의 본질상 필연적인 것이고 과거에도 그랬고 현재에도 그렇고 앞으로도 그럴 것이다. 많은 사람들이 21세기는 인문학의 시기라고 이야기하고 인문학이 배양하고자 하는 전인적 능력이나 창의성, 지성, 이해력, 감성 등을 다시 강조하고 있다. 최근 대학이나 박물관, 미술관에서 제공하는 인문학 강좌는 사람들이 넘쳐나고 있다. 그러나 다른 한편 인문학을 공부한 학생들은 이러한 시대의 변화를 느끼기가 쉽지 않고 또 학업 자체는 흥미롭고 중요하다고 여기지만 자신의 취업과는 별로 관련이 없다고 고민을 하고 있다. 무엇보다도 청년실업이 최근 가장 큰 사회문제가 되고 취직이 정말 절박한 문제로 떠오른 현재에, 취업을 생각하는 졸업자들에게 인문학의 본래 취지와 목적만을 이야기해 줄 수는 없다. 이러한 사정은 직업진로가 뚜렷한 몇몇 단과대학을 제외하고는 대다수의 다른 단과대학의 경우에도 마찬가지라 할 수 있다.

이 책은 이러한 대학과 사회의 간극을 메워 주고 인문학을 공부하는 학생들이 미래설계를 하는 데 도움이 되도록 사회로 진출한 선배들의 경험과 이야기를 중심으로 꾸몄다. 이러한 상황에서도 아직까지 국내대학에서 인문계열 학문을 전공한 학생들을 위한 체계적인 진로교육이나 지도가 없었고 관련 서적도 거의 없었다는 것은 놀라운 일이다.

선배들의 이야기의 결론은 미리 말하자면—역설처럼 들리겠지만—1학년부터 미래설계를 하되 소위 스펙쌓기에 몰두하기보다는 인문학 전공생의 장점을 살리라는 데 있다. 그 구체적인 방법은 이 책을 읽어보면 알게 되겠지만 직업군마다 다르다. 이러한 경험담은 정말 사회가 필요로 하는 인재가 되기 위하여 자신감을 가지고 자신의 대학생활을 설계하도록 도움을 줄 것이다.

이 책을 구상하게 된 직접적 계기는 너무나 값진, 주옥 같은 강의들이 있었기 때문이다. 서울대학교 인문대학 학생생활문화원(일명 생생원)은 2008년 여름 개원한 후 매 학기마다 10여 명씩 약 30여 명의 각계 전문가를 섭외하여 진로개발 특강을 실시하였다. 그리고 특강자들 중에서 학생들에게 특히 큰 반향을 얻었던 분들의 강연을 중심으로 이 책을 구성하였고 그 외 학생들이 관심을 둔 분야의 전문가를 위주로 저자를 추가로 섭외하였다. 아직도 강의하셨던 한 분 한 분의 매력적인 인품, 사람을 쏙 빠져 들게 하는 흥미진진했던 경험담들, 때로 힘차고 때로 조용조용했던 목소리와 애정이 담뿍 담긴 눈길들, 그리고 무엇보다도 반짝이는 눈길로 화답했던 학생들의 진지했던 반응을 잊을 수가 없다. 학생들이 가장 많이 원하는, 혹은 실제로 진출하는, 혹은 새로운 직업 분야를 개척한 선배들이 들려준 노력과 성공담, 실패담, 조언들을 모아 책을 출판함으로써 인문대생들이 좀더 자신 있고 활기차게 진로설계의 좌표로 삼았으면 한다.

바쁘신데도 불구하고 또 오랫동안 이런 글을 쓰지 않았다고 머뭇거리면서도 결국 공을 들여 글을 써주신 저자분들께 진심으로 감사의 인사를 드린다. 글을 주시고 나서도 오랫동안 멋쩍어 하시면서 원고 교정에 대해서 물어보곤 하셨다. 또한 여러 사정으로 도저히 글을 쓸 여유가 없었던 분들은 학생들의 인터뷰에 기꺼이 응해 주셨다. 직접 써주신 글들과 생생한 대화가 살아나는 인터뷰들이 잘 어울려 읽기에 훨씬 재미있는 책이 된 것 같다. 생생원 설립 당시부터 수고한 이숙진의 경우 이 책이 마지막 작품이 되었다. 인터뷰 때 많은 수고를 해준 안성은, 전성진, 정재원에게 고맙고 모든 저자분의 사진을 찍어준 김병길, 김상택에게 감사의 말을 전한다. 이 책을 읽고 정리하면서 지난 세 학기 동안 정말 좋은 분들을 만나고, 좋은 말씀을 듣고, 훌륭한 학생들과 같이 일한 행복감을 가슴 뿌듯하게 다시 한 번 느낄 수 있었다.

끝으로 생생원 설립 시부터 전폭적인 지원과 도움을 아끼지 않은 인문대학의 변창구 학장님과 여러 교수님들께도 감사를 드린다. 좌충우돌 매번 실패와 성공을 번갈아가면서 여러 프로그램을 시도하는데 이분들의 도움과 격려, 애정이 없었더라면 이만큼 오기가 힘들었을 것이다.

인문학을 공부한 것이 삶 자체를 힘들게 한 적도 있지만 인문학을 공부하면서 삶 자체를 생각해보았고 또 자신의 삶을 가치 있게 만들었다는 것은 모두에게 공통된 경험이었고 또한 경험이 될 것이다. 그러하기 위해서는 때로 저 멀리, 또는 바로 앞의 자신의 미래를 꿈꾸기를 게을리하지 않으면서 노력하는 것이 필요한 것 같다. 이 책은 현재 인문대에 재학 중인 학생뿐 아니라 문과 계열의 다양한 진로를 고민하는 다른 단과대학 학생들, 그리고 인문대로 진학을 고려하는 중고등학생들, 학부모님들에게도 미래를 향한 이정표 역할을 할 수 있을 것이라고 기대해본다.

2010년 3월

서울대학교 인문대학 학생생활문화원장 최윤영

# 차례

# 꿈을 정하기도 전에
# 세상에 그냥 묻어가려고
# 하지 마라

종교학을 공부한 영화전문기자
## 이동진

1968년생. 종교학 전공, 영화전문기자, 영화평론가, 현 이동진닷컴 대표
지은 책 『길에서 어렴풋이 꿈을 꾸다』, 『이동진의 부메랑 인터뷰』, 『필름 속을 걷다』, 『이동진의 시네마레터』
『낯선 거리에서 영화를 만나다』, 『함께 아파할 수 있다면 다시 시작할 수 있다면』, 『영화 같은 세상을 꿈꾸며』

인문학은 특정한 어느 곳을 바라보고 달려가는 법을 가르치지 않는다.
하지만 어느 곳을 바라볼 것인가,
어떻게 달려갈 것인가를 끊임없이 고민하라고 가르친다.
그 고민이 두렵고 힘들다고, 꿈을 꾸고 정하는 게 어렵다고
세상이 정해준 길에서 그냥 그렇게 묻어간다면
결국 남을 위한 인생을 살게 될 뿐이다.

## 대한민국에서 가장 유명한 영화전문기자

**Q:** 안녕하세요. 소개를 좀 부탁드리겠습니다. 1993년부터 2006년까지 조선일보 기자를 하시다가 현재는 다른 일을 하고 계시다고 들었는데….

**A:** 저는 이동진이구요. 말씀하신 대로 1993년부터 2006년까지 조선일보에서 기자를 했고 지금은 이동진닷컴이라는 1인 회사를 운영하고 있습니다. 아무래도 학생들 입장에서 제 소개를 하는 것이 더 좋겠죠?

저는 87학번이고 94년 2월에 졸업을 했습니다. 중간에 군대를 다녀온 것까지 계산하면 7년 만에 졸업을 했죠. 그리고 4학년 2학기에 시험을 쳐서 조선일보에 입사를 했는데, 93년 12월부터 다녔으니까 사실상 4학년 2학기 끝내고 겨울방학부터 다닌 셈이죠. 그렇게 연차로 치면 14년, 만으로 13년간 신문사에 있었는데 그곳이 제가 처음 시험을 봐서 들어간 직장이었어요. 물론 몇 군데 시험을 더 봤지만 조선일보에 먼저 붙어서 들어갔으니,

제 첫 취직시험이었고 첫 직장이었죠. 졸업도 하기 전에 들어가서 14년을 근무했으니 사실상 2006년까지 제 사회생활은 신문사에서 기자 생활을 한 것이 전부인 셈입니다.

**Q**: 사실 이동진이라는 이름은 조선일보 기자보다 영화전문기자로 더 유명한데요.

**A**: 운이 좋은 편이었죠. 제가 입사 3년차밖에 안 됐을 때, 제 캐리커처와 이름이 들어간 칼럼을 쓰기 시작했어요. 〈이동진의 시네마 레터〉라는 칼럼이었는데 처음에는 〈이동진의 비디오 레터〉라는 타이틀로 나가다가 칼럼 제목이 바뀐 것이었죠. 이것은 아주 드문 케이스였습니다. 왜냐하면 그 당시에 조선일보에서 자기 캐리커처가 나오고 칼럼을 쓰는 사람은 주필과 논설실장 두 분밖에 없었거든요. 근데 입사 3년차밖에 안 되는 기자가 그런 칼럼을 쓴다는 것은 매우 이례적이고 특수한 경우였어요. 제가 훌륭해서가 아니고 당시 신문이 변화하던 시기, 즉 섹션이 나오던 시기였고 그런 상황에서 제가 쓰고자 하는 방향과 신문사 쪽에서 새로 하고 싶어 하는 부분이 맞아떨어져서, 제가 발탁이 된 거죠. 그래서 칼럼을 쓰기 시작했고 소위 영화전문기자라는 이름이 생긴 겁니다. 사실은 영화담당기자인데 오래 하다 보니깐 전문기자가 된 거죠.

**Q**: 아무리 운이 좋았다지만 그래도 뭔가 특별한 것이 있었을 것 같은데요. 기자 생활 이야기를 좀 더 들려주시겠어요?

**A**: 기자가 되면 처음 6개월 동안 수습기자라는 것을 하죠. 수습은 각 부서를 돌면서 소위 기자 훈련을 받는 것입니다. 저는 수습이 끝나고 나서 편집부

에 1년 조금 넘게 있었습니다. 회사마다 조금씩 다르긴 한데 제가 있던 회사는 수습기간이 끝나면 절반은 사회부, 절반은 편집부 이렇게 분류해 배치시켰죠. 기자 초년병은 '사회부에서 취재를, 편집부에서 편집을 배워야 된다'는 뜻이었죠. 취재와 편집이 기자에게는 기본이니까요.

그래서 저는 편집부에 1년 조금 넘게 있었는데 그때 대학 다닐 때 썼던 영화책이 뒤늦게 나왔어요. 제가 대학생 때 영화책을 썼거든요. 출판사에서는 약간 뭐라 그럴까, 비록 출판을 결정했다고는 해도 대학생이 쓴 영화책이 뭐 그렇게 대단한 기대를 걸 만한 아이템은 아니었겠죠. 그래서 출판이 조금 늦어지고 있었는데, 제가 입사한 뒤로 편집부에서 일하고 있을 때 책이 나왔습니다. 그리고 그 다음에 문화부로 가게 됐어요. 아마 책 때문이었겠죠?

저는 편집부에 있을 때도 영화기사를 썼는데, 일반적으로 편집기자는 기사를 안 씁니다. 편집기자와 취재기자는 따로 뽑는데 저는 취재기자로 입사했죠. 편집부에서는 트레이닝을 받는 것이었구요. 보통 편집기자는 기사에 제목을 달거나 레이아웃을 하는데요. 저는 편집부에서 트레이닝을 받는 시절에도 영화 기사를 계속 썼습니다. 그리고 문화부로 옮기자마자 당연히 영화기자를 하게 됐죠. 뭐 그렇게 된 것입니다.

사실 저는 일반적인 기자의 이력을 밟아온 사람은 아닌 것 같아요. 왜냐하면 기자 초년병 시절부터 영화기자를 한 셈인데, 일반적으로 그렇게 안 하거든요. 트레이닝 기간을 충분히 거치고, 사회부, 정치부, 경제부 이런 식으로 옮기게 되는데 저는 당시로서는 드물게 편집부에서 1년 정도 있다가 바로 문화부로 갔으니까요. 그 당시에 문화부는 주로 고참기자들이 가는 곳이었거든요. 물론 지금은 젊은 기자들도 많이 가지만 당시에는 아직 신참인 제가 문화부에 배치된 것 자체가 이례적인 일이었습니다.

# 1인 미디어 '이동진닷컴'

Q: 그렇게 영화기자를 계속하시다가 지금 새로운 일을 하고 계신 것이군요.
A: 2006년 이후에 회사를 나오게 되었습니다. 직장생활이 오래되니깐 직장 다니는 것도 싫어지고, 힘도 들어서 어렵게 나왔어요. 나오는 과정도 쉬운 것은 아니었는데, 어찌됐건 나와서 독립을 한 거죠. 그리고 지금은 사업자 등록을 하고 '이동진닷컴'이라는 회사를 만들었습니다. 하지만 '이동진닷컴'이라고 해도 저 혼자예요. 소위 1인 미디어가 된 것인데 네이버와 계약을 맺고 네이버에 기사를 제공하는 언론사인 셈입니다. 네이버에서 조선일보 기사를 가져다 쓸 때 돈을 지불하거든요. 마찬가지로 저도 네이버에 기사를 제공하고 그 기사에 대한 콘텐츠 제공료라는 것을 받습니다. 계약은 1년 단위로 하는데 제가 하고 있는 일들 중에 가장 중요한 일이고, 힘이 많이 들어가는 일입니다. 그러니까 이게 현재 제 주된 직업이에요.

그리고 회사에 있을 때와 비교해서 상대적으로 다른 일들을 많이 합니다. 회사에 매인 몸일 때는 다른 외부 일들을 하면 일단 눈치가 보일 수 있죠. 회사에서 허락을 안 할 수도 있고. 하지만 지금은 제 마음대로 하는 거죠. 그래서 1인 미디어에 글을 쓰는 것이 제일 중요한 일이긴 하지만 그 외에도 지난 학기에는 서울대학교와 영상원 두 군데에서 강의를 했고, TV나 라디오에 출연하고 있습니다. 또 외부 특강도 하고, 관객과의 만남이라고 해서 극장에서 관객들과 직접 대화를 한다든가, 영화제에서 사회를 본다든가 이런 일들도 하죠. 또 책도 쓰는데요, 신문사에 있을 때는 책을 쓰는 것이 쉽지가 않아서 회사에서 나올 때까지 책을 세 권을 썼는데, 나오고 나서 세 권을 썼어요. 그러니까 아무래도 책을 쓰는 것도 지금이 훨씬 좋죠.

Q: 정말 일반적인 기자 생활의 이력을 가지신 것은 아닌 것 같네요.

A: 그렇죠. 일반적인 기자들이 밟는 코스를 밟아온 경우는 아니에요. 그것이 다행인지 불행인지는 모르겠지만 좀 특수한 경우인 것 같긴 해요. 지금 제가 하는 일도 특수한 일이잖아요. 1인 미디어로 콘텐츠를 제공하고 그 자체를 직업으로 살아가는 사람이 한국에 다 합쳐도 다섯 명이 안 될 테니, 아주 특수한 경우죠.

Q: 기자 생활에서 보람이 있었던 일이 어떤 것이 있을까요?

A: 영화기자가 되고 싶었던 상황에서 그 일을 할 수 있게 됐다는 것도 제게 중요하지만, 제가 영화전문기자를 한 지난 십수 년간 한국영화가 가장 뜨거웠던 시기였다는 것도 중요한 것 같아요. 그건 제가 선택할 수 있는 것은 아니니까요. 우연히 제가 영화를 하고 싶었는데 우연히 한국영화가 그때 막 꽃피던 시절이잖아요. 제가 83년도에 입사를 했더라면 영화기자로서는 지금과 같은 만족을 얻지 못했을 수도 있었겠죠. 그런데 93년도에 입사해서 영화기자를 본격적으로 하기 시작한 것이 96년도였고, 한국영화도 90년대 중반부터 폭발적인 에너지를 보이면서 산업적으로나 내적으로 크게 성장을 했거든요. 한국영화가 몇 단계를 도약하는 과정을 바로 옆에서 볼 수 있었던 것이 제 기자 생활의 행운이고 보람이죠. 한국영화가 지금은 숨 고르기를 하고 있지만, 웅크린 상태에서 몸을 뻗치고, 기지개를 켜고, 전력 질주를 하는 그 과정을 바로 옆에서 보면서 기술하고, 거기에 대해서 코멘트를 하고, 저도 아주 미약하나마 약간의 힘을 더할 수 있었다는 것. 그것이 영화기자로서 제 가장 큰 보람이죠.

# 스페셜리스트와 제네럴리스트가 공존하는 인간상, 인문학 전공자

**Q:** 편집부에도 잠깐 계셨다고 하셨습니다. 취재기자랑 편집기자는 역할이 상당히 다른 것으로 알고 있는데요.

**A:** 편집기자 경험은 중요한 경험이었습니다. 입사할 때만 해도 편집을 할 것이라고는 생각도 안 했기 때문에 편집의 '편'자도 모른다고 할 수 있었고, 편집기자가 뭘 하는지도 제대로 모르는 상태였죠. 그런데 신문사에 가면 편집부가 가운데 위치하고 있거든요. 회사마다 다르겠지만, 대부분의 회사가 아마 그럴 거예요. 왜냐하면 쉽게 말해 편집기자가 최초의 독자이기 때문이죠. 어떤 기자가 기사를 쓰면 사실 데스크가 교정을 보면서 첫 독자가 되기도 하지만 데스크도 어쨌든 그 부서 안에 있는 거니까 편집기자가 정확한 의미에서 최초의 독자가 된다고 할 수 있죠.

편집기자는 기사가 출고되었을 때 그 기사를 독자 입장에서 읽어보고, 더 필요한 내용을 추가로 요구합니다. 하지만 가장 중요한 것을 제목으로 뽑아내고, 기사의 경중을 따져서 배치하는 일입니다. 그래서 편집 일을 하다 보면 기자로서 시선이 넓어지죠. 저도 기자 생활을 할 때 문화예술 쪽으로만 관심이 있었지 사회부나 경제부, 정치부 이런 데는 관심이 없었거든요. 그런데 편집기자를 하다 보면 영화면만 편집하는 것은 아니거든요. 주로 문화 쪽을 편집하고 연차가 낮아 중요한 면을 편집하지는 못했지만 사회면 같은 데를 보조하기도 했죠. 그러면서 제가 편집기자를 하지 않았다면 아마 평생 전혀 몰랐을 부문들에 어느 정도까지는 관여할 수 있게 되었고, 알게 되었죠. 무엇보다도 인문학하고 비슷한 느낌이 있었습니다. 편집기자는 제너럴리스트이면서 스페셜리스트잖아요. 스페셜리스트라는 건 편집기자에게 직업적으로 훌륭한 전문적인 스킬이 필요하다는 것이고, 제너럴리스트라는 건 어떤 기사가 와도 경중을 따지는 기본적인 시선부터 시작해서 글을 읽는 독법의 능력, 자기가 그것을 읽고 요약해 내는 문장력까지 다 필요한 거잖아요. 그렇게 보면 편집부의 일이 인문학과 비슷하다고 볼 수 있는 측면이 있어요. 1년 남짓한 기간이었지만, 많이 배운 기간이었고 만약에 편집부를 거치지 않았더라면 좀 더 편협한 시각을 가졌을 것 같네요.

Q: 지금 1인 미디어를 활용해서 기사를 쓰고 계신다고 하셨는데, 사실 1인 미디어라는 개념이 생소합니다. 어떤 의미의 작업이라고 보면 좋을까요?

A: 글쎄요. 다만 명확한 것은 그 속도나 방향은 예측할 수 없지만 앞으로 이런 경향이 계속 짙어질 것이라는 점입니다. 예를 들어 5년 전까지만 해도, 1인 미디어라는 것이 직업이 될 수 있는 경우는 한 케이스도 없었으니까요.

지금 같은 거대 언론사는 앞으로도 계속 존재하겠지만, 거대 언론사 못지않게 소위 1인 미디어라는 것들도, 그 방향은 알 수 없지만 활동이 점점 커지리라는 것은 누가 봐도 예측이 되는 것 같습니다. 그리고 현재까지 성공한 케이스가 있고, 점점 더 이런 경향이 가속화된다면, 저는 운 좋게도 그 일을 선구적으로 한 셈이 되겠죠. 뭐 그것도 제가 시대의 변화를 잘 읽어서 그런 것은 아니고 우연히 그렇게 된 것이지만. 어찌됐건 하다 보니깐 제가 무슨 1인 미디어의 선봉에 선 것처럼 해서 인터뷰도 하고 그런 상황이 됐어요. 제가 능력이 있거나 선구안, 의지가 있어서 된 일은 아니지만, 결과적으로 1인 미디어를 정착시키는 데 약간이나마 기여를 하게 되었다는 점에서 의미가 있는 것 같아요.

저를 역할 모델로 삼으시는 분들도 있어, 그분들에게 어떤 말을 해드려야 할지는 모르겠는데, 어찌됐건 1인 미디어로 활동하는 사람이 있다는 것 자체가 앞날을 설계하는 사람들에게는 작은 희망이 될 수는 있을 것 같습니다. 그런 측면에서 사회적으로 의미가 있다고 할 수 있지 않을까요.

## 지금 20대는 불행한 시대를 맞았다고 한다. 하지만 대한민국 역사에서 행복한 시대가 있었나?

**Q:** 대학생들이 사회가 어렵고, 그렇기 때문에 안정을 찾게 되고, 결과적으로 1인 미디어와 같은 '도전'이라고 할 수 있는 일들을 선택하는 경향은 줄어들게 되는데, 거기에 대해서 어떻게 생각하시나요.

**A:** 맞아요. 그러니깐 다들 남들 다하는 스펙 쌓기를 하는 거겠죠. 제가 거기에 대해서 하고 싶은 말은, 대한민국은 건국 이후 지금까지 한 번도 안정된 사회인 적이 없었다는 거죠. 상대적으로 조금 더 안정되었냐 아니냐의 문제겠죠. 생각해보면 대한민국이 평탄한 적이 있었나요? 굳이 이야기하자면 88올림픽 이후 몇 년 정도? 그때라고 문제가 없었나요? 그땐 민주화의 문제도 있었고, 안정적이지 않았던 것은 마찬가지였죠. 60년대에 직장을 가지려고 했던 사람들이 어떤 길을 갔는가를 생각해보면, 워낙 저개발 사회였기 때문에, 은행이나 언론사를 제외하고는 선택할 수 있는 길이 거의 없었습니다. 한때는 광업이 잘나가서 석탄학과가 제일 좋은 인기 학과 중의 하나였다고 들었지만 지금은 그렇지 않죠. 아예 취직을 하는 것이 사치였던 시절도 있었습니다. IMF 시절과 같이 연봉을 절반씩 깎고 들어가야 하

는 시절도 바로 얼마 전입니다.

물론 지금이 상대적으로 취직하기 어려운 건 사실입니다. 또 우리 세대보다는 더 많은 노력을 해야 어느 정도 안정을 누릴 수 있는 것도 사실입니다. 그렇지만 제가 하고 싶은 말은 한국에서 유사 이래 어느 시대도 안정감 있게 사회성원들에게 일자리와 삶의 방법을 제공했던 때는 없었다는 얘기입니다. 그러니까 앞서 말한 것이 변명이 될 수 있는 것은 아니라고 생각해요. 결국은 삶을 살아가는 방법의 문제고 인생관의 문제지 시대의 문제만은 아닌 것 같아요.

## 시대를 탓하기 전에 도전할 꿈을 먼저 찾아라

영화에 비유를 해보죠. 신인감독들이 많이 하는 얘기인데, 첫 영화로 데뷔하는 것이 워낙 어렵잖아요. 장편 상업영화에서 기획돼서 신인감독으로 데뷔하는 사람들은 1년에 몇 명이나 될까요? 한 20~30명 된다고 가정을 하면, 감독이 되고 싶어서 입봉을 기다리는 사람들은 400~500명은 될 것입니다. 그러면 그런 상황에서 감독이 되기 위해 기다리는 동안 대략 연봉 1000만 원밖에 안 되는 비참한 스태프 생활을 합니다. 한마디로 꿈이 저당 잡힌 거죠. 그런데 이때 데뷔 기회가 옵니다. 하지만 감독이 되어 첫 영화를 만들게 되더라도 자기가 전권을 휘두를 수가 없거든요. 신인감독의 뭘 믿고 제작자가 남의 돈을 수십 억씩 끌어다가 맡기겠습니까. 그러면 끊임없이 타협을 할 수밖에 없어요. 그럴 때 신인감독이 이렇게 변명합니다. "데뷔 자체가 어려우니까 이번에는 대중들의 취향에 맞추어서 거기에 전력투구를 하고 다음에 자기 기반이 쌓이면 그때 내가 진짜 하고 싶은 영화를 하겠다"라고 말하는 사람들이 많다는 것이죠. 거기에 대해서 제가 하고 싶은 얘기는, 물론 저도 지킬 수 있는 말인지 모르겠는데요, "It's now or never"라는 말이에요. 지금이 아니면, 나중에도 안 된다는 것이죠. 첫 영화를 그렇게 찍으면, 내가 하고 싶은 것은 따로 있는데 힘드니까 제작자의 요구도 100% 수용하고, 관객이 더 많이 든다고 끝을 해피엔딩으로 만들고, 초반에는 액션으로 시작해야 사람들의 시선을 끌 수 있다고 해서 그렇게 그렇게 만들었다고 치면, 그 사람은 두 번째에도 자기 영화는 못 만들어요. 그냥 그런 영화를 만드는 감독이 되는 거죠. 그런 영화가 가치가 없다고 말하는 것이 아니라, 자기가 하고 싶은 것이 정말로 있다면, 그것을 하지 않고 일단은 이것부터 해서 나중에 저것을 하겠다고 하면 그것은 영원히 못한다는 겁니다.

물론 거기에는 전제가 있어요. 뭔가 자기가 하고 싶은 것이 있다는 거죠. 하고 싶은 것이 없는 사람들도 있잖아요. 졸업은 했는데 딱히 내가 뭘 잘 하는지도 모르겠고, 별로 하고 싶은 것도 없고 직장은 가야겠고, 그런 사람들은 안정을 추구하는 것이 맞다고 생각해요. 모두 꿈을 추구한다고 이야기하지만 꿈이 없는 사람들도 있잖아요. 그리고 또 꿈이 없어도 행복할 수 있구요. 그렇지만 어떤 사람이 무엇을 이루고 싶은데, 일단 안정적으로 이것을 하고 나중에 그것을 하자고 이야기한다면 이 사람은 영원히 못한다는 거죠. 그렇게 이야기할 수 있을 것 같아요.

Q: 인문학을 공부하는 학생이라고 하면 취업, 진로 같은 부분에서 유독 더 많이 방황하는 모습이 보이는 것 같습니다. 그래서인지 어떤 구체적인 꿈을 키우기보다 고시, 대기업 취직처럼 안정을 추구하는 모습이 많이 보이는 것 같아요.

A: 그게 묻어가는 거죠. 예를 들어 삶에 있어 고시가 매우 중요한 방법일 수 있고, 기업에 들어가는 것이 중요한 방법일 수 있습니다. 저는 그게 꿈을 찾아가는 것보다 나쁜 삶이라고 절대 생각하지 않습니다. 다만 그것이 자기가 원한 삶이었냐는 거죠. 제가 하고 싶은 말은 '나는 A를 원했는데 시대가 하 수상하고, 집안의 가족들도 부양해야 하고, 미래가 불안하고 하니까 B를 하자'라는 것이 틀렸다는 거예요. 처음부터 A가 없는 사람들도 있을 수 있고, 그러면 B를 추구해도 전혀 문제가 되지 않는 거죠. 그러니까 시대 핑계를 대지 말자는 거죠. 물론 지금 세대가 불행한 세대라고 생각을 해요. 그렇지만 본질적으로 시대에 핑계를 대면 안 될 것 같아요. 시대 핑계를 대서 뭐할 거죠? 그런다고 20대에게는 가산점을 주고, 나라에서 월 30만 원씩 월급을 더 줄 거예요? 그건 의미도 없는 일이고, 속만 상하는 일입니다. 궁극적으로 그것 때문에 어떤 사람이 할 것을 못하지도 않거든요.

## 꿈은 상상력이고 상상력은 자신이 알고 있는 범위에서만 보인다. 꿈을 찾고자 한다면 지식의 범위, 상상력의 범위부터 넓혀라

Q: 이렇게 된 전반적인 원인이 꿈이라는 것을 가져볼 기회 자체가 없었기 때문일 수도 있을 것 같습니다. 대학생들이 좀 더 꿈을 가진다거나, 시각을 넓힐 수 있는 기회를 맞는다거나 하기 위해서는 어떻게 해야 할까요?

A: 사람의 꿈이라는 것도 상상력 안에서 가능한 일이죠. 직업도 마찬가지겠지만 자기가 상상할 수 없는 것을 꿈꿀 수 없거든요. 예를 들면 어릴 적 아버

지를 무척 존경했다고 칩시다. 그리고 그 사람이 '아버지의 직업을 이어야지'라고 생각했다면 꿈을 물려줄 만큼 성공한 사람이 아버지였기 때문이고 그 영향 아래 있었기 때문에 가능한 것이겠죠. 혹 어렸을 때 영화를 열심히 보다가 영화가 좋아졌다면, 영화를 보고 좋아하게 됐으니까 역시 영화라는 경험에 의해 제한적으로 꿈이 형성된 것이죠. 사람은 자기가 하고 싶은 것을 자기가 잘 안다고 생각하지만 그것은 아니거든요. 결국 자기 꿈과 욕망이라는 것도 미리 결정할 필요가 없다는 거예요. 그리고 자기의 꿈과 욕망이라는 것의 범위를 넓혀가야 자기가 뭘 원하는지 조금 더 알 확률이 높다는 거죠.

그런데 지금처럼 자기의 꿈을 좁게 설정하고 그것에 맞춰 열심히 살기만 하면, 자기가 뭘 좋아하는지 알 수가 없습니다. 다른 과에서 개설한 교양 과목을 듣다가 그쪽에서 자신의 꿈을 알게 될 수도 있고, 하다못해 그게 등산이나 낚시든, 컴퓨터 게임이든 뭐든 잘 모르겠지만, 그렇게 다양한 경험들을 겪다 보면 '아 정말 재미있다', '이것을 할 때 희열을 느낀다', '이것을 진짜 잘할 수 있을 것 같다'는 것을 발견하게 되는 것이죠. 그러면 그게 꿈이 되는 거잖아요. 그런데 그걸 안 해봤으면 모르는 거죠. 그리고 인문학은 그런 것을 가르치는 것이라고 생각하구요.

Q: 기자로 취업하셨을 때가 4학년 때라고 하셨는데요, 인문대생으로서 학생 시절은 어떻게 보내셨나요?

A: 지금과 그대로 비교하기에는 어려울 것 같네요. 제가 87학번인데 그 당시에는 정치적인 이유로, 학생들이 공부만 하고 자기 자신만 돌보기에는, 요즘 말로 하면 스펙을 쌓는 게 한가롭게 느껴지는 상황이었고, 지극히 눈치

가 보이는 상황이었습니다. 폭압적인 5공, 6공 시절이었으니까요. 학교 안에서도 수시로 전경들이 학생들을 잡아가기도 했고, 교문 앞에서는 수시로 시위가 있고 최루탄이 터지는 상황이니, 혼자서 미래를 준비하면서 공부하고 이런 것은 한가롭게 느껴지는 시대였어요. 저는 1학년 1학기 때 기말고사를 안 쳤는데 저만 안 친 것이 아니고 저희 과가 다 안 쳤어요. 시험거부, 동맹휴학, 전방입소 거부가 학교에서 흔히 듣는 이야기였으니 지금하고 그때를 비교하기는 어렵겠죠.

Q: 학창 시절 정치적, 사회적인 활동이 많았겠네요.

A: 글쎄요. 저는 적극적으로 시위를 하거나 이런 사람은 아니었어요. 마음으로는 동조를 했지만 적극적으로 하지는… 왜 그런지는 모르겠어요. 성격일 수도 있고 여러 가지 이유일 수도 있죠. 어쨌건 그런 정치적인 상황들을 제외하고 이야기를 한다면, 과 생활도 적극적으로 하는 사람은 아니었어요. 지금도 과방이라는 말을 쓰죠? 과방이나 과사무실이나 이런 데 가면 잘 어울리지 못하고 쭈뼛거리는 타입이었습니다. 저는 종교학과였는데 한 학년이 20명밖에 안 됐거든요. 20명이면 서로 선후배들 빠삭하게 잘 알아야 되잖아요. 근데 전 선배들은 알았지만 후배들은 몰랐어요. 과 생활을 열심히 했던 사람은 아니었던 것 같고… 주로 혼자 놀았던 것 같네요.

수업 들을 때는 가급적 한 분야를 깊게 파기보다는 여러 가지를 알고 싶어서 다양한 분야의 과목을 들으려고 노력을 했구요. 전공인 종교학이라는 학문에 대해서 관심이 많았고, 저학년 때는 종교학 쪽으로 공부를 계속해서 학자가 되겠다고 생각했기 때문에 상대적으로 공부를 열심히 한 편이었구요. 또 문학이나 영화 같은 것을 좋아해서 그쪽들을 많이 보고 즐겼습니다. 음악도 그렇구요.

그리고 또 뭘 했나? 대학 생활을 생각하면 허무하기도 하고 뭘 했는지 모르겠네요. 남들처럼 토익점수를 500에서 900으로 올렸다거나 그런 것도 없었구요. 사실 토익시험도 입사 때 처음 쳐봤거든요. 토플도 친 적이 없고. 후회가 되지는 않는데, 방황도 많이 했던 것 같습니다.

아, 여행을 다녔네요. 외국으로 학생들이 여행을 다닐 수 있게 된 것이 1989년부터니까 불과 20년밖에 안 되거든요. 제가 배낭여행 자유화 첫 세대로 외국에 나갔었죠. 여행을 좀 즐기긴 했고, 그 당시 학생들치고는 여행을 많이 다녔지만, 요즘 학생들에 비하면 내세울 수는 없죠. 요즘은 거의 다 1년씩 나갔다 오잖아요. 그러니까 특별히 여행을 많이 했다고 할 수도 없고. 그냥 혼자 책 보고, 글도 좀 써보고, 공부도 좀 하고, 뭐 이것저것 많이는 했는데 제대로는 하나도 못했던 학창 시절이었네요.


## 헤매는 것, 방황하는 것도 긴 인생에서 보면 결국 도움이 된다

Q: 너무 겸손하신 것 같네요. 만약 대학 시절로 다시 돌아가게 된다면 어떻게 생활을 하실 것 같으신가요?

A: 제가 한 게 별로 없고 이것저것 쑤시고만 다녔지만 또 후회는 안 해요. 후회가 돼야 돌아가서 다른 것을 해보고 그런 거 아니겠어요? 근데 저는 살면서 마이너스만 되는 것도 없다고 생각하거든요. 반사회적이고 범죄가 아닌 이상 결국에는 본인에게 플러스가 되는 일이죠. 〈좋은 놈 나쁜 놈 이상한 놈〉

을 만들었던 김지운 감독은 대학을 졸업하고 10년 동안 백수생활을 했습니다. 백수생활이 10년이면 자신감도 없어지고 약해질 수밖에 없겠죠. 그렇게 백수생활을 하고 10년 만에 만든 첫 영화가 〈조용한 가족〉이라는 작품인데, 백수생활을 겪은 자만이 할 수 있는 유머, 시간에 대한 감각 이런 것들이 있어요. 김지운 감독 초기작에는 그런 것들이 많이 들어 있는데 영화 속에서 플러스 요인이 됐다고 생각합니다. 본인도 그렇다고 말하고요.

이렇게 극단적인 경우를 얘기하는 것은, 제가 지금 대학 시절로 돌아간다면 저도 사회적인 분위기에서 자유로울 수 없으니 아마 영어공부를 좀 더 열심히 했을 것도 같고, 자격증 같은 것을 따려고 했을 수도 있고, 1학년 때부터 스터디를 만들어서 공부를 했을 수도 있겠지만, 그렇게 하면 그만큼 얻는 것도 있지만 잃는 것도 많았을 것 같다는 게 제 생각입니다. 또 그렇게 되면 저 자신이 무척 불쌍하게 느껴질 것 같고요.

남들이 이야기하는 것, 모든 사람이 다 그렇게 하는 쪽만 정답은 아니라는 좀 엉뚱한 말을 하고 싶은 거죠. 더군다나 인문학을 공부한다면 말이죠. 인문학은 결국 인간을 배우고 세계를 배우는 것인데 스펙을 쌓기 위해 모든 시간을 투자하는 것은 일단 인문학이 요구하는 태도와 배치되는 것은 아닐까 하고 생각하는 것이죠.

Q: 어려운 이야기네요.

A: 뭐 그렇습니다. 하지만 다시 돌아가 내가 헤매더라도 스스로 괜찮다고 생각하며 살고 싶어요. 헤맬 때는 괴롭지만 헤매는 것도 괜찮습니다. 오히려 더 무서운 것은 아주 어릴 때부터 '미래에 무엇이 되겠다'라고 확고하게 뜻을 품고 꿈을 향해 다가가기 위해서 거기에만 자신의 정력과 시간, 모든 것

을 쏟아부어 전력투구하는 사람이에요. 그런 사람들을 사회적으로 멋진 사람들이라고 격려하잖아요. 하지만 저는 오히려 그런 사람들이 위태롭게 보입니다. 꿈이 꼭 이루어지리라는 보장이 없고, 설사 그렇게 해서 그 꿈이 이루어진다고 한들 인생이 그때부터 장미와 와인의 나날인 것은 아니거든요. 정말로 무서운 건 꿈이 이루어진 다음일 수도 있고, 꿈을 이루지 못했을 때 그 좌절을 어떻게 견디느냐의 문제가 중요한 것일 수도 있거든요. 그런 측면에서 보자면 모든 것을 저학년 때부터 결정하고 시간을 쪼개서 살고 그러는 것만이 반드시 바람직한 건 아니라는 거죠. 저는 지금 그것을 안다고 생각하기 때문에 다시 돌아가도 그렇게 살고 싶지는 않아요. 물론 될지는 모르겠습니다.

## 지금 얼마나 아느냐가 중요한 게 아니라, 앞으로 얼마나 알아갈 수 있는가가 중요하다

Q: 직업 이야기로 다시 돌아가 볼까요? 인문대를 다니신 것이 기자 생활을 하시는 데 도움이 된 부분이 있을 것 같은데요.

A: 큰 도움이 되죠. 저는 어떤 특정한 전공이 기자에 유리한 것은 아니라고 생각합니다. 다른 직업도 마찬가지겠지만, 기자라고 생각하면 막연하게 언론정보학과, 신문방송학과 출신들이 훨씬 잘할 것 같은데 특별히 그렇지가 않아요. 실제로 신문사에서 언론정보학, 신문방송학을 전공한 기자들이 별로 많지도 않죠. 한편 기자가 될 때, 자기는 어떤 분야를 하겠다, 예를 들어 환경전문기자를 하겠다고 포부를 가질 수는 있지만, 그렇다고 해서 입사

전부터 그쪽에 대한 지식과 그쪽에 대한 어떤 것으로만 똘똘 뭉쳐 있는 것은 좋지 않죠. 여러 가지 문제로 인해서 그 사람이 환경 쪽 기자가 평생 못 될 수도 있으니까요.

따라서 기자가 될 때 그 첫 스타트라인에서 제가 중요하다고 생각하는 것은 일반적인 소양입니다. 일반적인 소양이라고 하는 것은 예를 들면 일반적인 교양의 정도, 일반적인 라이팅 실력과 같은 것이죠. 특정한 분야의 박사학위를 딸 정도의 전문지식을 갖고 있다고 해서 그 분야의 좋은 기자가 될 수 있는 것도 아닙니다. 그런 조건에서 인문학만큼 기자 생활에 도움이 되는 것도 없습니다. 인문학이라는 것은 물고기를 잡는 법을 가르쳐주는 거라고 생각합니다. 예를 들어 경영대, 법대, 이공대 이런 데서 공부하는 것에 비하면 인문학은 좀 더 근원적인 것을 이야기하는 것이니까요.

또 사람이 살다 보면 맨 처음 한 일을 계속하는 것도 아니죠. 기자로 입사하면 평생 기자 할 것 같잖아요. 물론 옛날에는 그럴 확률이 더 높았지만 요즘은 전혀 그렇지가 않습니다. 언론사들 가운데 상당수가 여러분들 나이가 한 60대쯤 되면 절반 이상이 없어질 수도 있습니다. 또한 기자라는 직업 자체가 변형된 형태로 존재할 수도 있는 건데, 변화에 맞게 개인이 미리미리 다 준비를 할 수가 없다는 거죠. 결국 중요한 것은 사회가 바뀌어도 유연하게 적응할 수 있는 몸의 자세인 것입니다. 좀 더 근원적인 거죠. 그러한 측면에서 보면 인문학이야말로 직업적으로 봐도 매우 유용한 학문이라고 생각해요.

사람이라는 존재는 매우 약합니다. 하지만 세상은 각박하고 사람살이는 힘들 수밖에 없는데, 그런 생활 속에서 위기가 찾아오죠. 직장의 위기일 수도 있고, 개인적인 위기일 수도 있고, 이혼할 수도 있고, 실직도 할 수 있고,

아이가 죽을 수도 있고, 큰 위기가 너무 많죠. 이렇게 많은 어려운 일들이 생기게 되는데, 그것들을 이겨내는 것은 결국 그 사람의 인성입니다. 그리고 그 인성에 상대적으로 더 유용한 게 인문학이라는 거죠. 그런 의미에서 직업적으로나 인생을 사는 데 있어서나 저는 인문학이 매우 유용한 학문이라고 생각합니다. 유용하다는 것이 인문학을 판가름하는 기준이 되어서는 곤란하겠지만, 그 자체로도 대단히 의미가 있을뿐더러 유용하기도 하다고 생각해요.

## 인문학은 몸통이다

**Q:** 인문학에 대한 생각을 좀 더 들려주시겠어요?

**A:** 인문학은 쉽게 이야기하면 몸통의 역할이겠죠. 사실 우리를 먹여 살리는 것은 수족처럼 보이는 것들입니다. 발로 열심히 뛰고, 손으로 열심히 만드는 그런 쪽의 일들이 상대적으로 경영학, 법학, 공학 등 다른 학문들에 가깝다면, 그것을 지지하는 역할을 하는 것이 인문학이겠죠. 씹는 것은 입, 일은 손, 뛰기 위해 다리가 있어야 하지만 몸통이 있어야 모든 것을 지지할 수 있습니다. 근본적으로 지지하는 몸통, 뿌리가 되는 뭔가를 인문학이 제공한다고 생각해요. 그렇기 때문에 인문학을 공부하는 사람들이 학교에서 구체적인 뭔가를 배워야 한다고 생각하지는 않습니다. 특히 학부에서요. 더 중요한 것은 아까도 말한 것처럼 태도나 자세나 시각을 배우는 일이겠죠. 사실 4년 동안 전공이라고 배워 봤자 대단히 깊은 학문적인 것을 배우는 것은 아니잖아요. 정밀한 기술과 전문화된 것을 배우는 것은 인문학 전

공자들도 대학원 이상에서 배우면 되는 것이죠. 더 중요한 것은 보편적인 태도와 시각을 배우는 일이라고 생각합니다. 인문학은 그런 쪽으로 사회에 기여할 수 있는 것 같아요.

Q: 방금 말씀하신 인문학의 관점에서 보면 요즘 대학생들은 어떤가요?

A: 음. 강의를 하다 보면 느끼는 점인데 요즘 대학생들의 성실성은 저희 때랑 비교할 수 없을 정도로 훌륭해요. 반면에 시야가 좁고 창의성이 적으며 기본적이라고 할 수 있는 교양이 부족하다고 생각될 때가 많죠. 물론 이제 스물두 살쯤 되는 대학교 3학년짜리가 뭔가를 많이 알 수는 없겠죠. 하지만 여러 가지를 비교하면 학생들의 지적인 기반은 상대적으로 대단히 허약하다고 느껴집니다. 리포트를 읽으면 느껴집니다.

제가 특히 인문학 하는 사람들에게 권하고 싶은 것은 글을 잘 쓸 줄 알아야 한다는 겁니다. 특히 인문학 전공자가 글을 못 쓰는 것은 용납이 안 되겠죠. 여기서 글은 단순한 글재주가 아닙니다. 주술관계가 호응하지 않는 문장을 쓰고, 맞춤법이 틀린 문장을 쓰는 것은 자기의 생각을 제대로 전달하지 못한 채 횡설수설하는 것이고, 문단을 제대로 나누어 쓰지 못 한다면 글쓰기 훈련의 문제라기보다는 그 사람의 지적 토대가 허약한 것이라고 생각합니다.

글을 좀 더 잘 쓸 필요가 있습니다. 미사여구를 쓰라거나 예쁜 문장을 쓰라는 것이 아니고, 말 속에 논리를 포함시키고 깊이 있는 시선으로 바라보라는 것이죠.

# 깊게 파려면 넓게 파야 한다

**Q:** 그럼 글을 잘 쓰려면 어떻게 해야 할까요?

**A:** 제가 가장 좋아하는 말 중에 스피노자의 "깊게 파려면 먼저 넓게 파야 한다"라는 말이 있어요. 저는 이 말이 바로 인문학 전공자들에게 해당된다고 생각해요. 깊게 파는 것은 나중에도 할 수 있어요. 심지어 입사 이후에도 팔 수 있습니다. 처음에 넓게 파면 훨씬 깊게 팔 수 있는데 좁게만 보는 것이 문제죠. 그런 측면에서 전공 혹은 스펙에만 연연하지 말고 자기랑 관계 없는 것이라도 넓게 팠으면 좋겠다는 얘기입니다.

예를 들면 제가 영화에 관한 글을 쓰는 것으로 먹고 살잖아요. 근데 영화에 관한 글을 쓸 때 저한테 더 도움이 되는 것은 영화책이 아니에요. 과학교양서들이나 진화심리학, 철학이나 신화에 관한 책이 영화를 읽어내는 데 더 도움이 되는 경우가 많거든요. 그런데 보통은 그렇게 생각을 안 합니다. 어떤 사람이 대학시절에 영화평론가가 되겠다고 결심을 하면, 동서고금의 영화를 다 보려고 하고 영화에 대해서 자기 모든 시간을 쏟으려고 합니다. 그런데 그러다 보면 몇 년 못 가서 한계에 부딪힌다는 거예요. 하지만 넓게 파다 보면 한계에 부딪혀도 우회를 할 수도 있고 최악의 경우에 돌아갈 수도 있는 거죠.

요즘 학생들은 너무 좁게 열심히 사는 것 같아요. 저는 좀 넓게 헐렁하게 살 필요가 있다고 말하고 싶습니다. 물론 기업에서도 점점 전공 분야의 전문성을 원하는 비율이 높아지고 있습니다. 하지만 저는 특히 학부에서는 다양하게 공부할 필요가 있는 것 같아요. 자기가 관심이 없어도 '법학개론'을 들어보고, 자기가 교회에 한 번도 안 가고, 절에 안 가도, '종교와 문화' 같은 과목을 들어보고, 미술의 '미'자도 모르고 붓은 중학교 이후로 제대로 잡아본 적도 없지만, '현대 미술의 이해' 같은 과목도 들어봐야 한다고 생각합니다. 그런 게 다 그 당시에 들을 때는 헛짓하는 것 같고 돌아가는 것 같지만, 결국 이런 것들이 다 도움이 된다는 거예요.

Q: 넓게 알아가는 것을 말씀해주셨는데요, 이론적으로는 맞는 이야기인 것 같은데 그래도 막상 지금의 인문대생에게는 조금 불안하지 않을까요?

A: 그럴 수도 있습니다. 하지만 넓게 알아가는 것은 정말 매우 중요합니다. 모르면 편견을 갖게 되는데 알면 편견이 없어지죠. 국제적인 역학도 그래요. 기독교 문명하고 이슬람 문명을 볼까요. 서로가 모르기 때문에 이상한 소리를 하고 이해하지 못합니다. 기독교 문명권의 미국 사람들은 무슬림 테러리스트들이 순교를 하는 이유가, 순교를 해서 저승에 가면 수많은 처녀들과 윤락을 즐기는 종교적인 보상을 받는다고 믿기 때문에 기꺼이 목숨을 바친다고 이야기를 하거든요. 무척 웃긴 이야기죠. 이런 것도 마찬가지로 몰라서 생기는 일들이죠.

　세상의 모든 것을 다 알 수는 없지만, 어떤 모르는 것이 와도 그것에 대처할 수 있는 태도를 갖추려면 지금 말한 것처럼 넓이가 중요합니다. 근데 지금은 너무 깊이만을 강요합니다. 그런데 아까 말한 것처럼 깊이만을 강요해서는 깊이가 갖추어지지도 않아요. 그래서 저는 요즘 학생들이 지금 살고 있는 삶의 범위보다는 좀 넓게 살았으면 좋겠어요. 깊은 것은 30대 이후에 할 수도 있고, 안 해도 되는 경우도 있구요. 사람이 꼭 깊어야 되나요? 그렇지만 넓지 않으면, 자기가 모르고 지나가는 삶의 이야기들이 있게 되죠. 그렇기 때문에 수업을 듣는 것부터 시작해서 하다못해 여가를 보내는 방식까지 넓게 생각하고 배웠으면 좋겠네요.


## 글을 써라


Q: 그렇다면 학창 시절에 "이것은 꼭 해보라"고 말씀해주실 수 있는 게 있다면요.

A: 뭔가를 꼭 해보라고 한다면 말한 대로 '글 쓰는 거'예요. 졸업하고 사회에 나가면 뭘 하든 글을 씁니다. 기자는 말할 것도 없고 변호사도 글을 쓰죠. 소장을 써야 되잖아요. 그런데 변호사들의 글쓰기도 기술적인 언어만 쓰는 것 같아 보이지만 실제로는 그렇지 않다고 합니다. 변호사들마다 차이가 나고, 그것 자체가 대단한 능력인 것이죠. 그런 측면에서 보면 거의 모든 사람들이 다 글을 쓰면서 살아가는데 대학 때 연습하고 훈련하지 않으면 언제 하겠어요. 기자가 되고 나서도 저 자신을 포함해서 후배나 선배들도 자기가 글을 더 잘 쓰지 못하기 때문에 괴로워 하고 힘들어 하면서, "난 이것밖에 안 되나" 하고 자학하는 사람들도 많이 봤습니다. 대학 졸업하고 취직하면 먹고살기 바빠서 거기에 전력을 기울여야 하는데, 언제 그 능력을 키우겠어요. 진짜 잠자기도 바쁜데.


Q: 미디어가 발달해서 누구나 개인 블로그를 가질 수도 있는데, 그런 것을 통해서 글을 쓰는 것도 도움이 될 수 있겠네요?

A: 네, 그러니까 요즘 학생들이 유리한 점이 많죠. 옛날에는 특별히 글에 관심이 있는 사람들이 아니면 일기 쓰는 사람이 얼마나 있고, 글을 발표하는 사

람이 얼마나 됐겠어요. 그런데 지금은 블로그도 그렇고 하다못해 문자메시지 보내는 것도 말을 축약하고 압축하고 재치를 부리는 것들이 필요하잖아요. 그러니까 문장을 잘 쓸 수 있는 기회는 점점 많아지는 거죠. 많이 써보는 것도 무척 중요합니다. 쓰다 보면 자기가 뭘 못하는지 알게 되거든요. 그러면 스스로 해결하는 방향으로 나가겠죠.

## 기자가 되고 싶다면 좋은 글을 쓸 줄 알아야 한다

Q: 기자도 글과 떼려야 뗄 수 없는 직업인데요. 잘 쓰는 글이란, 기사란 어떤 것일까요?

A: 일단 혼잣말을 줄여야겠죠. 기사라는 것은 일기나 그냥 이야기하는 것과는 달라서 재밌는 뉘앙스나 그와 유사한 것을 담을 수도 있겠지만 그것이 아주 극소수에게만 통하는 것이라면 기사로서는 자격미달일 수 있습니다. 혼잣말이 되는 거죠. 나는 이런 뜻으로 썼는데 다르게 읽힐 수 있는 글을 썼다면 그건 좋은 글이 아니니까요.

기사를 쓸 때 여러 가지 구체적인 기준은 있습니다. 예를 들면 어떤 내용을 이해시키기 위한 글은 중3 수준에 맞추어야 된다든지, 역피라미드 구조로 가져가서 리드를 어떻게 써야 된다든지, 이런 이야기들이 기준이죠. 물론 신문이나 잡지 이런 곳에 쓰는 글의 전범 같은 것은 무척 많이 바뀌는 것 같아요. 그런 상황에서 좋은 글이라는 것은 일단 가장 기본적으로는 아까도 얘기했듯이 당연히 문법에 맞고, 문맥에 맞는 글이어야죠. 기자가 맞춤법을 틀리면 그것 이상으로 망신이 없습니다.

또 머릿속에 어떤 좋은 생각이 있다고 하더라도 표현을 못하면 의미 없는 일이 되는 것이겠죠. 열심히 취재를 했고, 기막힌 아이디어가 있었고, 훌륭한 케이스가 있었다 하더라도 그것들을 제대로 조합해서 전달하지 못하면 그것은 잘 쓴 글이 아니죠. 글은 우선 자기 생각을 명확하게 잘 전달할 수가 있어야 하는 것이지만, 기사는 그게 전부가 아니거든요. 기사를 쓰더라도 문장력이 있는 기자가 쓴 것과 그렇지 않은 기자가 쓴 것은 리더빌리티(readability)에서 차이가 발생합니다. 그런데 그 문장력이라는 것은 아까 말한 것처럼 꼭 미사여구는 아닙니다. 물론 어휘력이 풍부할 필요는 있어요. 학생들 리포트 받아보면 한 문장 안에 똑같은 단어가 세 개, 네 개 반복되기도 하는데, 그것은 문장력의 기본 중의 하나인 paraphrasing 기술과 연관된 것이죠. 단어가 반복되면 그 문장에서 다른 단어로 바꿔줄 수 있을 정도의 어휘력은 있어야 되는 거니까요.

Q: 하지만 그것만 가지고는 약간 부족하지 않을까요? 특히 전문적인 글이라고 할 수 있는 기사인데.

A: 그렇죠. 말씀드린 것처럼 논리적이고 설득력 있게 자기 생각을 잘 전달할 수 있느냐는 것이 훌륭한 기사의 조건이 될 수 있지만, 거기에 자기만의 스타일까지 있으면 더할 나위 없이 좋겠죠. 스타일이라는 것은 멋을 부리는 것이 아닙니다. 제가 회사에 있을 때 본 어떤 분은 19세기 미국의 백악관에서 있었던 일에 관해서 리드를 잡아서 쓰고, 그 다음에 현실의 정치에 비교하는 식으로 글을 쓰셨던 적이 있어요. 19세기 미국 백악관에서 있었던 일을 날씨 스케치부터 시작해서 막 쓰는 거죠. 사실 그건 거짓말이잖아요. 찍어놓은 다큐멘터리가 있는 것도 아니고 그걸 어떻게 알아요. 근데 그 사람

은 미국 정치를 다룬 책에서 본 자신의 지식을 저널리스트의 감각으로 옮겨내면서 지금 현실에 유비추리를 하려는 겁니다. 그랬을 때 그 글에 신선함 같은 게 있는 거예요. 그 사람이 거기에 안 가봤다는 것은 세상이 다 아는 것이지만, 그것을 기술적으로 가장 정밀하게 서술하기 시작해서 이야기를 끌어낸 다음, 결국 그것이 오늘날 청와대에서 일어나는 어떤 일을 개탄하는 방식이 되는 거죠. 그것이 스타일인 것이죠. 결국은 어느 정도까지 갔을 때 기자가 취재능력, 사람을 사귀는 능력, 이런 것만으로 한계가 오는데 그럴 때 자기 스타일이 있는 글을 쓰는 사람들은 큰 무기를 가진 셈이죠. 이런 모든 것들이 결합해서 좋은 기사가 되는 것입니다. 물론 좋은 기사의 요건은 부마다 다른 것 같아요. 좋은 영화기사를 쓰는 것과 좋은 정치기사를 쓰는 것과 좋은 날씨기사를 쓰는 것은 다를 수 있지만 일반적으로는 그렇다는 거죠.

## 어떤 직업도 특정한 재능만을 요구하지 않는다

Q: 글 이야기를 하다 보니 기자 이야기로 돌아왔네요. 이참에 기자라는 직업에 대해 좀 더 여쭤보면 좋겠네요. 방금 말씀하신 것 중에 사람을 사귀는 능력이 있었는데요.

A: 제가 기자 생활을 시작하면서 입사 초기에 사회부를 비롯한 수습기자 생활을 6개월했다고 말씀드렸죠. 그런데 그때 저는 제가 기자에 안 맞는다고 생각을 했어요. 직장을 그만두어야 하나 심각하게 고민도 했죠. 가장 큰 이유가 방금 말씀하신 부분 때문입니다. 지금은 제가 약간 달라지기도 했는데,

제 스타일 자체가 사람 만나는 것을 별로 좋아하지 않고 혼자 있는 것을 좋아하는 타입이라 정말 숫기가 없었거든요. 하지만 보통 기자가 되면 좋은 점을 이야기할 때, 다양한 각계각층의 사람들, 대통령부터 거지까지 만날 수 있어서 좋다는 이야기들을 하잖아요. 그런데 저는 그게 안 좋은 사람이었던 것이죠. 사회부에서 수습기자 생활을 하다 보니깐 그래야 되는 순간들을 많이 만나게 되는데 저는 그게 잘 안 되니 콤플렉스 같은 것이 있었어요. 왜 나는 남들처럼 당당하고 느물느물하고 여유 있게 행동을 하지 못할까 하구요.

그런데 지금 생각해보면 기자 생활에 꼭 맞는 인성이라는 것은 없는 것 같아요. 변명 같기도 한데, 사회성이 아주 발달하고 사람들을 잘 사귀는 사람들은 뭔가 약한 것이 있을 수밖에 없어요. 그 사람은 당연히 혼자 있는 시간이 드물 것 아니에요? 어떤 부분에 있어서는 혼자 있는 사람이 더 강할 수도 있거든요. 일반적으로는 인맥이 중요하다고 생각하지만, 기자라고 모두가 인맥이 중요한 것은 아닙니다. 혼자 있는 사람들은 책을 한 권 더 본다든지 인터넷을 뒤져볼 수도 있는 거잖아요. 그런 측면에서 기자가 되기 위해서 특별한 인성이 유리하다거나 좋은 것만은 아니라고 생각합니다. 만약 특별한 인성만 좋았다면 저 같은 사람은 기자를 하면 안 되는 것이었겠죠. 물론 내가 잘하고 있는지는 알 수 없지만, 큰 문제없이 이렇게 하고 있으니. 꼭 인간관계가 좋고 사람을 잘 다루고 이런 사람만이 기자에 적합한 것은 아니라고 말하고 싶습니다.

Q: 그래도 사람 간의 관계는 중요한 문제일 것 같은데요.
A: 사람을 잘 사귀고 다루는 것은 중요한 일이죠. 그럼 어떻게 사람을 잘 다룰

수 있느냐? 제 생각에 사람을 잘 다룰 수 있는 기술 같은 것은 없는 것 같아요. 다만 그 사람의 타고난 인성이 있을 뿐이에요. 사람들을 원래 잘 사귀는 성격이 있잖아요. 대학에서도 어디 가서나 중심이 되는 사람들이 있고 괜히 쭈뼛거리는 사람들도 있는 것인데, 쭈뼛거리며 주변을 도는 사람들이 말더듬이 버릇을 학원에서 고치듯이 자기 인성을 개조해서 사람들을 사로잡는 사람으로 변모할 수는 없습니다. 자기가 사회성이 좀 적어도 직장에 들어가서, 언론사에 들어가서 내가 정치부 기자가 되든 영화담당 기자가 되든, 자기가 성실성을 갖고, 또 자기만의 장기를 가지고 있다면, 결국은 그 스타일에 맞게 길이 열려요.

예를 들어서 저는 사람 만나는 것을 별로 좋아하는 것은 아니지만, 제가 인터뷰를 못한다고는 생각하지 않아요. 그건 별개의 문제죠. 인터뷰 대상을 만나서 그 사람과 이야기하는 것과 처음 어떤 사람들을 만나서 대화를 나누는 것과는 다른 것이니까요. 인터뷰는 내 인성이 그대로 드러나는 것이지만 동시에 내 직업이자 저만이 가진 내 스킬이 나오는 것이거든요. 그렇다고 하더라도 기자로서 필요한 사교성을 어떻게 기르느냐? 그건 저도 잘은 모르겠습니다. "엠티를 많이 가야 돼요" 이렇게 말할 수도 없는 거죠. 하지만 그런 것들에 대해서는 크게 걱정을 할 필요는 없을 것 같아요. 하다 보면 세상도 알게 되고 기회도 잡게 됩니다. 사람의 인성이라는 것은 강하니까요. 저도 93년도에 입사할 때에 비하면 많이 변했거든요. 그런 식으로 사람도 달라지기 마련이니까 그런 문제에 대해서 고민을 하거나 그럴 필요는 없을 것 같아요.

또릿또릿하고 기자 생활이 잘 맞아 보이는 친구들이 있긴 합니다. 저 입사할 때도 동기 중에 생긴 것부터 기자인 친구가 있었어요. 근데 그 친구들이 지금도 잘하고 있느냐, 물론 잘하기도 하지만 못하는 녀석들도 있고, 기자 생활을 못 견디고 나가는 사람도 있죠. 못생긴 나무가 선산을 지킨다는 이야기가 있잖아요. 비유가 좀 맞지 않을 수도 있지만, 신문사에서 끝내 빛을 보고, 오래 있고, 잘하고 이런 사람들의 상당수가 방금 말한 대로 그렇지 않은 성격들의 소유자입니다.

## 직업을 선택하려면 그 전에 그 직업이 어떻게 변해갈 것인가를 먼저 생각해야 한다

Q: 기자가 되기를 희망하는 학생들에게 해주고 싶은 조언으로 무엇이 있을까요?

A: 우선 앞으로 미디어 환경이라는 것이 엄청나게 변화할 것이라는 점을 염두에 두어야 한다고 말해주고 싶습니다. 90년대 초반 제가 신문사에 입사할 때만 하더라도 신문 산업이 사양 산업이 될 것이라고 예측은 했지만 신문사가 없어질 거라는 예측까지 한 사람들은 없었습니다. 그런데 지금은 일단 그냥 보기에도 미디어 환경이 너무 많이 달라지잖아요. 10년 전에는 없었던 포털사이트의 위력이라든지 신문이 방송을 겸영하려고 한다든지, 방송도 옛날에는 지상파만 생각했는데 케이블, DMB, 별별 게 다 있잖아요. 심지어는 라디오조차도 보이는 라디오를 하고 있구요. 이런 식으로 미디어 환경이 엄청나게 변화하기 때문에 아무리 똑똑하다고 해도 환경의 변화를 모두 정확하게 예측할 수는 없다고 생각합니다. 그런데 미디어 환경이 어떻게 변화하든 살아남을 수 있어야 한다는 것이고, 그것을 염두에 두어야

된다는 거예요. 굳이 이야기하자면 개인의 실력 같은 것일 수도 있겠죠. 환경이 급격하게 변하니 지금 들어가는 직장이 망할 것도 계산해야 하며, 직장이 망해도 자기가 살아남을 수 있어야 한다는 것이겠죠. 이건 망하지 않을 직장을 가라는 것은 아닙니다.

이런 상황에서 결국은 앞으로 직장에 묻어갈 수는 없을 것 같아요. 예를 들어 MBC 기자, 한겨레 기자, SBS 기자, 그것만으로 알아주는 시대가 있었습니다. 하지만 앞으로는 그런 게 점점 희박해질 거라는 거죠. 그 상황에서 결국은 ○○○ 기자가 중요한 시대가 된 거예요. 옛날에는 언론사 뒤에 숨어서, 혹은 언론사라는 거대한 위력을 지닌 회사의 기자라는 것 자체가 그 사람의 능력과 강인성과 사회적인 위신을 결정해주는 시대였잖아요. 물론 지금도 어느 정도는 그렇지만 그런 경향은 점점 줄어들 것이고, 결국은 사라지겠죠. 지금 기자가 되는 사람들은 기자가 되는 게 중요한 게 아니에요. 기자가 되고 나서 자기를 어떻게 쌓아가고 자기의 인맥을 다듬어가고, 혼자 살아남을 수 있어야 하고, 그걸 할 수 있느냐가 더 중요할 수도 있는 시대거든요. 기자가 되는 것도 어렵지만 그걸 염두에 두셔야 한다는 거죠.


## 고된 것을 즐길 수 있어야 하는 직업, 기자

기자는 상대적으로 권태가 적은 직업이에요. 일단 시간이 빨리 가고 재미있거든요. 예를 들어서 은행에서 돈 세는 것보다는 재미있을 것 같네요. 대신에 기자는 그 직업이, 직업인에게 요구하는 수준은 일반적인 경우를 넘어서서 전인적인 노력을 요구합니다. 자꾸 은행원을 이야기해서 좀 그렇지만, 물론 은행원도 무척 힘들겠죠. 하지만 출근해서 퇴근할 때까지 일을 하고, 집에 가서 잔업을 할 수도 있겠지만 전인적인 노력과는 어느 정도 차이가 나겠죠. 적어도 출퇴근 시간은 정해져 있잖아요. 근데 기자는 결혼 10주년 휴가를 가려고 5년 동안 적금을 부어서 몰디브 7박 8일 여행 티켓을 끊어 놓고, 오래전부터 회사에 이야기해놓고, 아내에게 10년 만에 처음으로 여행을 가자고 큰소리를 쳐놨어도, 그 전날에 9·11이 터지면 여행을 취소해야 되는 거예요. 그게 기자라는 직업이죠. 그래서 기자라면 사생활을 어느 정도까지 잠식당할 수밖에 없으니, 사생활 측면에서 보면 기자는 난폭한 직업인 거죠. 직업 자체가 사생활을 먹고 들어오니까요. 물론 그러니까 권태가 좀 덜하고 재미있다는 것이구요. 이렇게 전인적인 노력을 요구하는데, 사실 노골적으로 말하면 그 사람의 골수까지 뽑아먹는 게 기자라는 직업이에요. 나는 여유롭게 살고 싶고, 가정에도 충분한 의미를 두고, 소시민적인 행복을 꿈꾸고, 그렇게 편안하게 살면서 휴가도 만끽하고 싶고, 그렇게 하고 싶은 사람은 하면 안 되겠죠? 왜냐하면 기자는 그런 직업이 아니니까 그런 사람은 기자가 되면 불행하겠죠.

Q: 조금 더 구체적으로 기자라는 직업의 장점과 단점은 어떤 것이 있을까요?
A: 장점은 명확하죠. 아까 말한 것처럼 성취감이 큰 일이고, 그 성취의 결과를 즉각 확인할 수가 있습니다. 일간지면 매일 확인되잖아요. 그리고 다양한 일을 한다는 거죠. 예를 들어 저는 영화전문기자예요. 14년간 영화기자만 했으니까 상대적으로 다른 기자보다 좁고 깊게 어떤 분야를 하고 있는 셈이죠. 그럼에도 불구하고 영화기자를 하면서도 그 일이 지겹지가 않은 게, 영화는 매주 아니 매일 바뀌고, 만나는 감독, 배우들도 수시로 바뀌니까 사실 이렇게 재미있고 보람된 일도 없는 것 같아요. 또 다른 장점으로 기자가

되면 자기가 어떤 분야를 하든지, 그 사회에서 가장 중심을 이루는 쪽을 향해서 다가갈 수밖에 없습니다. 그런 점에서 보면 현장을 바로 옆에서 보는 쾌감이 있죠. 저에게 있어 기자로서 개인적으로 가장 행운이라고 생각하는 것은 한국영화가 막 폭발적으로 성장하는 걸 옆에서 같이 보고, 나도 약간 거들 수 있었다는 점이었습니다. 어떤 짜릿한 현장감이 있는 거죠. 기자는 욕망이 많은 사람이 하는 것 같아요. 유유자적하고 귀거래사를 부르고 도교적인 세계관을 가진 사람은 기자가 될 필요가 없죠.

Q: 아까 말씀하신 것 이외에 기자 생활 자체의 어려움은 또 뭐가 있을까요?
A: 다시 말하지만 전인적인 노력을 요한다는 거예요. 잠도 부족하고, 체력적으로 달리고, 경쟁이 너무 치열하고, 직장 상사도 난폭하죠. 일반 직장에서 직장 상사가 난폭해도 정도가 있는 거잖아요? 그런데 신문사, 방송사에서 상사들은 그것보다 좀 더 난폭하거든요. 이걸 어떻게 견딜 수 있느냐의 문제도 있을 수 있는 거구요. 그리고 제일 힘든 건 아까도 말한 것처럼 거기에 내 모든 에너지를 마지막 한 방울까지 짜서 넣어야 한다는 점이죠. 예를 들어서 저는 '세계 영화기행'이라는 시리즈를 하게 돼서 여행을 많이 다녔지만, 그것을 제외하고 가족여행을 다녀본 적이 거의 없어요. 왜냐하면 시간이 없었으니까요. 가족여행으로 5월달에 날 좋으면 펜션 같은 곳으로 한번 가고 싶잖아요. 그런데 저는 가본 적이 별로 없어요. 간 적도 있긴 한데, 거기서도 밤에 일을 하게 되죠. 그게 과연 행복한 삶이냐고 물을 수 있는 거겠죠. 기자가 좋은 남편, 좋은 아빠, 좋은 아들이 되는 것은 정말 힘든 일인 것 같아요. 하지만 가족도 정말 중요한 가치잖아요? 어떻게 생각하면 삶에서 제일 중요할 수 있는 문제인데 그걸 감안해야 한다는 거죠.

물론 좋은 아빠, 좋은 남편, 좋은 아들인 기자도 있어요. 제가 말한 것은 다 비율적으로 이야기를 하는 겁니다. 기자로서 그렇게 될 확률이 17%라면, 우체국 직원으로서 그렇게 될 확률은 87%쯤 된다는 것이죠. 사람이 나쁘면 아무리 시간이 있고 부모에게 수백억 원을 유산으로 물려받아도 아내를 때릴 수 있는 거잖아요. 결국 기본적으로 사람 문제인데, 다만 직업적으로는 그렇기 때문에 그런 경향을 점점 더 가속화시킨다는 거죠, 기자라는 직업이.

## 인문대생인 것은 행복한 일이다

Q: 마지막으로 인문대 학생들을 위해서 격려가 될 수 있는 한마디만 해주실 수 있을까요?

A: 글쎄요, 저는 무척 좋은 공부를 선택하셨다고 말하고 싶어요. 사회에 진입할 때 상대적으로 모호해 보인다고 해서 무가치한 공부가 아니라는 것이죠. 결국에는 그 공부가 인생에 있어서 큰 도움이 되리라고 생각합니다. 인문학이라는 것은 아까도 말했듯이 어떤 길을 가라고 말하지는 않지만, 길을 선택할 수 있고, 길을 잘 갈 수 있는 능력을 갖춰주는 거니까요. 그런 측면에서 학문의 근간이 될 수밖에 없는 학문을 하고 계시는 거예요. 설사 그 학문을 학자로서 깊이 가지는 않는다 하더라도, 안 가는 사람들이 훨씬 더 많을 것 아니에요? 상대적으로 말하면 조금 더 돌아서 가는 길일 수도 있지만 훨씬 더 길을 튼튼하게 갈 수 있는 학문을 하고 있는 거죠. 다만 좀 사회가 너무 유용한 방법들만을 강조하는 시대로 가고 대학조차도 취업률로만

따지니까 상대적으로 위축될 수 있을 것 같은데, 좀 길게 보면 그렇지 않을 것이라고 생각합니다.

# 중요한 결정일수록 쉽게 내려라

경제학을 전공한 서양사학과 교수
주경철

1960년생. 경제학과 졸업. 프랑스 사회과학고등연구원 역사학 박사, 현 서울대학교 서양사학과 및 자유전공학부 교수
지은 책 『대항해시대』, 『문명과 바다』, 『테이레시아스의 역사』, 『네덜란드─튤립의 땅, 모든 자유가 당당한 나라』,
『역사의 기억 역사의 상상』, 『문화로 읽는 세계사』, 『언어사중주』(공저)
옮긴 책 『물질문명과 자본주의』, 『역사와 영화』, 『유럽의 음식문화』, 『제국의 몰락』, 『경제강대국 흥망사 1500─1990』

역사라는 공부가 해보고 싶어서 전공을 바꾸고,
읽고 싶은 책을 원 없이 읽어보자는 마음에서 대학원에 진학하고,
그렇게 내가 진짜 하고 싶은 것으로 순간순간을 결정하다 보니
어느 사이엔가 학자가 되어 있는 나를 발견했다.
인생이 뒤집어질 것 같아 보이는 결정일수록 마음에 물어보고 쉽게쉽게 결정해라.
시간이 지나서 보면 그렇게 중요하지 않았던 결정일 수도 있다.

1979년 초봄, 나는 날아갈 듯한 마음으로 하루하루를 보내고 있었다. 대학에 합격한 후 한두 달 동안이 자기 인생에서 가장 뿌듯하고 행복한 때였노라고 많은 사람들이 이야기한다. 나 역시 대학에 합격하고 입학식을 기다리고 있던 그때가 지금 생각해보면 참으로 행복한 시절이었다.

30년이 지난 지금, 나는 서울대학교 인문대 서양사학과 교수로, 또 자유전공학부 교수로 봉직하고 있다. 그리고 올해 대학에 합격한 신입생들의 입학 전 교육 프로그램인 '새내기 대학'의 강의를 맡게 되었다. 가슴에 이름표를 단 앳된 얼굴의 학생들이 교실로 들어온다. 나도 30년 전에는 저렇게 어렸을까? 30년 전의 일이 바로 엊그제 같다. 매년 이렇게 어린 학생들이 들어왔다가 몇 년이 지나 제법 성숙한 모습으로 졸업하는 일이 계속되지만, 나는 오랜 세월 같은 자리에 머물며 그런 일들을 지켜보고 있다. 나는 영원히 대학을 졸업하지 못 하고, 매년 봄 설레는 마음으로 어린 학생들 틈에 끼어들어간다.

## 캠퍼스에 주둔한 탱크, 암울한 학창시절

나의 대학생활은 기대와 달리 결코 행복한 세월은 아니었다. 대학교 1학년 가을, 박정희 대통령이 암살되었다. 돌이켜보면 그는 내가 태어난 직후에 쿠데타로 집권한 후 그때까지 계속 대통령직을 차지하고 있었으니, 도대체 다른 사람이 대통령을 한다는 것이 아예 상상도 안 되던 시절이었다. 이후로는 어지러운 정변의 연속이었다. 광주에서 끔찍한 학살사건이 일어난 뒤 대학교는 휴교에 들어갔고 캠퍼스에는 탱크와 함께 공수부대가 진주해서 오래 머물렀다. 어느 날 군 부대가 거짓말처럼 사라지고 학생들이 다시 학교로 돌아왔을 때, 캠퍼스는 민주화운동의 기지가 되었다.

당시 대학생들의 의식은 거의 임진왜란 때 의병 수준이었다. 도탄(塗炭)에 빠진 민중들을 구하고 쓰러져가는 나라를 바로 세워야 한다는 사명의식이 불타고 있었다. 학교 여기저기서 모임이 열렸고, 그럴 때면 누군가가 분연히 일어나 비장한 어조로 탱크의 캐터필러에 우리 몸을 던져 아스팔트를 피로 물들이자는 연설을 하곤 했다. 격정의 시대에 모두가 병적 흥분 상태에 빠져 있었다. 시대가 젊은 학생들을 편안하게 내버려두지 않았던 것이다. 이런 시절에 강의실에 얌전히 앉아서 책만 보고 있는 것은 그 자체가 민족과 민중에 대한 배반 행위처럼 보였다.

그런 가운데에도 학과 진입 같은 학사행정은 예정대로 돌아가고 있었다. 당시에는 1학년 말에 과 진입을 결정하게 되어 있었는데, 나는 사회대의 여러 과 중에 경제학과를 선택했다. 사실 경제학을 전공하겠다는 뚜렷한 목표의식이 있었던 것 같지는 않다. 부모님의 강력한 압력에 굴복했다는 것이 솔직한 표현이리라. 내가 원하는 대로 했다면 아마 사회학과나 심리학과 정도를 선택했겠으나, 그렇다고 그쪽 학문에 대한 확신이 있었던 것도 아니었다. 말하자면 아직 내 인생항로의 방향을 정할 마음의 준비가 안 된 상태였던 것이다. 나중에 경제학 공부를 포기하고 역사학 쪽으로 변경한 것도 원래의 선택이 내게 그리 맞지 않았기 때문이다.

그나마 학과 공부를 편하게 하고 있을 때도 아니지 않은가. 거의 매일이다시피 격렬한 시위가 벌어졌는데, 이건 거의 전투 수준이었다. 요즘 학생들은 누군가가 만인이 보는 앞에서 학교 건물 옥상에서 구호를 외치다가 몸에 휘발유를 붓고 불을 붙여 온몸이 활활 타오르는 상태로 떨어져 죽는 일을 상상도 하지 못할 것이다. 이런 가운데 강의가 제대로 될 리가 없었다. 지금도 보관하고 있는 당시 노트를 보면 한 학기 강의 내용이라는 게 고작 서너 페이지에 불과한 경우가 많았다. 그러니 경제학과에 적을 두고 있다고는 해도 경제학 공부를 깊이 하지는 못했다. 대학생들이 제대로 공부해야 할 그 아까운 시기를 그렇게 보냈다는 것은 학생들 개인만이 아니라 나라 전체로 보아서도 막대한 손해가 아닐 수 없다.

내가 제대로 공부를 하지 않았으니, 경제학이 어떤 학문이라고 말할 수는 없다. 그러나 하여튼 공정하게 이야기한다면, 경제학은 분명 이 세상을 이해하는 데 있어 필수적인, 심오하고 중요한 학문임에 틀림없다. 그리고 얕은 정도로나마 그 학문을 맛본 것이 나에게 적지 않은 영향을 준 것 역시 분명하다. 스펀지처럼 모든 것을 빨아들이는 20대 초반, 비록 열심히 공부했다고는 할 수 없지만 진지한 학문 세계를 먼발치에서나마 언뜻 본 것만 해도 그 후 나의 사고에 큰 영향을 미치고 있다는 생각을 자주 하게 되기 때문이다. 문제는 경제학의 방법론이 나에게 안 맞았다는 것이다. 이러저러한 가정을 한 다음 수식을 세워 문제를 풀고 그것으로 이 세상 돌아가는 것을 설명하겠다는 것은 말도 안 된다고 생각했다. 세상이 불타고 있는데, 수많은 사람들이 지금 고통 속에서 울부짖고 있는데, 이런 '숫자장난'으로 도대체 무엇을 하겠단 말인가…. 당시 나는 그런 생각을 할 정도로 순진하고 무지몽매한 상황이었다.

당대의 분위기라는 것이 있다. 때로 그것은 감당할 수 없는 무지막지한 힘으로 우리를 끌고 어딘가로 가버린다. 3학년이 되었을 때 나는 세상을 바꾸는 일에 기꺼이 참여하겠노라고 마음을 먹었다. 독재체제가 우리에게 강요하는 것들을 더 이상 용납하지 않겠노라며 분연히 일어섰다. 다만 말하기도 창피하므로 자세한 내용은 생략하기로 하자. 하여튼 그 일로 나는 반정부활동에 참여한 문제학생으로 낙인이 찍혔다. 경찰서에도 끌려가고 담당 형사도 배당되고—금방 다시 복학은 되었지만—퇴학도 당해 보았다. 지금의 나로서는 그때의 내가 이해가 잘 안 되는 측면이 있다. 그때 나는 무슨 생각으로 그렇게 과격했던가.

## 숨 쉬듯이 공부하다

대략 그때쯤이었던 것 같다. 나는 역사를 공부해야 한다고 스스로 다짐했다. 애초에 씨도 안 먹힐 일이었지만, 세상을 바꾸겠다는 거사를 '살짝' 시도했다가 좌절만 맛본 후, 이 엄청난 역사의 흐름의 정체가 무엇인지 공부해야 할 것 같은 느낌이 들었다. 왜 그런 느낌이 들었는지 구체적으로 설명해보라면 사실할 말이 별로 없다. 엄청난 힘으로 앞을 가로막는 벽에 부딪혀보고는 그게 무엇인지 알아야겠다는 막무가내의 소망이 있었을 뿐이다.

"철학자들은 오직 세상을 다양하게 해석해왔다. 그러나 이제는 세상을 변화시키는 것이 문제이다."

마르크스가 한 유명한 말이다. 당시 의식 있는 대학생들의 태도는 이 말 한마디로 정리할 수 있을 것 같다. 실천하지 않는 공부가 무슨 의미가 있단 말인가. 우리가 살아가는 이 세상과는 아무런 관련도 없이, 저 혼자 책 속에 파묻혀 이런저런 궁리를 하고 있다면 그것이 아무리 고상한 것이라 한들 무슨 가치가 있겠는가. 모두가 그렇게 사회에 대한 책무의식을 아주 강하게 가지고 있었고, 그래서인지 말 한마디, 표정 하나마다 늘 비장미가 감돌았다. 나보다 우리 사회를 앞세우고 시대의 부름에 따라 기꺼이 나를 희생하겠다는 이런 태도는 요즘 학생들에게서 찾아보기 힘든 귀한 덕목인 것은 분명하다. 그러나 요즘은 그런 식의 태도 역시 너무 맹목적인 것만은 아니었을까 하는 생각을 하기도 한다.

하여튼 나는 세상을 '변화'시키는 길이 아니라 '해석'하는 길로 들어섰다. 소위 '현장'으로 들어간 친구들은 어딘가에서 죽을 고생을 하고 있는데, 나 혼자 편안한 곳으로 도망가는 것은 아닌가 하는 자괴감이 들었던 것도 사실이다. 하지만 올바른 해석이 곧 올바른 실천을 향한 길이라고 스스로 정당화하면서 나는 한 발 한 발 인문학의 세계로 들어갔다.

우선 서양사학과에 찾아가서 부전공 신청을 했다. 내 생각을 스스로 굳히려고 하는 의미도 컸다. 그때나 지금이나 서양사학과 수업은 요즘 말로 '빡센' 편이다. 특히 시험 말고도 2주마다 책 한 권을 읽고 서평을 써내는 과제가 부과된 수업이 있었다. 한 학기에 모두 6권에 대한 서평을 써야 했는데, 그중에는 300~400쪽의 영어 원서도 포함되어 있었다. 그런 수업 세 과목을 들으며 모두 18권을 꼼꼼히 읽고 서평을 썼다. 다른 과목보다 이 수업을 굳이 언급하는 이유는 이 과목을 통해 책을 읽는다는 것에 대해 깊이 생각하게 되었기 때문이다. 인문학 공부의 기본은 무엇보다 책을 깊이 있게 읽어내는 훈련이다. 이런 기본기가 안 되어 있으면 다른 것은 사상누각이 된다. 책을 비판적으로 읽는다는 것은 책의 핵심을 파악하되 그것을 있는 그대로 받아들이는 게 아니라 나의 것으로 만들어내는 것을 의미한다. 이것은 오직 훈련을 통해서 습득할 수 있다.

책 읽는 일에 몰두하는 것은 좋은 일이었다. 거기에는 인류 역사의 광대한 세계가 펼쳐져 있었다. 인간들이 서로 사랑하고 싸우고 정복하고 고통 받는 온갖 스토리들이 얽혀 있었다. 나는 깊은 수렁 속으로 들어가듯 점점 이런 세계에 빠져들어갔다.

부전공 신청을 할 때만 해도 대학원 진학까지 고려했던 것은 아니었다. 단지 내가 하고 싶은 공부를 해보겠다는 소박하기 그지없는 의도만 가지고 있었을 뿐이었다. 그 생각 그대로 돼서, 대학에 들어온 이후 처음 원하는 공부를 하는 것 같았다. 열심히 공부를 하다 보니 성적도 괜찮게 나온 편이었고, 이런 공부를 더해도 좋겠다는 생각도 슬슬 들기 시작했다. 하지 못할 이유도 없지 않은가?

대학원에 진학할 때에도 평생 이 길로 간다는 생각은 아직 없었다. 그 학과에서 나를 받아줄지 어쩔지도 모르고, 또 잠깐 공부해보고 재미를 느꼈다고 한들 그것이 정말 나에게 맞는 일인지 확신할 수도 없지 않은가. 결국은 대학원에 진학하게 되었지만, 당시의 심정은 2~3년 정도 원 없이 읽고 싶은 책 읽어보자는 것이었다. 그래서 맘에 맞으면 계속 공부하고, 안 맞으면 어딘가 취직해 나간다는 편한 생각이었다. 가끔은 그렇게 중요한 결정을 쉽게 하기도 하는 모양이다. 아마도 그때만큼 다른 잡생각 없이 읽고 싶은 책 마음대로 읽은 적은 그 이후에 없었던 것 같다. 학생들에게 늘 그런 말을 하지만, 나에게는 대학원 시절이 내 생에 가장 행복한 때였다.

20세기 후반의 저명한 역사학자인 페르낭 브로델의 전기를 보면 이런 대목이 나온다. 그는 어렸을 때 의사가 되고 싶었지만 폭군 성격의 아버지에게 너무 시달리다 보니―한번은 아버지의 매질을 피하기 위해 개집으로 숨어들어갔다고 한다―하루라도 빨리 아버지의 손아귀에서 벗어나기 위해 도망치듯 파리로 가서, 거의 아무데로나 진학한다는 심정으로 소르본 대학의 역사학과에 들어갔다. 그런데 그렇게 시작한 역사학 공부가 막상 해보니 자기 적성에 너무나 잘 들어맞았다고 한다. 그의 말이 가슴에 와 닿는다. "열정은 뒤늦게 찾아왔다."

나 역시 역사학이 성향에 맞는 것 같다는 느낌이 강하게 들었다. 소박하게 표현하자면, 경제학처럼 수학적인 사고방식을 요하지 않고 '말로 풀어가는' 것이 맘에 들었다. 아침에 학교에 와서 하루 종일 책 보고, 저녁에 잠깐 산보한 후 다시 밤늦게까지 책을 보았다. 그 외에는 가끔 대학원 동료들끼리 몰려 나가 호프집에서 맥주 한잔하는 것이 내가 하는 일의 전부였다. 숨 쉬듯이 공부했다고나 할까. 학문적 성과는 보잘것없는 수준이었지만 그래도 나 자신의 갈 길을 찾았다는 안도감이 들었다. 자기가 하고 싶은 것을 하는 것이 정답이라는 사실을 분명하게 확인한 셈이다.

유명한 신화학자 조지프 캠벨의 일화를 이야기하고 싶다. 그가 한참 공부할 때가 마침 대공황 시기라서 그는 백수 생활을 하게 되었다. 무일푼이었던 그는 물도 안 나오고 전기도 없는 싸구려 집에서 기거해야 했다. 그러나 이 시절에 그는 평생의 자산이 될 독서를 했노라고 자부한다. 그리고 그렇게 지낸 이 시기에 진정 행복했노라고 말한다. 그 자신이 즐겨 말하듯이 지복(至福, bliss)을 따르는 삶이었던 것이다. 여하튼 그러던 어느 날, 그는 프로베니우스의 책을 읽고 싶은 생각이 들었다. 그러나 그 책들은 구입하기에 너무나 비쌌다. 그래서 그는 뉴욕의 큰 서점에 편지를 보냈다. 자신은 현재 돈이 한 푼도 없는 상태이지만 프로베니우스의 책을 읽고 싶으니 책을 보내줄 수 있느냐는 내용이었다. 며칠 후 서점 주인은 나중에 돈 벌면 갚으라는 편지와 함께 그가 원하는 책들을 보내 주었다.

이런 것이 인문학의 세계 혹은 책의 세계에서 살아가는 사람들의 일이다. 여러 나라의 도서관과 문서보관소(archives)를 찾아다니며 박사 논문을 쓰던 당시, 외국에서 온 젊은 학생을 반갑게 맞이하고 안내해주는 친절한 사서들에게서 나 역시 그런 인상을 받을 수 있었다. 당신과 나는 같은 학문의 세계에 살고 있는 동료라는 내밀한 사인이 오고 갈 때 우리는 말로 할 수 없는 친근함을 느끼게 된다.


## 한국 인문학계의 냉정한 현실

인문학을 공부하는 모든 학생들에게 이런 세계에 동참하라고 권하고 싶은 마음은 없다. 그것은 누가 하란다고 될 일이 아니다. 자신의 내면에서 들리는 소리를 귀담아 듣고 기꺼이 이 길로 들어서야만 되는 일이다. 그런 자세가 아니라면 학자가 되는 길은 외롭고 힘들 뿐이다.

사실 현재 우리나라에서 인문학 공부는 너무나도 힘든 일이다. 우선 대학원에 대한 지원이 태부족이다. 원론적으로 이야기하면 인문학 분야의 석·박사 대학원생들에게는 국가나 사회가 책임지고 지원하는 것이 마땅하다. 재능 있는 젊은이가 대학원에서 공부를 하느라고 돈을 벌지 못한다고 할 때, 그리고 그 공부가 결국 국가와 사회에 기여하는 일이라고 할 때, 그 비용을 국가나 사회가 대주어야 한다. 미국 대학들은 이런 개념으로 인문학 대학원 과정에 많은 지원을 하고 있다(이에 비해 후일 자신의 좋은 수입을 위한 투자라고 할 수 있는 법학 전문대학원 혹은 의학 전문대학원의 경우에는 학비를 대출해 줄 뿐 장학금은 많지 않다). 우리는 아직 이런 수준에 이르지는 못하고 있다. 인문학 지원이라는 관점에서 보면 미국이나 유럽의 명문 대학들이 대기업에 해당한다면 우리 대학은 구멍가게 수준에 불과하다.

문제는 이뿐이 아니다. 인문학 박사 학위를 받고 나서 할 수 있는 일이 우리에게는 매우 제한되어 있다. 역사학 분야를 예로 들어보자. 박사 후 취업할 수 있는 대표적인 길은 물론 교수가 되는 것이다. 그렇지만 교수직이 충분히 많지 않으므로 결국 일부는 다른 직종으로 나아갈 수밖에 없다. 그런데 자기 전문 분야를 살리면서 취직할 수 있는 가능성이 그리 크지 않다. 외국 같으면 많은 연구소들에서 박사 인력을 흡수하기도 하고, 대기업에서 자체 역사를 정리하거나 문서자료실을 운영하기 위해 이런 인력을 충원한다. 하지만 우리나라에서는 아직 이런 것들이 활성화되지는 않았다.

우리도 앞으로는 이런 방면에서 많은 개선이 이루어질지 모르지만 적어도 현재까지는 그런 것을 기대할 수는 없고, 따라서 많은 고급 인력들이 박사 취득 후에도 자리를 잡지 못하고 시간강사로 일하고 있다. 인문학 분야의 시간강사가 얼마나 고달픈 상태인지는 자세히 설명할 필요도 없다. 공학 분야 같은 경우 대학에 자리를 잡지 못한다 하더라도 연구소나 일반 기업에 들어가서 자신의 전공을 살리는 것이 얼마든지 가능하다. 그렇지 못한 인문학 분야에서는 40대 중반의 나이가 되도록 여기저기 떠돌아다니느라 고생하며 모멸을 감내하는 사람이 적지 않다. 이것이 현재 우리가 목도하고 있는 학계의 가슴 아픈 현실이다. 인문학에 뜻을 두고 석·박사 공부를 하고 싶은 사람은 이런 현실을 냉정하게 직시해야 한다.

인문학 공부를 계속 하고 싶어 할 후배들에게 이런 쓰디쓴 이야기를 하는 것이 민망하고 슬픈 일이지만 숨길 이유는 없다. 우리는 학계와 사회가 해결해야 할 이런 문제를 개인 차원에서 알아서 감당하라고 강요하고 있다. 앞으로 사정이 나아지리라고 기대는 하고 있으나, 당장은 이런 고통을 능히 감당할 능력과 의지가 있는 사람만 공부를 하라고 말하는 수밖에 없다. 책 읽는 즐거움, 동료 연구자들이나 학생들과 만나서 학문을 논하는 기쁨이 그러한 고통보다 훨씬 크다고 느낄 그런 부류에게만 전문 연구자라는 이 희한한 직종이 열려 있는 것이다.

## 구태의연한, 그렇지만 너무나 귀한 지식

이상은 인문학 연구를 평생 자신의 업으로 삼고자 하는 사람에게 해당하는 말이다. 굳이 그런 길을 가려고 하지 않는 많은 인문학도에게는 물론 다른 길이 있다.

요즘 많은 학생들이 일찍부터 취업 문제로 고민하고 있다는 것을 잘 알고 있다. 현재 우리의 청년 실업 문제가 워낙 심각하다 보니 그런 고민을 하는 것은 당연한 일이다. 그러다 보니 너무 일찍부터 취업에 올인하는 학생들이 많다. 학점을 잘 따기 위해 수업 선택부터 시험 준비, 보고서 작성에 이르기까지 너무 세세하게 준비한다. 아주 이른 시기에 고시 준비에 열을 올리는 학생들도 많이 보았다. 불행한 일이다. 세상만사가 다 때가 있는 법이니 대학생 시절이 아니라면 할 수 없는 일들은 그때 해야 한다. 그런 것들은 때가 지나면 하고 싶어도 못하는 것들이다. 대학생활은 인생 전체로 보면 두 번 다시 누릴 수 없는 축복 받은 황금의 시기이다. 많은 학생들이 그 축복을 스스로 걷어차는 어리석은 일들을 서슴없이 하고 있다.

이 어려운 시대에 자신의 미래를 위해 취업 준비를 하겠다는 것을 비난할 생각은 없다. 그러나 조금 더 길게 볼 필요는 있지 않을까. 무슨 일이든 조급하게 서두르면 제대로 되지 않는다. 반대로 아무리 사정이 어렵더라도 준비가 잘 되어 있는 사람에게는 좋은 길이 열려 있는 법이다. 백 번 양보해서 순전히 취업을 위한 목적이라고 해도 인문학을 충실하게 공부하는 것이 결코 나쁘지만은 않다.

능력이 뛰어나다는 것은 무엇을 말하는가? 세상이 하도 빨리 변하다 보니 사람들에게 요구하는 기술적인 요소들도 빨리 변한다. 이런 요소들을 갖추지 못하면 분명 큰 흐름에 뒤처지기 십상이다. 아닌 게 아니라 나는 그런 점에서 상당히 뒤처져 있다는 생각이 들어서 진지하게 반성하고 있는 중이다. 엑셀 프로그램을 능숙하게 사용하지 못하고, 수업용 프레젠테이션 파일을 멋지게 만들지도 못하기 때문이다. 이 점과 관련해서 생각나는 분이 있다. 한국 음악학 분야의 원로학자이신 그분은 90대 중반의 연세에도 글을 쓰실 정도로 대단하신 분이시다. 어느 날 그 노학자께서 컴퓨터 타자를 치는 일에 어려움을 느낄 것이라 생각한 후학들이 타자를 대신 쳐드리겠다고 하자 이분은 이렇게 말씀하셨다고 한다. "나도 타자 연습을 열심히 했다네. 내가 안 하면 결국 누군가가 그 일을 해야 하는데, 내가 할 일을 남에게 시키면 되겠는가?" 작은 일이든 큰 일이든 이런 정신으로 임하시니 대학자가 되셨구나 싶다. 그러나 사실 여기에서 강조하고 싶은 바는, 부차적인 사항들은 마음만 먹으면 심지어 90대에도 능히 따라갈 수 있다는 점이다. 다만 그렇게 할 수 있는 기본 소양이 갖추어져 있느냐가 더 중요한 문제이다. 어쩌면 우리는 너무 새로운 지식과 기술에 연연해하는지도 모르겠다. 정말 중요한 것은 당장에 쓸 수 있는 기술이나 지식보다는 그런 것들을 습득할 수 있는 기본 바탕이다. 그런 점에서 본다면 사실 새로운 지식보다 옛날 지식, 구태의연한 지식이 훨씬 더 중요하다.

누구나 초등학교 시절부터 읽기·쓰기·듣기·말하기가 중요하다는 것을 배웠다. 그렇다면 대학생들은 이런 것들을 다 능숙하게 잘할까? 수업시간에 어떤 주제를 놓고 학생들에게 자기 생각을 정리해서 말해보라고 한다. 이럴 때 자기 생각을 깔끔하게 잘 정리해서 제대로 이야기하는 학생을 안타깝게도 거의 보지 못했다. 많은 학생들은 침묵을 지키다가, 억지로 시키면 거의 대부분 단 한마디로 이야기하곤 한다. "좋아요", "맞아요", "짱이에요." 이런 식의 외마디 외침이 과연 대학생들의 표현인지, 유치원 아이들의 표현인지 구분이 안 간다. 발표를 제대로 하는 학생도 드물고, 보고서를 잘 써 오는 학생도 드물다. 책의 핵심 내용을 제대로 파악하고 비판적인 자기 주장을 펼치는 사람도 정말로 드물다. 이건 정말로 중요한 문제다. 사회에 나가든 계속 공부를 하든 기본 능력은 이런 데에서 나오는 것이기 때문이다. 회사에 신입사원으로 들어갔다고 하자. 보고서라고 써온 것이 초등학교 수준의 글발이고, 의견 말하라고 할 때 자기 생각을 설득력 있게 말하지 못한다면 장래가 암담할 수밖에 없다. 중요한 능력의 태반은 컴퓨터 사용법보다는 사실 그런 기본적인 소양에서 나오는 법이다.

사회가 너무나 빨리 발전하다 보니 그 변화의 흐름을 다 쫓아가는 것은 불가능한 일이 되었다. 취직한 신입사원들이 당장 일을 처리하지 못한다고 해서 답답함을 느낀 기업들이 대학교에 '실용적인' 교육을 시키라고 요구하기도 한다. 그러나 그런 요구는 한참 잘못된 판단이다. 대학에서 그런 수준의 기술만 배우고 나가면 우선 당장 요긴하게 쓰겠지만, 한두 해 만에 다른 기술이 발전해 나오면 그 사람은 폐물 취급을 당하고 만다. 중요한 것은 한두 가지 당장 쓸 기술이 아니라 그와 같은 기술 발전을 따라가며 습득할 수 있는, 더 나아가서 그것을 응용하거나 오히려 그런 것을 창조해낼 수 있는 능력이다. 당장 먹을 수 있는 생선을 한두 마리 줄 것이 아니라 고기 잡는 방법을 가르치는 것이 중요하다. 그런 능력의 대부분은 인문학을 기본으로 한 자유교육(liberal education)에서 길러진다.

## 원하는 게 있다면 지금 하라

내가 말하는 이런 것들을 나 자신은 잘해 왔던가? 혹시 내가 옛날 대학생 시절로 돌아간다면 나는 어떻게 할 것인가? 가끔 그런 질문을 받지만, 옛날로 되돌아간다는 것이 정확히 무엇을 말하는지 질문부터 명확하게 따져보아야 한다.

유럽 어느 지역에 가면 마시면 젊어진다는 전설을 지닌 샘물이 있다. 그런데 아직까지 그 샘물을 마신 사람은 한 명도 없다고 한다. 왜 그럴까? 그 샘물을 마시면 젊어지는 것은 맞는데, 다만 과거로 되돌아가서 자신이 살았던 그 삶을 똑같이 다시 반복해야 한다고 한다. 아마도 그 누가 되었든지 그 샘물을 마시지는 않을 것 같다. 과거로 되돌아가서 '새로운' 삶을 살 가능성이 있다면 혹시 모를까, 자신의 지난 삶을 다시 한 번 살라고 한다면 결코 선택하지 않을 것이다. 그렇다면 과거로 되돌아가되 새로운 삶을 사는 조건이라면…? 그래도 나는 과거로 가고 싶은 생각은 없다. 옛날 일은 추억으로 간직하고 그냥 이대로 곱게 늙어가는 게 차라리 낫다. 요는 '지금 이때'가 가장 소중하다는 것이다. 정말 절실히 하고 싶은 게 있다면 미루지 말고 지금 하라. 지금이 바로 그 때다.

정작 문제는 원하는 것이 무엇인지 잘 모르겠고 애매하다는 점이다. 나는 학생들과 비교적 많은 대화를 나누는 교수에 속한다고 할 수 있다. 가끔 학생들이 고민 상담을 하러 찾아온다. 참 많은 학생들이 마음속에 여러 고민을 안고 있었다. 그런데 그 고민이라는 것을 들어본 내 느낌은 이렇다. 자신이 절실히 원하는 게 분명한데 다만 그것을 어떻게 실천하면 좋을지 모르는 경우는 하등 문제가 되지 않는다. 그냥 열심히 노력하면 되기 때문이다. 가장 어려운 경우는 자신이 뭘 원하는지 내 마음 나도 모르겠다는 때이다. 뭔가 의미 있고 진실한 삶을 살고픈 욕망은 분명히 안에서 꿈틀거리는데, 전체적으로 막연하고 겁도 나고 한마디로 뭐가 뭔지 모르는 상태, 그래서 차라리 누군가가 이게 가장 좋은 것이라고 콕 짚어서 방향을 정해주면 좋겠다는 상태, 이게 제일 머리 아픈 경우이다.

물론 이런 문제에 대한 최종적인 답은 자기 자신만이 찾을 수 있다. 그 누구라도 다른 사람이 결정을 대신해줄 수는 없는 일이다. 마음속 내면의 소리에 귀 기울여 들어보라. 그리고 용기를 내서 그 길을 따라가라. 누구나 결국은 중요한 결정을 내려야 하고, 그럴 때에는 용기가 필요한 법이다. 인문학 공부는 그런 일들을 도와주는 소중한 경험이 될 것이다.

새내기 대학에서 일주일 동안 강의를 한 후 학생들과 점심을 먹으며 대학에 들어갔을 때 꼭 하고 싶은 일을 한 가지씩 이야기해 보자고 했다. 스무 명의 학생들은 차례대로 자기의 소망을 이야기하기 시작했다. 어떤 남학생은 연애를 해보고 싶다고 했다. 어떤 학생은 많은 지식을 마음속에 정리하여 박식한 학자가 되고 싶다고 말했다. 누구는 케냐로 가고 싶다고 했고, 누구는 남미로 위험한(!) 여행을 해보고 싶다고도 했다. 또 누구는 공정무역과 같은 시민활동을 해보고 싶다고 했다. 듣는 내가 행복해졌다. 이 학생들은 꿈이 있고, 노력을 하기만 하면 얼마든지 그것들을 다 이룰 수 있다. 자신도 성장하고 우리 사회를 위해서도 좋은 일을 할 재목들이 되겠다 싶었다. 4년 뒤면 이 학생들은 꿈꾼만큼 성숙해져서 졸업하겠지, 그때도 나는 여전히 졸업하지 못하고 새내기들의 새로운 꿈을 뿌듯한 마음으로 듣고 있겠지….

고민할 수 있는
기회가 있다는 것은
행운이다

독문학을 전공한 드라마 PD
표민수

1964년생. 독어독문학 전공. 중앙대학교 예술대학원 공연영상과 석사, 현 프리랜서 연출자
1991~2002년 KBS 드라마제작국 연출
미니시리즈 1998년 〈거짓말〉, 2000년 〈바보같은 사랑〉, 2001년 〈푸른안개〉, 2002년 〈고독〉, 2004년 〈풀하우스〉,
2006년 〈넌 어느 별에서 왔니〉, 2007년 〈인순이는 예쁘다〉, 2008년 〈그들이 사는 세상〉

특별한 의지나 목표에 관계없이 인문대에 들어왔을 수도 있다.
그런 것이 있어서 들어왔다고 해도 사회로 나갈 생각을 하니
다른 전공보다 인문대는 고민할 것이 너무 많다.
하지만 아직 아는 것보다 모르는 것이 더 많은 학창시절부터,
자신의 남은 인생 전체를 한 가지 길에 걸어야 하는 것보다는 얼마나 다행인가.
고민은 즐거운 일이다. 즐겁게 고민해라.

## 인문대를 다닌 시절은 늘 고민의 연속이었다

**Q:** 쉬운 이야기부터 시작하는 게 좋을 것 같네요. 독문학을 전공하셨는데, 대학에 오실 때 독문학이나 인문학에 특별히 관심이 있으셨나요?

**A:** 글쎄, 인문대에 입학하는 사람들 가운데 처음부터 인문학에 관심이 있어서 오는 사람들의 비율이 그렇게 높진 않겠죠? 영문과나 국문과 같은 경우는 특별히 지원을 하는 사람들이 있을 것 같기는 한데, 제가 봤을 때는 시험 성적이나 고등학교 때 선택했던 제2외국어 같은 환경에 따라서 온 게 대부분이지 않을까요? 저도 개인의 취향에 따라서라기보다는 그냥 사회적 상황에 맞춰 인문대를 지원한 거 같네요. 그러다 보니 인문대에서 좌절을 좀 많이 겪게 되는 느낌이 있기도 해요. 내가 인문학을 원해서 지원을 한 것이 아니고 고등학교를 막 졸업하고 아무것도 모르는 상태에서 사회로, 대학생으로, 성인으로 처음 진입을 하면서 선택을 한 것이다 보니….

인문대라고 하는 게 어떻게 보면 그런 것 같아요, 말하자면 "참 볼품없구나." 전문적인 경영 기법, 경제학이나 법학 이론, 선생님이 되기 위한 확실한 진로, 아니면 미대나 음대 같은 경우에서처럼 또 특별한 진로 등 그런 것에 비해서 인문학이 상당히 약해 보이죠. 학교를 다닐 때 저 역시도, 그런 생각을 했으니까요.

Q: 사실 인문대를 다니는 많은 학생들도 비슷한 고민을 하고 있다고 생각합니다. 구체적으로 어떤 고민이 있으셨는지 궁금하네요. 또 그런 고민들을 계속 안고만 계셨는지 아니면 그때든 나중에든 인문대를 다니는 것에 대한 생각이 바뀌진 않으셨는지요.

A: 학교 다닐 때 초반에는 상당히, 아니 사실 다니는 내내 그런 갈등을 했던 것 같아요. 저는 아홉 학기를 다녔습니다. 결국 졸업하기 직전, 고시에 한번 도전하고 싶어서 철학개론 한 과목을 펑크를 내 달라고 말씀드리고, 아홉 번째 학기에 철학개론 한 과목을 들으면서 고시 공부를 해 행정고시를 한 번 봤습니다. 그러니까 아홉 학기 내내 고민, 갈등, 혼돈, 그런 게 있었던 거겠죠. 그런데 고시 공부를 해서 좋았으면 저도 그쪽으로 갔을지도 모르지만 고시에는 안 돼서 오히려 좋았던 것 같습니다. 아마도 인문대를 다니는 사람들 가운데 학창시절, 저 같은 고민을 하는 사람이 많을 것 같네요.

그런데 지나고 나서 보니까 인문학을 했다는 사실이 자랑스럽고 좋아요. 제 생각에 세상에서 가장 위대하지만 가장 악랄하게 인간을 괴롭히는 게 '돈'이라는 물건인데요, 사실 돈도 인간이 만들어낸 거잖아요. 즉 문제는 인간이라는 것이죠. 세상을 살아가는 동안 나는 내가 인간임을 부정할 수 없고, 인간과 안 마주칠 수가 없고, 인간과 대화를 하지 않을 수가 없고, 어떤 식으로든 소통과 커뮤니케이션을 해야 하니까요. 그리고 인문학은 인간의 본연을 탐구하는 것이고 그래서 인문학을 공부하는 사람들이 가장 무한한 가능성을 가진 사람들이라고 생각하죠. 경제학, 법학, 의학, 약학, 그 무엇이든 다 도구일 뿐이구요. 만약 무역을 하는데 법 조항대로만 한다면 그건 1대 1로 끝나겠죠. 하지만 법 조항에 인간의 마음을 포함시키기 시작하면 그건 1대 1000과도 바꿀 수 있고, 1대 10000과도 바꿀 수 있어요. 인문대에 왜 왔을까 하고, 나는 싫다고 부정을 했지만 4년 반, 아홉 학기 동안 인간의 마음을 이해하는 데 대해서 알게 모르게 많이 고민을 한 것 같아요.

또 인문학도로서 가야 할 곳이 없다는 그 자체를 고민하는 것, 그것도 상당히 좋았다는 생각이 들어요. 그 고민을 하면서 '아, 내가 정말 무엇을 하고 어떻게 세상을 봐야 하느냐' 그런 문제에 대해서 생각하기 시작했으니까요. 사실 법대나 경제학, 경영학은 진로의 목표 자체가 한 길로 정해져 있으니까 특별한 고민이 없어도 그 길로 그냥 가면 되죠. 그러나 우리는 가는 내내 주위를 돌아보면서 고민을 해야 합니다. 당장은 힘들 수 있지만 그것이 전체 인생에서 봤을 때 누가 뭐라고 하더라도 대단한 도움이 될 거라고 생각하는 거죠. 그런 고민은 인간에 대한 탐구, 또 특별히 남에 대한 탐구가 아니라 자기 스스로에 대한 탐구니까요. 아마 전 단과대학들을 통틀어서 인문대만큼 자기 스스로 개인에 대해서 고민을 하고, 나의 진로에 대해서 고민을 하고, 그 뒤에 남은 나의 인생에 대해서 고민하고, 그렇게 많이 고민을 하는 단과대학은 없을 겁니다. 그런 면에서는 인문대가 상당히 좋다고 봐요. 고민은 최대한 많이 하는 게 좋습니다. 오히려 고민 없는 삶이라는 게 정말 이상한 것이겠죠. 다만 고민을 최대로 하되 즐겁게 해야겠죠. 즐겁게 고민을 하세요.

# 인문대에서 했던 고민 가운데
# 지금 도움이 되지 않는 것은 하나도 없다

**Q:** 그럼 그런 고민 속에서 학교를 다니시면서 어떤 것들에 관심을 두셨나요?

**A:** 국문학을 좀 좋아했어요. 주로 우리나라 소설 읽는 걸 좋아했고, 그리고 독문학 쪽에서는 토마스 만을 좋아했죠. 토마스 만과 이상의 정신세계가 궁금해서 비교를 해본 적도 있구요. 제일 좋아했던 것은 역시 그냥 책 읽는 것이었습니다. 분야에 관계없이 아무 책이나 좋았어요. 다큐멘터리 보는 것도 좋아했고, 공룡이 나오는 다큐를 젤 좋아하죠. 뭐 'UFO는 있는가 없는가', '세기의 미스터리', '달 착륙은 진실인가 거짓인가' 이런 것도 좋아하구요. 영화나 드라마는 멜로 빼고는 다 보구요.

**Q:** 책 읽은 이야기를 좀 더 들려주시겠어요?

**A:** 그 당시는 펄벅의 『대지』 같은 옛날 고전들을 주로 읽었죠. 책 읽는 수업도 들었는데요, 한 학기 동안 내내 출석은 안 부르고, 중간고사 기말고사 리포트가 없고, 소설 50권을 읽고 독후감을 써 오는 게 전부인 수업이었죠. 그래서 소설을 50권 읽고 2페이지도 좋고 3페이지도 좋고 독후감을 썼던 적이 있어요. 그 당시는 땡땡이치기 좋겠다고 생각하고 들은 수업이었는데 시간이 지나고 나니 솔직히 무슨 책을 읽었는지도 기억은 안 나지만, 어쨌든 사람들의 생각을 읽어나간다는 자체가 되게 좋았던 거 같아요.

　　그리고 철학, 종교 분야도 좋아해서 읽었고 심리학도 좋아했구요. 철학, 종교, 심리학, 어학, 문학 모두 인간에 대한 이해잖아요. 그리고 그 이해를 바탕으로 법학이나 경영학 등이 파생되어 나오는 것이구요.

**Q:** 내내 좋아하고 즐겨 하셨던 것들이 인문학 제반 분야셨군요. 지금 드라마를 만들고 PD 생활을 하시는 데 그런 것들은 어떤 식으로 도움이 되나요?

**A:** 저한테는 어마어마한 도움이 되는 거 같아요. 아마 제가 드라마를 하는 20년 동안 내내 내세울 수 있었던 유일한 무기였던 것 같습니다. 어떻게 하면 사람을 이해할 수 있는가, 어떻게 하면 그 사람과 나의 동질성을 찾아낼 수 있는가, 어떻게 하면 그 사람의 또 다른 모습을 인정할 수 있는가, 그리고 또 어떻게 하면 나의 다른 모습도 인정해 달라고 말할 수 있는가를 고민하는 것이 나의 특색이고, 장기이고, 무기라고 생각해요. 물론 이런 강점들이 또 한편으로는 약점도 되겠죠. 그래서 저는 사건 드라마를 만들지 않고, 인간의 감정을 중심으로 하는 드라마를 만들어요. 어쨌건 인간의 두터운 느낌을, 베이스를 갖고 있다는 자체는 좀 다른 것 같아요.

예를 들어 어떤 작가를 만나 작품을 논의하고, 배우들을 만나 연기를 이야기하는 작업을 하기 시작했는데, 당신이 추구하는 바를 논리적으로 설명하지는 못한다고 해보자구요. 그럴 때 감정적으로 일단 이해하기 시작하고, 어떤 느낌인지 먼저 이해하면 그 다음에 논리로 파고 들어가면 잘 들어가지죠. 그러나 논리부터 내세워서 생각하기 시작하면 대화를 나누기 참 힘들어요. 예를 들어 "당신은 뱀이라는 동물을 싫어하나요? 뱀도 강아지도 다 같은 동물인데 왜 싫어합니까?"라고 논리로 생각하기 시작하면 대화가 성립하기 힘들다는 것이죠. 하지만 "아, 뱀을 싫어하는군요. 저는 바퀴벌레가 참 싫어요." 이렇게 시작한다고 생각해보죠. 왠지 모르지만, 그렇게 둘 다 싫어하는 걸 인정하는 상태에서 그 다음에는 논리로 이야기할 여지가 조금은 더 생기겠죠.

# 인문학, 다르게 보고 못 보는 것을 보는 것

**Q:** 인간에 대한 이해의 차이에서 오는 차별성이 있겠군요. 그런 것들은 드라마를 만들 때도 구현되고 그게 또 표민수 드라마의 강점이 되구요.

**A:** 제가 1998년에 〈거짓말〉이라는 드라마를 했습니다. 그리고 그 전에 96년도쯤이었던가, MBC에서 〈애인〉이라는 드라마가 시청률을 40%까지 올리면서 히트를 쳤죠. 국회에서 방송 관련 발언이나 회의를 할 때도 종종 언급되곤 했으니 굉장한 반향을 일으킨 드라마였죠. 그런데 〈거짓말〉과 〈애인〉은 똑같이 불륜이 소재인 드라마입니다. 보통 불륜을 소재로 드라마를 만들면 그 두 사람이 어떻게 만나서 무슨 이야기를 하고, 어떤 느낌을 가져가고, 들킬 것인가 안 들킬 것인가, 들켜서 부인과 스파크가 일어나면 다시 원래 부인에게로 돌아갈 것인지 말 것인지, 그런 이야기들이 중심이 될 것입니다.

그런데 제가 하고 싶었던 이야기는 불륜을 벌여 나가는 사건의 과정이 아니었습니다. 불륜이라고 하지만 누구든 그런 사랑에 맞닥뜨릴 수 있겠죠. '나는 절대 그러지 않을 것이다'라는 보장은 없으니까 언젠가는 올 수도 있습니다. 그리고 그런 경우가 오면 사람들이 과연 어떤 반응을 보이는가에 주목을 하고 싶었어요. 두 번째로 하고 싶었던 이야기는 불륜이라면 3명의 사람이 있는 상태잖아요. 그런데 만약 두 사람이 불륜의, 사랑의 감정을 진전시키고 있을 때 나머지 한 사람은 과연 무엇을 하고 있을까가 궁금했어요. 전혀 관계없이 동떨어져 있는가? 폭력을 행사한다든지 해서 불륜을 저지를 수 있는 빌미를 제공했던가? 그럼 그렇게 남아 있는 이 사람은 과연 무엇을 하고 있을까? 하고 싶었던 이야기는 또 있습니다. 불륜을 하는 사람들이 만났다가 헤어져 집에 돌아갈 때 각자는 무슨 생각을 할까? 옷을 막 털기도 하고, 머리카락을 떼어 내기도 하고, 숨겨 놨던 향수를 뿌리기도 하고, 제가 실제로 보기도 했지만 소주를 막 뿌려서 술을 먹은 것처럼 하기도 하는 그런 과정들의 심리는 무엇일까? 그런 것들을 바라보고 싶었죠. 〈거짓말〉은 이렇게 불륜이라는 상황에서 존재하는 상황, 느끼는 감정이지만 잘 안 보이던 것들에 집중하는 식으로 만든 드라마였죠.

저 같은 경우 이렇게 내가 고민했던 것, 그 고민의 방향을 인간으로 잡았던 것이 드라마 할 때 중심이었죠. 학교를 다닐 때 인간에 대해서 실망도 해봤고, 기쁨도 느껴봤고, 그런 것들이 모두 모여서 이루어진 게 아닌가 하는 생각이 들어요.


## 인간에 대한 이해 없이는 드라마를 만들기 어렵다

Q: 고민의 중심이 인간이다 보면 드라마의 캐릭터를 만드는 데 상당히 고심하실 것 같네요.

A: 드라마에서 캐릭터는 그 자체로 살아서 숨 쉬는 한 인간의 본이기도 하지만, 사실은 관계 속에서 드라마의 전체적인 흐름을 이끌어 가기 위한 하나의 장치거든요. 어쨌건 캐릭터에서 제일 큰 무게를 두는 점은, 그 자체가 그냥 착하지도 나쁘지도 않은 한 사람, 왜 사람은 장점도 있고, 그런가 하면 단점도 있고 그렇잖아요, 그런 사람의 모습을 담고자 하는 거죠. 사람에 대한 생각을 많이 하는 것 같아요.

저와 작업을 한 노희경 작가가 서울예대 문예창작과를 나왔어요. 그래서 제가 학교에 대해서 한 번 물어본 적이 있습니다. 그런데 자기는 문예창작과에서 소설을 전공한 게 너무 자랑스럽다고 하더군요. 물론 글을 쓰는 사람의 입장이니까 그럴 수 있겠죠. 그런데 이런 이야기도 했습니다. '인간에 대한 이해? 나는 인간을 이해할 수 있나? 이해할 수 있다고 하는 자체가 오만 아닌가? 아니면 이해를 꼭 해야 하나? 이해가 안 되는 것은 어떻게 하나? 이해가 안 되는 것을 억지로 이해해야 하나? 아니면 그냥 포기해야 하나?' 이런 갈등들을 소설에서 배울 수 있었다구요. 그러면서 지금은 또 종교 쪽으로, 철학 쪽으로 이야기를 해요. 저도 종교나 철학, 심리 쪽으로 이야기를 많이 하는데, 내가 만약에 경영학도였다면, 과연 그렇게 인간 심연의 고민에 대해서 이야기를 할 수 있었을까 하는 생각을 해봅니다.

물론, 그럴 수도 있겠죠. 그런데 경영을 하는 분, 법조계에 있는 분들을 만나보면 결국 경영이라고 하는 자체도 사람을 부리고, 사람을 조화롭게 만들고 시너지 효과를 내기 위한 것인데, 그러려면 인간을 이해하는 게 가장 필수적이라는 이야기를 하더라구요. 그러면서 그 인간을 이해하는 방법에 대해서 가끔 저한테 묻기도 하고 그래요. "당신은 사람을 미워하는 거 같지도 않고 사람을 사랑하는 거 같은데, 가짜로 그러는 게 아니라 진심이 느껴지는 것 같고, 그 사람에 대해 뭔가 많이 생각을 한 것 같아 보인다. 비결이 무엇이냐"라고 가끔 질문을 받습니다. 그런 질문을 받고 생각해보면 쓸데없는 고민을 많이 하고, 책 읽는 게 좋았고, 인간의 마음을 흔드는 철학, 종교, 심리학, 문학, 인문학에 관심을 가져서 그랬던 것 같아요.

그래서 지금 인문대를 다니면서 하는 고민과 잡생각들, 이런 것들이 결국 세상에 나가서 생각하고 또 뭔가를 만들어가는 데 틀을 만들어준 것 같아요. 그 틀을 잘 가지고 가면, 경영이나 법학, 또는 세상의 어떤 다른 분야에서도 인문대 나온 학생들이 도움이 될 거예요. 지금 하고 있는 고민의 방법, 고민의 목표, 고민의 대상 이런 것들이 혼동되어서 그렇죠, 그 고민을 잘 다스리기만 한다면 잘될 겁니다. 결국 궁극적인 부분은 인간으로 통하니까요.

Q: 입사 최종 시험이 임원 면접인 경우가 많은데, 실제로 딱 면접자들이 들어오면 10초 만에 O, X로 나눈다는 이야기를 들었습니다. 사실 이것도 오랜 경험을 통한 직관에 의한 것이겠죠?

A: 결국에는 사람이 모든 것을 쥐고 있는 것이겠죠. 그 사람의 표면적으로 드러난 능력보다도 그 사람 자체를 보려고 한다는 얘기일 것이구요. '그 사람이 어떤 자격증을 갖고 있다', 그건 저 사람이 흰 옷을 입거나 검은 색의 옷을 입고 왔다와 다르지 않은, 정도의 차이일 뿐일 것 같다는 생각이 듭니다. 애플, MS, 구글 같은 경우가 왜 그렇게 세계적으로 성장했을까요? 자유로움과 감성, 감정, 인간의 느낌에 IT를 더하고 조화를 시켜 나가는 '융합'일 겁니다. IT만 계속했으면 정말 IBM 같은 경우도 성공을 했어야 하지만 그렇지는 못하잖아요. 애플은 디자인적인 느낌, 만지면서 즐거운 느낌, 일하면서 피곤하지 않는 즐거움이 핵심이었던 거잖아요. 세상을 지배하는 것은 결국 인간의 느낌인 것 같습니다. 그러니까 지금 자격증을 하나 더 따는 일도 좋은 일이기는 하지만 정말 즐겁고 원해서 하는 게 아니면, 그 자격증은 사용하지도 않을 것이고, 사용한다고 더 계발하지도 않을 것이고, 계발한다고 해도 즐거워서 하는 사람한테는 못 당할테니 그저 따는 걸로 끝이 되겠죠.

## 짧게 보지 말고 길게 보면
## 인문대를 다니는 것이 훨씬 유리하다

Q: 선배님의 말씀에 공감이 가는 부분이 있습니다. 하지만 그래도 취업이라는 면에서 현실적으로는 어렵네요.

A: 사실 제일 큰 고민은 취업 문제죠? 인문대생들에게 취업에 대한 고민이 제일 클 것 같네요. 특별한 전공이 보이지 않는다…. 그러나 그걸 뒤집어 보면, 올라운드 플레이어라는 이야기가 되기도 하죠. 어떤 분야에 가서도 올라운드 플레이어가 될 수 있다는…. 예를 들어 테스크포스 팀을 만들면 거기에 꼭 들어가야 할 것은 인간의 심리를 이해하는 사람, 기본적으로 그런 사람이니까요.

Q: 얼마 전에 취직한 인문대 친구의 경우, 마케팅이든, 신사업을 개발하기 위해서든 인간에 대한 이해가 필요하기 때문에 인문학 전공자를 뽑았다는 이야기를 들었다고 하더군요. 학교에 개설된 최고경영자 과정에도 인문학 수업 들으러 오시는 분들이 많은 것을 보면 그분들도 인문학 공부가 필요하다고 생각해서 오시는 것이겠죠. 하지만 그것들은 정말 나중에 최종적으로 필요한 것인데, 지금 당장 취업할 길을 찾기가 힘드니까 고민들을 하는 것이겠죠.

A: 취업이 당장 문제인 경우에는 고민을 할 수밖에 없어요. 하지만 길게 봐서 20년 후나 혹은 짧게 15년 후를 본다면, 진취도, 성취도 면에서 남들보다 훨씬 우수한 사람이 되지 않을까요? 의학도 대체의학, 심리치료 등이 많이 확보되어 가고 있고, 컴퓨터 공학도 인간의 뇌 구조를 본뜬 인공지능이 개

발되기 시작했지만 그 역시 인간의 판단구조를 필요로 하는 것이니 결국 인간에 대한 이해가 원칙입니다.

## PD라는 직업과 인문학

Q: PD라는 직업에 대한 질문을 드려보고 싶네요. 막연하게 PD에 대한 선망이 있는데요, PD는 어떤 직업인가요?

A: PD가 되어서 제일 고민하고, 가장 큰 약점이라고 생각하는 건 사건에 관한 부분입니다. 이 세상에 사건들이 참 많이 일어나는데 그 사건들을 바라보는 제 눈 자체가 감정적인 논리로 먼저 이해하려 한다는 것입니다. 물론 고민하지 않는 사람은 세상을 삐딱하게 볼 수도 없겠지만요. 세상을 삐딱하게 보지 않는 사람은 좀 더 세상을 색다르게 보지도 못하는 사람이겠죠.

저는 세상을 좀 약간 색다르게, 좀 흔들어서 보는 편인데요, 흔들기 과정 후에는 항상 사람들과 대화를 하면서 '저의 고민이 올바른가' 하는 검증 과정을 거쳐봅니다. 어쨌든 저 같은 경우는 드라마 속에서 세상을 사는 방법이나 세상을 사는 어떤 느낌을 찾아내어 간단하게 말하고 싶습니다. 그것이 진실보다는 진리가 되면 더 좋겠지만요. 아무튼 간단하면서도 행복하게 세상을 사는 방법을 한번 찾아내고 싶은 욕구가 저에게는 대단한 장점이자, 특기가 되는 것이지만 힘든 일이기도 하구요. 예를 들어 이것이 법적, 경영학적이거나 대부분의 모든 분야에 있어서는 대체적이거나 비슷한 것들, 즉 상식이라고 하는 만들어 놓은 것들에 대한 원초적 고민을 시작하는 것이라고 말할 수 있겠네요. 그러나 소수라고 할지라도 그런 생각들을 계속 작품에 담아내는 것, 그래서 조금씩 더 그런 생각들도 있다고 사람들에게 공개해주고, 그럼으로써 대다수의 사람들이 저런 생각도 갖고 있구나 하는 것을 인정할 수 있게 되는 것이 사회가 좋아지는 길이 아닐까 하고 생각합니다. 이게 힘든 일이지만 뭐 장점이기도 하죠.

Q: 사실 인문학을 공부한다는 것은 말씀하신 것과 같은 데 있는 것 같기도 합니다. 다른 단대에 다니고 있는 친구들을 만나봤을 때, 어느 순간 다른 얘기들, 다른 소재들, 다른 관점들을 취하고 있는 걸 발견하게 되었습니다.

A: 서로 비켜가게 되죠. 왜냐하면 그쪽 같은 경우는 제도권에 있는 걸 계속 배우고 트레이닝하고 학습하니까요. 하지만 인문학은 제도권이 아니라 무한학습이기 때문에, 또 자기 선택에 따른 무한학습이기 때문에 관점이 달라질 수밖에 없는 거 같아요.

Q: 이야기를 나누다 보니 다시 현실 문제로 계속 돌아오네요. 말씀하신 부분이 인문대생의 장점인 것 같다는 생각이 듭니다. 하지만 어느 순간 취업을 하겠다고 마음을 먹으면, 이게 아닌데 싶으면서도 회사에서 요구하는 게 있게 되죠.

A: 세상이 요구하는 것은, 겉으로 보이는 제도권이에요. 하지만 제도권에 실제로 딱 들어가면, 결국은 인간에 대한 목표치를 향하고 있죠. 이런 경우가 있었습니다. 법조계에서 꽤 높은 분이었는데 따님이 배우를 하고 싶어서 난리가 났다며 조언을 구하신 분이 계셨어요. 물론 여기서 중요한 것은 자식 이기는 부모가 되는 방법이 아니라 결국 그 아버지가 딸을 설득하지 못하고 있다는 점이었죠. 왜 그럴까요? 비슷한 경우는 또 있어요. 아버지가

의사, 어머니는 교수인 집의 아들이었는데 음악을 하겠다고, 대학을 안 가겠다고 난리가 난 거예요. 그래서 제가 방송 쪽에 있으니까 그 친구를 만나 달라는 부탁을 받은 적이 있죠. 그래서 음악에 관한 이야기를 쭉 하다가, 대학을 가야 하는 이유, 음악을 하기 위해서 대학을 가야 하는 이유를, 가면 참 좋은 이유에 대해서 이야기하기 시작했어요. 그러니까 그 친구가 시험 며칠 안 남았었는데, 자기가 학원 등록해서 시험 보겠다고 그러더라고요. 이 두 가지의 경우 모두 그 부모님도 자신의 자식들이지만 사람 자체를 이해하려는 노력을 안 하셨던 것 같아요. 그런데 우리 같은 경우는 그런 걸 좀 더 쉽게 하죠. 인문학은 인간에 대한 고민이고, 하다못해 취업, 진로라는 측면에서부터 나 스스로에 대한 고민부터 해봤으니까요. 실제 직업의 겉보기에는 그것이 제도권인 거 같지만, 안으로 들어가보면, 결국 이 세상의 처음 시작은 사람이고, 근본도 사람이라는 얘기죠.

## 일이 힘든 것과 사람이 힘든 것

Q: 다시 PD라는 직업으로 돌아와보면 좋겠네요. 드라마 PD를 목표로 하는 학생들 같은 경우에, 직업 세계에 대해서 궁금한 게 참 많은데, 제일 많이 마음에 걸려 하는 것이 현실적인 고충입니다. 조연출 생활도 있을 테고, 생각보다 월급도 적고 심지어 그 돈을 쓸 시간도 없다, 3D다 그런 얘기도 하는데, 현실은 어떤가요?

A: 3D 얘기를 좀 해볼게요. 외국인 노동자가 우리나라에 와서 공장에서 쇠를 깎는 일을 한다고 해봅시다. 우리나라 사람들이 하기 싫어 외국인 노동자

가 한다는 이른바 3D 업종이죠. 그런데 사람들은 그 일이 정말 힘들어서 안 가려고 그런 걸까요? 아니면 사람들이 손가락질하는 것 같고, 별로 빛나 보이지도 않는 것 같아서 그런 걸까요? 스스로 생각하기에 직원 딱 세 명 있는 영등포구청 뒤쪽으로 일하러 다니는 것보다, 30층 되는 빌딩에 넥타이 매고 가는 게 더 낫다고 생각해서 그런 걸까요?

어떻게 생각을 해보면 화이트칼라에도 3D 업종이라는 것이 무수히 많을 겁니다. 어떤 사람은 대학원을 나오고도 기업에 가서 이른바 3D 업종 같은 일을 하니까요. 결국 생각의 문제겠죠. PD도 3D 업종이라고 생각하면 3D 업종이 되는 거고, 그게 아니라 고급 문화콘텐츠를 만들어 내는 사람, 그렇게 생각을 하면 그렇게 되는 거라고 생각해요.

사실 더 중요하고 힘든 부분은, 인간과 인간의 관계입니다. PD로서, 특히 드라마 PD로서 가장 힘든 일은 스무 시간 일하는 게 아니라 사람들을 수없이 만나야 하는 부담이었죠. 첫 번째 조연출 때였나, 사실 입사 후에 처음으로 조연출이 되면 참 좋습니다. 그런데 조연출이 되는 순간 사람들 사이의 비교가 시작됩니다. 입사 5년차, 10년차, 15년차 되는 FD들, 5년차, 7년차, 10년차 되는 조명팀원들과 비교가 시작되는 거죠. "저 공부만 하다 아무것도 모르는 놈이 와가지고, 저 구름 잡는 소리 하는 것 좀 봐", "너는 여기 안 오는 게 도와주는 거니까 저기 가서 쉬어", "사우나 안 갈래, 거기 가서 씻고 오지" 같은 이야기를 듣는 것도 3D죠. 물론 이것은 아무리 화려하고 좋은 직업이라고 하더라도 마찬가지입니다. 법조계라도 예를 들어 매일 취객들 싸움 송사를 하는 사람과 대기업들 모아놓고 수십, 수백억 원짜리 M&A거래를 성사시키는 것하고는 차이가 나는 거죠.

결국 중요한 것, 일의 힘듦의 정도는 자기가 사람과의 관계에서 얼마나 즐거움을 느낄 수 있느냐, 못 느끼느냐 하는 것에서 비롯된다고 생각해요. 그리고 모든 관계에서 사회 초년병이 다 느끼는 바겠죠. 일이 많아서 괴롭다기보다는, 일을 나한테만 많이 시키는 그 사람 때문에 괴롭다는 것이고, 결국은 또 사람이더라구요. 대학 때도 그랬고, 조연출 때도 그랬던 게, 사람 때문에 제일 많이 힘들고, 사람 때문에 제일 기쁘고, 사람 때문에 제일 행복했던 거 같아요.

## 일의 시작과 끝은 사람들 사이의 관계 맺어주기이다

내가 신입 때도 제일 많이 부딪쳤던 게 연기자들을 선생님으로 부를 것인가 안 부를 것인가 하는 문제였어요. '나를 가르치기를 했어, 나랑 밥을 한 번 먹기를 했어, 내가 왜 그 사람을 선생님이라고 불러야 하지?', '내가 업무를 하러 들어온 거지 몸종을 하러 들어온 건 아니잖아', '아니 연기자가 오면 차 문을 열어주기도 해야 되는 거야?' 지금은 마찬가지 문제로 고민하고 있는 후배 조연출들에게 이렇게 이야기를 해주죠. "야, 소림사에서 왜 기본 동작만 그렇게 오랫동안 가르치는 거 같냐? 너희들도 기본 동작을 오랫동안 연마하지 않으면 사람에 대해서 이해하지 못하고 그러면 좋은 드라마를 만들 수 없다." 분노를 느껴봐야 분노를 찍을 수 있고, 그것을 느끼지 못할 수도 있는 연기자에게 분노를 알려줄 수 있거든요. 물론 그걸 몰라도 드라마를 만들 수는 있죠. 작가가 써주는 대로 찍으면 되고, 촬영은 촬영감독이 하고, 음악은 작곡가가 만들고 편집은 편집기사가 하는 거니까요.

　사실 연출이라고 하지만 PD는 작가가 대본 쓰는 동안 놀았고, 배우 연기하는 동안 담배 피웠고, 촬영하는 동안 앉아서 수다 떨고, 그래서 다른 사람들 땀을 빨아먹고 사는 사람일 수도 있습니다. 게다가 조연출이면 드라마나 작품에서 사실 황태자죠. 연출이 될 사람이니까. 그런데도 나는 연출하러 왔지 이런 것 하러 오지 않았다며 이야기하는 친구들이 있는데, 그러나 미안하지만 그것이 연출입니다.

Q: 많은 사람들과 하나의 작품을 만드는 데 있어서, 연출이라는 위치는 다양한 관계맺음이라는 이야기인가요?

A: 그렇죠. 비행기 파일럿 같은 경우가 비행기를 정비해주고, 급유해주는 사람 없이는 날 수가 없습니다. 그 모든 것을 자기가 다 할 수 있는 사람은 거의 없잖아요. 사실 내가 차지하고 있는 지위라는 것이 모두 그렇습니다. 밑에 직원이 없으면 누가 경영자겠어요. 피고가 있고 원고가 있고, 사건이 있어야 결론을 내던지 하지, 내가 판사니까 구름은 여기 가고 비는 여기 내리고, 그럴 수는 없잖아요. 결국은 모든 것이 사람이 있어야 그 자체가 존재하는 것인데, 그 사람의 깊은 갈등의 문제가 가장 괴로운 부분이고, 그걸 해결하지 않으면 어떤 직업을 갖더라도 백전백패라고 할까요?

## 드라마 PD에 대해서

Q: 드라마 PD가 작품을 시작해서 진행하는 과정에 대한 이야기도 궁금하네요.

A: 일단 작가 선정을 합니다. 어떤 연출자는 그 작가의 전작을 믿고 선정하는 경우도 있는데요, 저 같은 경우는 작가를 만나보고 선정합니다. 그렇게 작

가가 선정되면 작가하고 이야기를 만들죠. 이야기에는 연출이 하고 싶은 이야기가 있고, 작가가 하고 싶은 이야기도 있죠. 둘 다 없을 경우에는 조합해서 만들기도 하고, 영화, 책에서 아이디어를 찾아 이야기를 만들어 내기도 합니다. 저는 보통 작가에게 아이템을 맡기는 편이에요. 왜냐하면 저는 스토리텔링에 약한 PD이고 이미지를 만들기 좋아해서입니다. 또 작품을 해 나가면 결국은 글은 작가가 쓰는 거잖아요. 그 많은 분량을 제가 쓸 수도 없고, 영화 같은 경우는 여러 명이 함께 쓰기도 하고 그러는데, 드라마는 그럴 수 없으니까, 작가에게 글을 맡기죠. 그리고 캐스팅 같은 경우도 함께 논의를 많이 합니다. 뭐 엄마, 아빠라고 보시면 될 거 같네요. PD와 작가가 함께 시작을 하는데 제3의 안이 나올 수도 있고, 작가의 안, 연출의 안을 조합할 수도 있고, 요즘 같은 경우는 제작사의 안도 있습니다. 제작사의 안 같은 경우는 흥행이나, 영업, 이익을 위해서 요즘 그 사람이 인기가 있다 그래서 넣는 경우도 있구요.

Q: 요즘은 많은 경우 드라마를 외주 제작하잖아요. 취업이라는 관점에서 방송사에 취업하는 것과 외주 제작업체에 취업하는 것, 어떨까요?

A: 앞으로 한 2~3년 후에 종합편성 채널이 생길 것이고, 그 채널들의 경우에는 아마 대부분의 드라마를 외주로 하게 될 겁니다. 세계적으로도 방송국 안에 제작팀이 있는 경우가 그렇게 많지 않아요. 앞으로 추세는 외주 제작으로 해서 무한경쟁 체제로 들어가는 것이겠죠. 환경은 그렇다 치더라도 나는 드라마를 선택하고, 연출자를 선택한다면 꿈은 드라마를 잘 만들어서 이름도 나고, 돈도 벌고, 내 직업에 만족도 하고, 자기가 하고 싶은 드라마도 만들어보는 것이겠죠? 그게 목표라면 일단은 저 같은 경우는 방송사를

권하겠습니다. 외주 제작은 종합편성 채널이 열리는 것을 기다려야 하고, 열린다고 해도 그 대부분을 기존에 하고 있는 연출자들이 차지할 테니까요. 그리고 막상 종합편성이나 외주에 입사를 한다 치더라도 드라마를 만들 수 있는 조건은 안 될 거거든요. 1년차가 바로 드라마를 만들 수 있는 조건이 안 되니까요. 능력은 있을 수 있지만 우선 내 이름을 작가, 배우가 모르니까 아무리 발버둥을 쳐도 김수현 선생을, 노희경 작가를 만날 수는 없다는 이야기에요. 물론 신예 작가들 중에 좋은 작가를 고를 수는 있죠. 그러나 그건 도전인 거구요. '나는 여기서 깨지고 다시 못 해도 좋으니 해 보고 싶어' 그런 게 아니고 앞날을 생각한다면요.

방송국을 가야 하는 이유는 그런 작가, 배우들을 만날 수 있는 다리를 빨리 만들기 위함도 있지만 또 하드 트레이닝을 받기 위함도 있어요. 5년에서 7년 동안 조연출로서 하드 트레이닝이 필요한 거죠. 진짜 살아가면서 별의별 경우를 다 맞닥뜨려 보는 게 방송국인 거 같아요. 그런데 외주로 가면 그 가운데 일부분만 보게 되요. 물론 일부만 가지고도 일을 할 수 있겠죠. 나의 연출 테크닉을 믿고 촬영 기법을 믿고 할 수는 있겠지만, 촬영 기법은 시간이 지나면 바뀌니까, 그게 아니라 근본 자체를 알아내려고 하면 방송국에서 하드 트레이닝을 하는 게 좋아요. 5년에서 7년 정도 하면 적게는 열 개 이상의 작품을 경험하게 될 테고, 많으면 수십 개 작품을 하게 되니까요. 그러면서 별의별 작가, 배우, 경험을 다 당하면서 내가 무엇을 해내야 하고 이겨내야 하는지 배우는 거죠. 물론 그것도 결국 사람이구요. 나를 알아내고, 상대방을 알아내고, 저 작가가 무엇을 좋아하는가, 저 배우는 무엇을 얘기해야 마음이 사로잡힌다 하는 그런 것을 알아내야죠. 그리고 알고 있다가 중요한 게 아니라, 그 사람의 생각을 파고 들어가는 게 중요해요. 옆 사람 손에 닿는 육체적인 느낌은 잡아떼면 뗄 수 있지만 머릿속에 같이 들어가버리면 아무리 뽑아내려고 해도 뽑아지지 않거든요.

드라마 연출을 하려면 외주보다는 방송국으로 가세요. 그러나 방송국이 해당되지 않을 때, 이삼 년 시험을 봤는데 계속 안 된다, 그러나 하고 싶다고 할 경우에는 그때 돼서 케이블도 알아보시고, 외주 제작도 알아보시구요. 미리 지레짐작으로 알아보지는 마세요. 그때 돼서 상황을 다시 정리해도 늦지는 않습니다.


## 세상을 다른 각도에서 바라볼 것,
## 그리고 자기 자신을 알아갈 것

Q: 다시 대학시절로 돌아가면 꼭 해보고 싶으신 게 있으신가요?

A: 유학이 됐든 뭐가 됐든 외국 생활을 좀 해볼 걸 하는 생각이 들어요. 딴 것보다도 외국에 나갔다 오면 '세상은 참 넓고도 넓구나', '세상에 참 많은 다양한 사람들이 있구나', '그중에 나는 단 하나의 일부분일 뿐이구나', '이렇게 작은 놈이 이런 조그마한 일에 고통 받는 게 당연하지'라는 생각이 들더라구요. 사실 제가 느끼는 고통이라는 것은 넓은 세상으로 보면 몇 천만 분의 일도 안 될 것이거든요. 그래서 내가 작아지는 느낌을 받으면서 용기를 참 많이 얻어요. 그래서 대학 생활을 다시 한다면, 친구를 더 사귀고 싶다? 저에게는 별로 큰 의미가 없을 거 같구요, 공부를 더 열심히 한다? 한 번 안한 놈이 그때 간다고 또 하겠습니까, 안 하면 더 안 하겠죠. 외국 생활을 해봤으면 좋겠네요. 요즘 젊은 사람들 보면 배낭여행도 많이 가고 그러잖아

요? 그런 거 보니까 좋더라구요.

사실 다른 것을 경험하게 되면 시선이 바뀌게 되죠. 그러니까 한국 사회의 틀 자체, 취직 같은 것들도 조금 달리 보이게 되구요. 그리고 그렇게 세상을 달리 보는 순간에는 카메라 화각이 그렇듯 여기서 1mm만 다르게 보면 저 멀리 있는 100은 100m, 1000m 멀리 보이고. 내가 세상을 조금만 다르게 보면 세상이 확 새로 열리는 듯한 느낌이 듭니다. 똑같이 앉아 있는 사람도 새롭게 느껴지는, 그런 걸 많이 발견했으면 좋겠거든요. 그런 느낌에서 저는 다시 돌아간다면 여행을 좀 더 가보고 싶네요.

Q: 마지막으로 인문대 학우들한테 권하고 싶은 게 있으신지요.

A: 제가 좋아하는 말 중의 하나인데요, '몸이 아프면 마음이라도 아프지 말고, 마음이 아프면 몸이라도 아프지 말아라.' 만약에 여자 친구랑 헤어졌어요. 그래서 막 술을 먹는데 둘 중 하나만 아픈 거는 괜찮아요. 술을 많이 먹어서 몸이 아프면 '에이, 괜찮아. 여자가 하나뿐이야' 하면서 마음은 아프지 않고, 아니면 마음은 되게 아픈데 차라리 몸을 건강하게 하기 위해서 걷고 뛰고 운동하고 일하는 것도 괜찮아요. 그런데 몸도 아프고 맘도 아프면 못 일어나고 회복을 못하죠. 그런만큼 마음이 나태해진다고 생각되면 운동하고 공부하고 봉사활동도 하고 해서 몸을 부지런히 굴리세요. 반대로 몸이 나태해지면 머릿속으로 치열하게 생각하고, 상상하고, 설계하면서 마음을 움직이세요.

또 하나 있는데요. 인문학에서만 가능한 부분인데 이때까지 온 것과 관계없이 자기가 새로운 해석을 해서 그걸 자기 이론으로 만들어보세요. 예를 들면 그런 거겠죠. 불륜에 관한 의미를 해석한다, 단어에 관한 의미를 해석

한다. 아니 불(不)에 윤리 윤(倫)자를 써서 윤리가 아니라고 하는 건데, 지금은 그 불륜을 성적인 의미로 해석을 한다? 몸과 생각의 괴리? 혹은 나는 괜찮은데 저 사람은 안 된다는 이중 논리, 괴리 아닌가? 이렇게 생각을 시작해서 뭔가를 만들어내는 거죠. 저는 그것을 드라마에 사용했던 것이구요.

그리고 먼저 자신을 파악하세요. 자기가 좋아하는 것, 내 적성이 무엇인가, 내가 그 안에서 무엇을 할 수 있을 것인가. 자신이 좋아하는 일을 찾으세요. 그런데 1~2년이 지나도 그 일이 좋은지 모르겠고 그렇다. 그렇다면 우선은 두 가지가 있는데, 첫 번째는 내가 그 일에서 좋아하는 걸 발견하지 못했거나 내가 좋아하는 것과 그 일의 메커니즘을 결부시키지 못했을 수 있으니 일단 1년은 더 일해보세요. 그리고 그래도 아니라고 하면 좋아하는 일을 찾으시구요. 회사에 간다고 했을 때 "내가 이런 걸 이렇게 할 수 있을 거 같습니다"라고 하는 사람과 "나는 이런 일을 좋아하고 잘해서 회사에 어떤 보탬이 될 수 있을 것 같습니다"라고 할 때 후자가 훨씬 좋겠죠. 어떤 일을 좋아하는지 확실히 하고, 그리고 그 일을 해서 어떤 득이 될 수 있나를 어필해보세요.

# Naive하게 생각하는 습관을 버려라

러시아문학을 전공한 대기업 임원

이수영

1968년생. 노어노문학 전공. 연세대학교 국제학대학원 정치학과 졸업, 미국 Northwestern대학교 Kellogg MBA 졸업,
현 코오롱 신사업기획팀 상무
1994~1997년 삼성전자 무선통신 상품기획팀
1998~1999년 삼성에버랜드 홍보팀
2001~2002년 미국 제약회사 Bristol Myers Squibb 마케팅 담당

인문대를 졸업하면 취직하기 힘들다고 한다.
하지만 생각해보면 경제학과, 경영학과, 법학과를 졸업한 학생들만큼
치열하게 살았다고 할 수 있는가?
인문학을 전공한다는 것은 다른 전공에 비해 선택의 폭이 훨씬 넓다는 얘기지만
그만큼 더 노력해야 한다는 말이기도 하다.

# 돈 벌 것을 고민하기 전에 사람에 대해 고민해야 한다
# 그것이 회사다

**Q:** 소개를 부탁드립니다.

**A:** 네, 저는 코오롱에서 신사업 기획을 하고 있어요. 새로운 사업을 만드는 일
이죠. 완전히 새롭게 인큐베이션하는 부분도 있고, 기존에 있던 회사를 인
수합병, M&A하는 부분도 있고, 그런 업무를 하고 있습니다. 특히 물과 에너
지 쪽, 주로 환경사업에 관한 쪽의 신사업을 기획하고 거기에 적합한 회사를
새로 만들거나, 인수하는 작업들을 하죠. 94년도에 첫 취직을 했는데 신사
업 기획의 일부터 먼저 시작한 건 아니에요. 일을 하다 보니까 신사업 기획
을 하게 되었고, 신사업을 하다 보니까 환경 쪽도 하게 된 것이죠. 회사라는
곳을 다닌 이야기를 좀 더 해볼까요.

　　94년에 삼성전자에 입사했다가 그 다음에는 97년에 삼성 에버랜드로 옮

겼죠. 99년까지 삼성 에버랜드에 있었고 그 다음에 99년부터 2001년까지는 미국에서 노스 웨스턴 대학의 켈로그 MBA를 다녔고, 2001년부터 2002년까지는 미국의 브리스톨 마이어스 스퀴브(BMS)라는 제약회사에 다녔었고, 그 다음에 코오롱에 들어와서 2003년부터 지금까지 만 7년째 일하고 있습니다.

Q: 신사업 분야라면 어떤 일을 주로 하시나요?

A: 신사업이나 M&A를 하려면 뭐가 진짜 제일 필요하겠어요? 일단 신사업이든 뭐든 하려면 돈이 필요하겠죠. 그런데 아이템이 좋으면 빌려 주겠다는 돈은 많이 있습니다. 이것을 하면 돈을 벌 수 있다는데 누가 돈을 안 빌려 주겠어요? 그러면 아이템, 즉 무엇을 할 것인가 하는 머리가 필요하겠네요? 그런데 아이템은 인간과 사회 전반의 동향에 대해서 연구하고 판단하면 되는 것이죠. 아이템과 돈이 해결되었으니 이제 사람이겠죠. 신사업을 하려면 사람을 뽑아서 새롭게 인큐베이션을 하든지 아니면 외부에 있는 사람들을 M&A해서 내 사람으로 만들어야 되겠죠. 그런데 이건 그리 간단한 문제가 아니에요. 어떻게 보면 이 사람에 대한 이해, 이게 너무너무 절실합니다.

　사람을 움직이려면 사람들에게 어떻게 인센티브를 줄 것인가, 어떻게 이 사람으로 하여금 일을 열심히 하게 할 것인가 하는 문제에 부딪힙니다. 가장 단순한 방법으로 매일매일 "몇 시에 출근했니?" "지금 뭐하고 있니?" 이렇게 계속해서 확인하는 방법이 있습니다. 하지만 다른 방법도 있는데요, "이만큼 벌면 이만큼 줄게"라고 이야기를 하는 것이죠. 그러면 이 사람은 내가 출퇴근 전혀 신경 안 써도 되고 알아서 하겠죠. 이런 문제가 제가 사람에 대해서 하는 가장 많은 고민이자 일들 중 하나입니다.

Q: 회사에 들어가는 것이 사회로 진출하는 가장 일반적인 방법인 것 같습니다. 그런데 인문대에서 배우는 것이 회사에서 당장 필요한 것들이 아니어서 준비에 부담을 느끼는 경우가 많아 보입니다.

A: 음 글쎄요. 스킬이라고 생각하면 될 것 같은데요. 내가 어학이 필요하면 배우면 되는 것처럼 그때그때 내가 필요한 것들을 배우는 것이죠. 배워야 될 게 한두 개겠어요? 저는 고등학교 때 생물하고 화학을 제일 못했는데, 제약회사에 들어가서는 생물 공부를 다시 했어요. 회사에서 생물 공부를 시키더라구요. 그리고 지금 회사에 들어왔더니 화학회사, 섬유회사라 모든 게 다 케미컬이죠. 그래서 화학 공부를 또 엄청나게 시키는 겁니다. 뭔 말인지 알아들어야 되니까요. 그래서 '아~ 내가 공부 안 한 것을 하느님이 죽기 전까지 시키시는구나' 그렇게 생각하고 있어요.

　재미난 일화가 있는데, 제가 코오롱 생명과학을 만들어서 상장까지 시켰거든요. 그런데 한참 영어로 그것도 텔레 컨퍼런스를 해가지고 업무 정리를 다 하고 나서 옆에 친구한테 '유전자가 뭐였지?'라고 물어봤어요. 유전자를 몰라도 생명과학 비즈니스를 할 수가 있었던 것이죠. 제 말은 스킬의 부분은 굉장히 마이너하다는 것입니다. 비즈니스는 '무엇을 할 것이냐' '어떤 게 유망한 것인가' '내가 어떻게 해야 효율을 더 낼 수 있느냐' 하는, 내가 인식할 수 있는 내 능력이 가장 중요한 것이죠. 그 다음에는 내가 이렇게 생각하는데 내가 이 많은 사람들의 힘을 끌어낼 수 있는 어떤 정치력 같은 것이죠. 비즈니스에서는 이런 것이 기본적으로 필요한 것이지 스킬은 배우면 되는 겁니다. 한마디로 비즈니스에서는 사고하는 능력이 가장 중요하다는 것이죠.

Q: 스킬보다는 하고 싶은 일을 찾는 것이 중요하단 말씀이신가요?

A: 우리가 인문대 나와서 할 수 있는 직업이, 가장 쉽게는 전공분야의 교수, 그 다음에는 기자, 또 변호사, 공무원, 회사원, 자기 사업, 이렇게 많잖아요. 물론 소설가도 있겠지만 특별한 분야일 것이구요. 그러면 자기가 어떤 분야를 고를지 끊임없이 고민하고 여러 사람들을 만나야겠죠. 저처럼 회사 다니는 사람들을 만나보고, 기자인 사람들, 또 변호사도 만나보고. 그래서 나는 무엇을 잘할 수 있느냐를 파악하면 어떤 직업을 어떻게 선택하느냐 하는 선택을 할 수 있겠죠. 그리고 그 선택에 맞게 스킬을 익히는 것이죠.

## 회사라는 곳 만만하게 볼 곳이 아니다

Q: 회사라는 곳은 어떤가요? 많이 힘들겠죠?

A: 말로 할 수가 없죠. 쉽게 되는 부분은 없습니다. 굉장히 어려운 부분들이 단계, 단계마다 있었고, 지금도 마찬가지구요.

처음 회사에 입사했을 때는 나이도 어렸고, 여성의 한계 이런 부분에 대해서 어려운 점이 있었던 것 같네요. 왜냐하면 회사와 같은 조직생활을 한 번도 해본 적이 없고 공부만 하다가 회사에 들어와서, 조직의 서열이라든지 거기에서 적응하는 법이라든지 이런 부분들이 조금 어려웠어요. 혼자 열심히 공부하고, 혼자 시험을 잘 보면 됐는데, 조직에서는 다른 사람들과 함께 일을 해야 되는 부분들에 좀 적응하기가 힘들었죠.

MBA를 다녀와서부터는 팀장을 하기 시작했는데, 팀원들을 어떻게 관리하고, 내가 조직에서 어떻게 지내야 되는가에 대해서 고민을 시작했죠. 지금은 제가 조직을 이끌어나가야 하기 때문에 다른 사람들이 어떻게 하면 열심히 일하도록 할 수 있을까 하는 점, 또 다른 팀하고의 관계에 있어서 우리 팀이 더 커지고 기여를 많이 해야 할 부분들을 어떻게 해야 되는가, 그런 관계들을 고민하죠.

Q: 힘들지만 일에서 보람을 느낀 부분이 있다면 어떤 것인지요?

A: 보람이라면 아무래도 회사를 만들고 회사가 커지니까 생활인, 사회인인 여러 사람들에게 직업을 가질 수 있는 기회를 주고, 그들이 돈도 벌게 되고 그런 것들이 보람이죠. 제 일이 회사를 구조조정하고 사람을 자른다기보다는 회사를 키워서 사람들을 많이 고용하고, 그 사람들이 각자 역량을 발휘할 수 있도록 하는 것이기 때문에 그런 일에 보람이 있는 것 같아요.

Q: 입사 초기 여성의 한계에 대해서 힘들었다고 말씀하셨습니다. 회사라는 곳에서 남녀차별 같은 문제에 대해 어떻게 느끼셨나요?

A: 어떤 직장이든지 어떤 일을 하는 데 있어서 직접적이고 명확한 차별은 있을 수 없다고 생각합니다. 그것보다는 그 조직에서 개인에게 요구하는 수준이 있는데 그 수준과 개인의 생각 사이에서 마찰이 발생한다고 보는 게 맞겠죠. 어떤 사람들은 그 부분에 대해서 자기를 희생하고 헌신하고 봉사하겠다는 생각을 하죠. 그런데 어떤 사람들은 그런 생각 없이 '아 그냥 대강 다니고 싶다'라고 생각하구요. 많은 경우 여성들은 내가 밥벌이를 해야 하고 내가 돈을 벌어서 가정을 먹여 살려야 된다, 그런 부분이 남자들보다는 떨어진다는 거죠. 사실 저도 그런 점이 부족했구요. 상사 입장에서는 부하를

봤을 때 어떤 사람은 내 앞에서 꼼짝을 못하고 어떻게 하든지 이 자리에서 버티려고 열심히 일하는데, 어떤 친구는 '뭐 당신이 날 잘라도 상관없다'는 식으로 나오면 누가 그 조직에서 이기겠어요? 그런 부분에 있어서 여성들이 좀 더 나이브(naive)하고, 더 안이하다는 거죠. 저도 그랬었고 지금의 제 후배들을 봐도 사실은 그런 부분이 있고. 그런데 그걸 차별이라고 얘기하기에는 어려운 문제라고 봅니다. 차별보다는 어떤 의미의 준비겠죠.

단순히 여성의 문제만도 아닐 것 같아요. 인문대를 다니는 학생들도 사회과학을 전공하는, 예를 들어 경제학과, 경영대 학생보다 좀 더 나이브한 것 같아요. 경영이나 경제학과를 선택했던 친구들은 원래부터 내가 회사를 들어가겠다 아니면 회사를 경영하겠다는 생각을 하고 그 학과를 선택했겠죠. 법대도 마찬가지겠죠. 하지만 인문대를 선택한 사람은 다른 이유도 있겠지만 더 많은 옵션을 가지고 있으니 나이브하게 되는 것이구요.

Q: 그럼 그 부분을 어떻게 이겨내셨는지?

A: 회사라는 곳을 계속 다녀야 하나 밤에도 수십 번씩 잠에서 깨면서 고민을 했죠. 하지만 돈을 벌었어야 했어요. 그리고 돈을 벌기 위해서는 여기서 생존해야 했고, 그만큼의 헌신을 원했기 때문에 그만큼 헌신했구요. 사실 그 방법밖에 없었던 것이죠. 남자들은 가정을 먹여 살리기 위해서 열심히 해야 되지만 저도 저 자신을 위해 열심히 해야 되기 때문에 똑같이 열심히 했죠. 그때 제가 진짜 회사를 그만둘 건지 아니면 더 열심히 할 건지 둘 중에 하나를 결정해야 됐을 때는 더 열심히 하는 방법밖에 없었거든요. 대부분의 제 친구들은 집안도 좋고, 돈도 있었고, 또 결혼도 했고 그랬기 때문에 그런 조건들을 받아들이기보다는 그냥 회사를 그만두는 경우가 많았죠. 그렇기 때

문에 지금까지 남아 있는 고위직 여성 인력이 거의 없는 것 아닐까요.

Q: 여성들은 나중에 결혼이나 육아를 했을 때 일과 병행해야 한다는 생각 때문에 회사에 대한 헌신이 부족하다, 이런 말씀을 하셨잖아요. 하지만 현실적인 문제이긴 한 것 같은데요.

A: 완벽하진 않지만 방법을 찾아봐야겠죠. 첫 번째는 결혼을 잘 해야 되구요, 두 번째로는 자기가 결정을 해야 합니다. 어려운 문제죠.


## 인문대생의 강점, Problem Solving

Q: 회사에 취직하는 것을 놓고 보면 말씀하신 것처럼 경영대나 경제학과 학생들은 취직과 관계가 깊은 공부를 대학 생활 중에 계속합니다. 그런데 인문대 같은 경우에는 그렇지 못하죠. 그러면 인문대생이 회사에서 가지는 강점에는 무엇이 있을까요?

A: 인문대생이 가지는 강점이 굉장히 많다고 생각해요. MBA는 경영학 석사니까 저도 경영학 공부를 했습니다. 그런데 경영학을 공부하면서 '인문대를 다닌 게 너무나 행복하고 잘한 일이었다'라고 생각을 했죠. 왜냐하면 경영학에서 배우는 것은 기술적인 측면이 강합니다. 그런데 그걸 4년 내내 배운다고 생각해보니 너무 따분할 것 같다는 생각이 든 거죠. 학교 다닐 때 보면 서클 회장은 대부분 경영대 친구들이었는데 지금 생각해보니까 그 과의 공부가 너무 재미가 없어서 그런 일이라도 안 하면 학교를 다니기가 힘들어서 그랬던 것 같기도 해요.

'인문'이라는 게 인간에 대해서 공부하는 거잖아요. 그러니까 우리는 소설책도 더 많이 읽고, 사회과학책도 많이 읽게 되죠. 책을 많이 읽고 인간에 대해서 고민하고 생각하고 그러다 보니까 철학도 공부하게 되죠. 지금 구체적으로 기억은 잘 나지 않지만 저도 그런 의미에서 책을 많이 읽고 세미나를 하고 그랬던 것 같구요. 그래서 스스로 생각하는 능력, 어떤 사물을 바라볼 때 사고의 깊이와 폭, 이런 것들이 인문대를 다녀서 더 많이 훈련된 게 아닌가 하고 생각합니다.

Problem Solving이라고 하죠? 매일매일 해결해야 하는 어떤 문제들이 있습니다. 특히나 회사는 매일매일 Decision Making을 해야 되는데 그때 정확하게 큰 그림으로 보고 그 다음에 깊이 있게, 정확하게 근본적인 핵심 이슈에 대해서 빨리 파악해서 해결하는 능력이 굉장히 많이 요구되죠. 그런 사고 능력, 생각할 수 있는 능력을 갖추기 위해서는 인문학이 아주 많이 필요하지 않나 생각하고, 위로 올라가면 갈수록 더 그런 것 같아요. CEO들에게 "어떤 책을 읽느냐"고 물으면 경영학 책을 읽는다는 사람은 거의 없다고 하고 역사책, 철학책, 소설책 이런 것들을 읽는다고 하죠. 왜냐하면 회사, 사업은 인간과 인간 간의 관계이고 거기에 복잡한 부분들을 가장 단순화해서 빠르게 해결해 나가야 하는 능력이 필요하기 때문에 인문대에서 배우는 것들은 매우 소중하지 않나 하고 생각을 해봐요. 저도 요사이에는 성경책을 읽는다든지 소설책을 읽는다든지 그런 부분들을 더 많이 하지 경영학 책을 보지는 않습니다.

Q: 현재 일하고 계신 직업군에서 딱 원하는 인문학 전공자의 상은 어떤 것인지?

A: Problem Solving이죠. 대부분 경영에서 요구하는 능력은 리더십하고 창조적 사고 능력이에요. 왜냐하면 나 혼자는 일을 못하거든요. 여러 사람들이 같이 해야만 되는 것이고, 나 혼자 하면 천년만년이 돼도 못합니다. 조직, 즉 여러 사람이 같이 일하는 조직에서 여러 사람들을 한 방향으로 끌어줘야 되는 것, 그게 리더십입니다.

다음으로 사람들을 끌어주기만 하면 되느냐? 그건 또 아닙니다. 매일매일의 문제가 매일매일 다르거든요. 그러면 매일매일의 문제를 해결해 나가야 하는데 "이것은 이런 규정이 있어서 안 됩니다"라고 얘기를 하면 그건 문제를 푸는 것이 아니겠죠. "이런 부분들을 고려해서 이렇게 보면 이렇게 해결할 수 있잖아요"라고 이야기를 해줘야죠. 그게 바로 창의성입니다. 회사에서 원하는 인간상은 리더십하고 창의성인데 그게 있어야 문제가 해결되고, 문제가 해결이 되면 사업이 만들어지는 것이니까요. "이것은 안 돼"라고 하는 것을 '되도록' 만드는 게 사업이라는 거죠.

그런데 리더십과 창의성은 사람을 많이 만나고 사람에 대해서 더 많이 안다는 것을 뜻합니다. 나 혼자 일하는 게 아니라 다른 사람들을 일하게끔 만들고 다른 사람들을 설득해 나갈 수 있는 인문학적 능력을 가진 사람이 와서 그런 부분들을 잘할 수 있다면 그 사람은 회사에서 가장 원하는 사람이죠.

물론 기본적인 스킬이 필요합니다. 예를 들어서 사업을 하는데 영어를 못하면 국내에서만 일을 해야 하는 제한이 생기겠죠. 그런데 영어라는 것은 학문이 아니라 스킬이거든요. 다음으로 우리가 학교에서 리포트를 쓴다면 회사에서는 원 페이지 리포트를 작성하는데요, 감정을 섞어 쓰지 않고 핵심만, 배경이 뭐고 그동안 경과가 뭐였고 지금 무슨 일을 해야 하는지,

심플하게 리포트를 쓰는 기술도 필요합니다. 또 회사의 언어는 숫자인데요, 영어만큼이나 중요한 언어인 회계를 알아야겠죠. 회사는 비즈니스고, 돈 버는 곳인데 돈은 뭐예요? 셈을 해야 되는 거니까, 셈을 하는 기술인 회계도 알아야겠죠.

하지만 이런 기본적인 기술만 가지고는 힘들어요. 사람에 대해서 더 깊이 인식하고, 이 사람들이 저 사람이 무슨 생각을 하고, 왜 저렇게 행동하는 것인지를 빨리 알아내고 어떻게 대응하는지를 아는 것이 중요해요. 그런 순발력들은 인문대생들이 책을 많이 읽으면서 인문학을 공부해야 가질 수 있는 능력이구요. 저 역시 그런 부분에서 굉장히 감사하게 생각해요. 인문대를 다닌 제가 경영학과만 나온 친구들보다는 좀 자신이 있는 거죠. 왜냐하면 더 위에서 올려다보고, 내려다보면서 상대가 무슨 생각을 하는지 수를 읽을 수 있으면 이기는 거잖아요. 그런 수를 읽을 수 있는 게 인문학에서 우리가 배울 수 있는 것들 아닌가요.

Q: 노어노문학과 전공이시잖아요. 혹시 그런 노어노문학과의 전공수업이 직업에서 도움이 되었던 일이 있나요?

A: 제가 노문학 공부를 별로 많이는 안 해서 할 말은 없네요. 하지만 아무래도 도움이 되지 않았을까 하는 생각이 듭니다. 왜냐하면 러시아 문학이라는 것이 문학사에서는 어떻게 보면 굉장히 심오하잖아요. 정말 인간의 내면 저 밑바닥까지 건드려주죠. 어느 날은 도스토예프스키의 책을 읽고서 책을 끌어안고 운 것까지는 아니지만 아주 심각한 감동을 받은 일이 있어요. '열 길 물속은 알아도 한 길 사람 속은 모른다'는 말이 있는데 문학은 인간의 마음이나 본성처럼, 그러니까 한 길 사람 속에 있는 아주 많은 감정들을 다룸

니다. 그것도 러시아라는 매우 억압적이고 폐쇄적인 극한의 상황에서 사람들이 느끼는 것을 표현할 수 있는 것이 미국, 영국 문학보다 러시아 문학이 주는 감동인 것 같아요. 사람이 한계, 극한에 몰리게 되면 정말로 보지 못했던, 느끼지 못했던 것을 경험하게 되는데 러시아 문학이 좀 그렇지 않나 하는 거죠. 결국 그런 부분에서 정말 아주 깊게 들어가서 사고할 수 있는 능력은 노문학을 공부했기 때문에 더 얻을 수 있지 않았나 하는 생각이 들어요.

Q: 예전에는 노문과라면 러시아어 자체보다는 철학, 역사, 교양을 중심에 두고, 문학 쪽으로 소양을 쌓아 더 깊이 있는 사고도 할 수 있는 방향으로 나아갔던 것 같습니다. 그런데 요즘은 노문과를 비롯해 다른 인문대 학생들이 생각하는 걸 보면 외국어를 무기로 삼아서 취직을 하겠다, 이런 쪽으로 가서 러시아어라든지 기타 외국어들을 좀 더 학습하는 쪽으로 흐름이 형성되고 있는데 그런 것에 대해서는 어떻게 생각하시나요?

A: 어학을 알아야 문학을 읽으니까, 어학도 공부하고 문학도 공부하고 공부할 게 많아지는 거죠. 여러분들을 보면 좀 가슴이 아파요. 우리 때는 취직이 아주 어렵지는 않았죠. 그래서 책을 읽고, 세미나를 하고 이렇게만 학창시절을 보내도 취직할 수 있었어요. 물론 취직한 다음에는 약간 고생을 했죠. 아까 얘기한 대로 경영대나 경제학과 나온 친구들은 회사와 관련된 것들을 공부해서 들어왔는데 우리는 생전에 회사 들어오는 것은 상상도 못하고 살다가 회사를 들어왔으니 한 2, 3년 고생을 했던 거죠.

　그런데 여러분들은 회사에서 아예 뽑아주지 않죠. 예를 들면 제가 직원을 뽑을 때 그냥 노문과만 나왔다고 하면 바로 합격시키기가 어려워요. 부전공으로 경영학을 했거나 그쪽으로 훈련이 되어 있어야 들어오면 바로 일을 할 수가 있으니까요. 안타깝지만 입사 후에 데려다가 공부시킬 순 없거든요.

어쨌건 인문대생에게 시간은 한정되어 있는데 전공공부와 취업공부를 함께 해야 하는 조건입니다. 경제, 경영학과 학생들과 같은 수준으로 취업공부를 하는 경우 전공공부를 하려면 더 많은 시간을 투자해야죠. 물론 그게 쉬운 것도 아니구요. 그게 지금 우리 인문대생들이 가지고 있는 고민들이 아닐까 싶어요.

Q: 인문대를 다니고 있는 학생들 가운데 복수전공은 필수라고 생각하는 경우가 있는데 복수전공은 긍정적으로 바라보시는 거네요?

A: 네, 저는 그런 게 좋을 것 같아요. 회사에 들어오고 싶으면 경제, 경영을 꼭 듣고, 공무원이 되고 싶다면 행정을 듣고, 변호사가 되고 싶다면 법학 과목을 들어야겠죠. 꼭 한 가지만을 공부할 이유는 없습니다.

## 20대는 비상하는 시기가 아니라 깜깜한 동굴에 갇혀 있는 시기다

Q: 학창시절은 어떻게 보내셨는지 궁금하네요.

A: ISA라고 요즘에도 있는지 모르겠는데 International Student Association이라는 동아리에 가입을 했어요. 그 동아리에는 일본 학생들과 교류하는 프로그램이 있었습니다. 우리가 일본을 방문하고, 일본 학생들도 한국을 방

문하는 것인데 여름방학 때 일본에 갔죠. 그때 재일교포들을 만나 히로시마에 갔는데 한국이 일본의 원조를 받는 대신에 한국인 원폭피해자들은 인정을 못 받고 있었습니다. 그것을 보고 충격을 많이 받았어요. 내가 이 땅에 지식인으로 태어나서 정말 사회문제에 너무 무관심하고 일부러 등 돌리려 하지 않았나 하는 반성을 하고 학교에 돌아왔는데, 그때 인문대 여학생 서클이 만들어졌어요. 그 여학생 서클을 대학교 4학년 때까지 열심히 했죠. 당시에는 학생운동도 많이 하고 그럴 때라서 매일매일 동아리방에 앉아 책 읽고 세미나하고, 토요일 일요일에도 만나 얘기하고 그랬죠. 왜 그랬는지 모르지만 짬뽕 국물을 가운데 놓고 돌아가면서 젓가락 치면서 노래도 부르고 좌우지간 그렇게 놀았어요. 노래방도 없던 시절에 한 4시간 동안 그렇게 노래를 부르면 그 머릿속에 노래가 다 외워졌단 얘기죠. 그런데 저한테는 학창시절에 공부를 안 하고 이렇게 놀았던 그런 기억들이 너무나 소중한 경험이었습니다.

Q: 진로에 대한 고민은 어떠셨나요?
A: 학창시절의 주된 고민은 '내가 왜 태어났을까' '어떻게 살아야 될까', 어떻게 보면 아주 사치스러운, 돈 안 되는 고민들이었죠. 아무래도 시절이 그렇기도 하고 인문대생들이 기본적으로 그런 생각들을 많이 하잖아요.

　어떻게 살아야 되느냐는 둘째 치고 왜 살아야 되나 하는 고민이 있었고, 태어났으니까 살아야 된다, 죽을 수는 없으니까 살아야 된다는 말도 안 되는 결론도 내렸죠. 우리 때는 좀 상황이 어려웠어요. 분신자살도 많이 했고. 1, 2학년 때 앞에서 분신자살하는 사람을 몇 사람 봤다고 생각해보세요. 거기에서 느끼는 것들이 지금하고는 굉장히 많이 다른 점이겠죠.

어떻게 살아야 되나 그런 고민을 하다가 4학년이 되었습니다. 그런데 이제 학교는 더 이상 못 다니니 졸업은 해야 되는데 준비가 아무것도 안 되어 있었던 거예요. 할 수 없이 대학원에 가서 기자 시험을 계속 봤어요. 아, 그리고 러시아에 1년 다녀왔네요. 모스크바 대학에 교환유학을 가서 그때 러시아어를 많이 배웠고, 돌아와서 기자 시험을 보기 위해 대학원에 다녔어요. 매년 봄 학기만 다니고 휴학하고 계속 기자시험을 본 거죠. 근데 계속 떨어지는 거예요. 스물넷에서 일곱까지 시험을 봤는데 계속 떨어진다고 한번 생각해봐요. 내가 혹시 지진아인가 그런 생각도 들고 그랬는데 지금은 내가 기자 시험에 떨어졌다는 것을 진짜 하느님께 감사드립니다. 기자는 적성에 맞고, 재밌다고 생각하면 좋은 직업이겠지만 저 같은 경우는 지금 하는 일이 훨씬 적성에 맞고 재미있는 것 같아요.

젊었을 때 여러분들이 뭔가를 막 하고 싶을 때 안 될 때가 있어요. 죽어도 안 될 때 하늘 무너지는 것 같고 너무너무 깜깜하고 그럴 때는 '아, 이 길은 아니고 다른 길을 열어주시려고 내가 이 일을 했구나' 하고 생각하면 될 것 같아요. 제 경험에서 보면 20대는 막 재미있게 비상하는 때라기보다는 아주 깜깜한 동굴 같은 그런시절이었던 것 같아요.

Q: 그럼 다시 학창시절로 돌아간다면 어떤 일을 하고 싶으세요?

A: 만약 다시 학창시절로 돌아간다면 예전과 똑같이 그렇게 하고 싶어요. 친구들과… 너무너무 좋았죠. 친구들을 만나고, 대화하고, 마음을 열고, 같이 놀고… 다시 대학시절로 돌아간다면 똑같이 그렇게 하고 싶은데, 제가 여러분들과 같은 시대에 대학을 들어왔으면 그럴 수가 없겠죠. 지금은 그런 상황이 아니니 만약에 제가 지금 대학생이 되어 있다면 할 수 없이 공부를

해야겠죠. 취직하고 밥벌이는 해야 할 테니까요. 복수전공을 해서 내가 진짜 뭘 하고 싶은지를 찾아봐서 취업을 어떻게 할 것인가와 균형을 맞추면서 공부를 했을 것 같네요.

Q: 지금 인문대학을 다니고 있는 학생들이 꼭 해봤으면 좋겠는 것을 추천해주신다면.
A: 아까 얘기한 대로 책을 많이 읽고 토론하고, 그 다음에는 사람을 좀 많이 만날 수 있으면 많이 만나요. 또 경영학과, 경제학과 나온 친구들보다 내가 나중에 경쟁력이 더 있으려면 아까 말했듯이 사고의 깊이와 폭을 넓히는 그런 일들을 더 많이 했으면 합니다.


## 인문대생인 것은 행복한 일이다

Q: 앞으로는 어떤 계획이 있으신가요.
A: 나이가 마흔세 살이 되었으니 적은 나이가 아니죠. 전 빨리 임원이 됐는데, 서른일곱 살에 됐으니 임원이 된 지 만 5년이 되었네요. 그동안 많은 우여곡절이 있었습니다. 다른 회사에서 옮겨와서 혼자서 팀 이름 짓는 것부터 시작해 팀원도 직접 뽑았는데 지금은 관여하고 있는 사람만 1000명이 넘으니까요.

여전히 돈도 많이 벌고, 직업적으로는 내가 하고자 하는 사업영역을 키워내는 것이 중요하겠죠. 100 정도 하던 것을 120, 130 이렇게 하는 것이 아니라 어떻게 하면 500을 만들고 1000, 10000을 만들 수 있느냐를 고민하는 것이구요. 내가 이 분야를 일으키면서 여러 사람들이 일자리도 많이 갖게 되니 좋은 것이겠죠. 여러분들한테는 별로 다가오지 않을 수 있는 얘기겠지만 언젠가 여러분들 고민이 될 내용이기도 합니다.

**Q:** 인문대를 다니고 있는 학생들에게 사회인이자 선배의 한 사람으로서 해주고 싶으신 말씀이 있으시다면?

**A:** 안 그런 여학생들도 많겠지만 여학생들한테는 사회성을 좀 더 많이 키우라고 하고 싶어요. 물론 저한테도 해당되는 이야기겠죠. 제 생각에 남자들은 군대를 다녀와서 조직이라는 것에 대해 미리 아는 것 같아요. 여러 사람이 엮여 있는 조직의 무서움을 아는 거지요. 내 맘대로 했다가는 안 되고 이 조직에서 내가 어떤 역할을 해야 되는지를 아는 것. 어떻게 보면 남학생들에게 군대가 버리는 시간이라고 생각할 수도 있겠지만, 이런 것들을 미리 몸으로 겪는 시간이기도 한 것이죠. 그런데 여학생들은 그런 것을 느낄 기회가 적죠. 대신 혼자서 공부하고 시험 보는 것은 잘하니까 어떤 직종에 들어가기 위한 스킬을 익히는 데는 우선 유리합니다. 그런데 정말 회사에 들어와서는 조직이라는 겁니다. 소설가가 아닌 이상 사람하고 엮여서 일을 해야 한다면, 사회성을 기르는 것에 더 노력을 해야 합니다.

조직 생활은 남하고 같이 하는 것입니다. 그런데 사실 저도 너무 독불장군일 때가 많았고, 나 잘난 맛에 살 때가 많았어요. 겸손하게 다른 사람들을 섬기고 다른 사람들과 같이 할 수 있는 것을 항상 생각해야만 이길 수가 있어요. 안 그러면 왕따당하죠. 누가 그 사람이랑 일하겠습니까. 혹 스킬이 좋아 운 좋게 위로 올라간다고 하더라도 위로 올라갈수록 지는 것이지요. 혼자서 자기 맘대로 자기 방향대로만 하면 다른 사람들을 거느릴 수 없고 조직에서는 쓸모가 없어요.

두 번째로는 너무 쉽게 살려고 하지 말았으면 좋겠어요. 인문대생들 전체에 해당하는 이야기겠죠. 내가 MBA를 하면서 가장 많이 배웠던 부분이 바로 헝그리 정신이에요. 돈이 없고 백이 없는데도 출세해서 떵떵거리고 살고 싶으면 어떻게 해야겠어요? 죽기 살기로 해야지 뭐 방법이 있나요. 물론 나는 그냥 이대로 이렇게 살겠다고 한다면, 그래서 만족할 수 있다면 그것은 행복한 삶이죠. 그런데 돈도 없고 백도 없지만 많이 쓰고 싶고 호령하고 싶다면 얼마나 많은 노력이 필요하겠어요. 그래서 좀 더 치열하게 살아야 되고 너무 쉽게 얻으려고 하면 안 되는 거죠. 결코 만만한 게 아니거든요. 얼마나 많은 사람이 경쟁을 하겠어요. 프로라는 것은 내가 이만큼 성취하려고 한다면 그만큼 희생하고 또 책임져야 하는 것입니다.

마지막으로 인문대에 들어온 것을 행복하게 생각했으면 해요. 아까도 말했지만 인문대에 다니면서 경영, 경제 공부하는 것은 쉬워요. 실제로 제가 해보니 어렵지 않아서 하는 이야기죠. 나중에 필요하면 MBA 하면 되는 것이고 굳이 MBA를 안 해도 국내에서 공부해도 되구요. 단기적으로 보이는 그런 것들보다는 인문대를 다니면서 가질 수 있는 혜택을 충분히 누리도록 하세요.

네가 알고 있다고
생각한 것보다 훨씬 넓은
세계가 있다

불문학을 전공한 금융인
노찬

1954년생. 불어불문학 전공. 현 이수화학(주) 상임고문
1980년 외환은행 입사
2002년 외환은행 파리지점장
2008년 외환은행 부행장, 해외사업본부장

인문대학에 입학한 것이 잘한 일인지 잘못한 일인지 고민하는 사람이 많다.
그런데 사실 이것은 고민의 '꺼리'가 되지 못한다.
자신의 전공을 열심히 공부하고 인문학을 공부했다는 자부심을 끝까지 가진다면
인문대 입학은 잘한 일이고 그렇지 않다면 잘못한 일이다.
자부심을 가지고 전공을 파다 보면 세상이 준비해놓은
인문대생만을 위한 몫이 자신 앞에 와 있는 것을 알게 될 것이다.

인문대. 이 말은 듣기만 해도 가슴이 절로 벅차오른다. 자부심과 희망으로 가득 찼던 대학시절이 떠오르고, 젊음에는 으레 따르기 마련인 번민과 불안의 순간들도 추억의 조각으로 밟히기 때문이다. 올해로 졸업한 지 꼭 30년이 되어 인문대 후배들에게 글을 쓸 수 있는 기회가 주어진 데 감사하며 이제 그 '행복한 글쓰기'를 시작해본다.

나는 이 글을 통하여 크게 두 가지 메시지를 후배들에게 전달하고 싶다. 인문대생들에게는 다른 어느 단과대학생보다도 더 넓은 세계가 열려 있음을 알려주고 싶은 것이 그 하나이고, 아울러 졸업 후 여러 분야에 진출할 수 있겠지만 금융계에서 일하는 것도 인문대생에게는 훌륭한 선택이 될 수 있음을 이제까지의 경험을 통하여 전달하고 싶다.

# 평범한 인문대생의 특별한 이야기

나는 아주 평범한, 좋게 말하자면 전형적인 인문대 학생이었다. 또한 졸업 후에도 평균적인 인문대 졸업생으로서 삶을 살아왔다고 생각한다. 따라서 도저히 따라갈 수 없는 재능을 지닌 특별한 사람들과는 달리 보통 인문대생이라면 쉽게 벤치마킹할 수 있는 선배이며 그런 자격으로 이 글을 쓰고 있다.

나는 1980년에 불문과를 졸업하였다. 졸업과 동시에 외환은행에 입사하였고 29년간 직장을 옮기지 않고 다녔다. 그리고 2009년, 해외사업담당 부행장직을 마지막으로 은행을 떠났다. 은행에 있는 동안 프랑스에서 약 9년을 근무했고 전 세계의 점포망을 책임지는 해외사업본부를 6년간 맡아서 일했고, 해외여신심사부서에서 약 3년을 일했으니 전체 29년 중 대략 60% 정도인 18년을 해외 관련 파트에서 일했다고 할 수 있다. 그래서 불어불문학을 전공한 인문대학 출신이었다는 점은 내 직장생활의 큰 밑받침이 되었고 그 결과 행복한 29년을 보낼 수 있었다는 점을 생각할 때, 내가 인문대로 가기로 한 진학 결정은 아내와의 결혼 결정과 아울러 내 인생에서 가장 잘한 결정 중의 하나이며 정말 감사하고 있다.

그럼 평범한 인문대 졸업생으로서 내 이야기를 하기 전에 우선 다음 세 가지 질문들을 인문대 후배들에게 던져본다.

첫째, 인문대 입학은 과연 잘한 일일까?
둘째, 졸업 후에는 어느 분야로 진출해야 할까?
셋째, 대학생활을 어떻게 보내야 하는 걸까? 졸업 후 진로와 관련해서 대학시절에 미리 준비해야 할 것은 무엇일까?

이 질문들에 대해서 시원하게 대답할 수 없다면 다음의 글들을 좀 더 세심하게 읽어주기 바란다.

## 인문대에 입학한 것, 잘한 일일까?

우선 인문대가 다른 단과대학과 크게 차이가 나는 점이 무엇일까를 생각해보자. 인문대는 법대, 의대, 공대 등의 단과대학과는 달리 장래 특정 분야에 진출하기 위한 예비학교가 아니고 순수 학문 그 자체를 공부하는 대학이라는 점에서 다르다. 그러므로 인문학 공부를 계속해서 대학교수가 되려고 마음을 먹은 학생을 제외하고는 졸업 후의 장래에 대해서 걱정이 많기 마련이다. 인문대가 좋아서 선택한 학생도 많겠지만 본인의 뜻과는 달리 여러 이유로 인문대에 진학하게 된 학생도 꽤 섞여 있어서 대학생활에 회의감을 가지고 있는 경우도 드물지 않게 볼 수 있다.

중요한 것은 어떤 이유로 인문대를 선택했는지가 아니라 학생 때나 졸업 후에 인문대생으로서 얼마나 자부심을 잘 간직하고 있느냐 하는 점이다. 왜냐하면 인문대는 다른 단과대학과는 비교할 수 없는 특별한 장점을 가지고 있기 때문이다.

내 경우를 이야기해 보기로 한다. 나는 전공 선택에 있어서는 좀 특별한 경우라고 할 수 있다. 대학교에 입학할 당시에는 사회계열로 입학하였다가 전공 선택 시에 인문계열의 불문과로 전공을 바꾼 경우이기 때문이다. 우리 때는 고등학교 때 공부를 잘하면 으레 법대나 경영대로 진학해야 되는 줄 알고 있었기 때문에 나도 별다른 고민 없이 사회계열에 입학을 했다. 그런데 그 당시는 입학 후 교양과정부 1년 반을 거치고 나서 전공학과를 선택하게 되는 시스템이었다. 1년 반의 시간은 길었고, 그 시간은 나를 바꾸어 놓았다.

교양과정부를 마칠 즈음 나는 '고시를 하지 않을 거라면 대학에서는 순수학문을 해보자. 경영학이나 법학은 사회에 나가면 어차피 평생 해야 하는 것 아닌가. 대학 때부터 그걸 미리 예습하는 것보다 내가 하고 싶은 공부를 해보자'는 생각을 굳히게 되었다. 그래서 철학과 문학 중에서 전공을 선택하기로 하고 고민 고민을 하다가 최종적으로 불문과를 선택하게 되었다. 당시 불문과는 총 정원 20명이었는데 그중에서 10%인 2명만 사회계열에서 받아주었기 때문에 지원을 하고 나름 가슴을 졸였으나 무사히 진학을 할 수 있었다. 이런 우여곡절이 있었기 때문에 나는 대학을 다닐 동안뿐만 아니라 졸업하고 나서도 내가 선택한 인문대라는, 내가 인문대 출신이라는 자부심을 잃었던 적이 한 번도 없다. 그리고 그 자부심은 나 스스로의 주관적 판단에만 의존하는 것이 아니다. 인문대만이 가지고 있는 뚜렷한 장점, 즉 객관적 증거가 있기 때문이다.


## 책, 언어, 창의성

인문대생들의 차별화된 장점을 생각해보자. 타 단과대학과 달리 사회에 나가기 전에 직무를 '예습'하지 못한다는 단점이 있지만 인문대생은 그 단점을 보완하고도 남는 큰 장점을 갖추게 된다.

첫째는 깊고 넓은 독서량이다. 인문대생만큼 다양하게, 많은 책을 읽어야 하는 대학은 없다. 대학시절의 독서가 평생의 밑거름이 된다는 것은 여러분이 앞으로 살면서 새록새록 느끼게 될 것이다. 그렇기 때문에 만약 책을 읽지 않는 인문대생이 있다면 그 사람은 인문대생의 자격이 없다고 생각한다. 방대한 독서량과 아울러 독서하는 습관 역시 인문대생이 평생을 지니고 가야 할 덕목이다. 안타깝게도 내 대학시절의 독서 체계를 지금까지 기억하고 있지는 못하다. 하지만 사회에 나와서는 독서를 위하여 내 머릿속을 여덟 칸으로 나누고 비교적 체계적인 독서를 위해 노력하였다. 경제 및 직업과 관련한 독서에 네 칸을 할애하고, 문학 한 칸, 역사 한 칸, 교양 한 칸, 재미로 하는 독서에 한 칸을 배치하였다. 지금도 외국에 나갈 때마다 책을 잔뜩 사서 비행기 안에서, 또 출장 중에 읽고 현지의 직원들에게 선물로 주곤 한다.

두 번째 장점은 외국어에 있다. 인문대에서 배우는 학문들은 거의가 외국에서 비롯되었거나 외국어를 바탕으로 하는 것이다. 그래서 인문대생들은 다른 어느 전공의 대학생들보다도 외국어로 된 책을 많이 읽고 외국어를 많이 공부할 수밖에 없다. 나는 이 부분에 대해서 명확한 생각을 가지고 있는데 인문대생은 재학시절에 적어도 1만 페이지 정도의 외국어 책을 읽어야 한다는 것이다. 1만 페이지라고 하면 언뜻 그 분량이 잘 와 닿지 않을지 모르나, 300페이지짜리 책 33권으로 대학 4년 동안 1년에 8권 정도 읽는 셈이다. 그러나 불행하게도 인문대 졸업생 중에는 1만 페이지는커녕 1000페이지도 읽지 않고 졸업하는 학생이 상당수 있으며 심지어는 500페이지도 채 읽지 않는 학생을 본 적도 있다. 이런 학생들은 인문대를 졸업했다고 하더라도 인문대 출신이라는 장점을 포기했다고 할 수밖에 없다.

나는 책을 나름대로 많이 읽었음에도 불구하고 졸업 후에 외국어 때문에 어려움을 많이 겪었다. 불문학을 공부했지만 프랑스어의 듣기와 말하기 실력이 부족하여 상당 기간 동안 보충해야만 했던 것이다. 다행히 은행에서 6개월간의 유학을 보내주어서 프랑스어 회화를 익힐 기회가 있었는데 그때 회화능력을 보충하기 위해 밤 새워 프랑스 만화책을 100권 이상 읽었던 일이 잊혀지지 않는다. 만화 이야기가 나왔으니 좀 더 하자면, 일본 문화를 이해하기 위해 일본 만화책을 300권 이상 읽었고 (특히 히로카네 겐지의 작품들) 일본사람들과 이야기할 때 그 책들에서 읽은 내용들을 대단히 유용하게 활용하였음을 덧붙인다.

외국어는 인문대 졸업생에게는 특히 중요한데 인문대를 졸업하고 사회에 진출하면 사회에서 당연히 여러분들은 외국어를 잘하는 사람으로 간주하기 때문이다. 여러분의 실력이 이 기대에 못 미친다면 참으로 곤란한 상황이 벌어지고 어떠한 설명도 결국 다 변명이 된다는 점을 꼭 알고 있어야 한다.

인문대생의 세 번째 장점은 창의력과 유연한 사고이다. 이는 대학에서 순수 학문을 공부한 사람만이 가질 수 있는 특권 중의 하나이다. 장점으로 내세우기에는 얼핏 막연한 내용으로 들릴지도 모르겠다. 하지만 결국 사회에서의 성공여부는 바로 여기에 달려 있다. 대학에서 무엇을 배웠든 간에 사회에 진출하면 거의 모든 것을 새로 익혀야 하는데, 다 같이 새롭게 익히는 상황에서 결국 개인 역량의 차이는 창의력과 더불어 사고의 유연성에 달려 있다고 할 수 있다.

그러면 처음 질문으로 다시 돌아가보자. 인문대 입학은 잘한 일일까라는 질문에 대한 답은, 인문대생답게 대학에서 공부하고 그 자부심을 끝까지 간직한다면 대단히 잘한 선택이 될 것이고 그렇지 않다면 잘못한 선택이 될 것이라는 것이다.

## 불문과 졸업생과 은행원

나는 많은 직업 중에서 은행원을 택했다. 그 당시에는 내 생각이 명확하게 정리되어 있지 않았지만 29년의 경험이 쌓인 지금 생각해보면 인문대 출신이 잘해낼 수 있는 좋은 직업 중의 하나가 은행원이라는 점을 나름대로 확신하게 되었다.

앞서 말한 바와 같이 나는 은행에서 직장생활의 60% 이상을 해외 관련 업무에 종사하였다. 나만 그런 것이 아니고 많은 인문대 출신들이 해외 관련 업무를 많이 담당하는 것 같다. 2년 전에 뉴욕에 가서 고객들과 업무차 골프를 친 일이 있는데 한국타이어, 한화그룹, FILA의 책임자들이었다. 이야기를 나누다 보니 그들 모두 불문과, 중문과, 철학과, 언어학과 출신으로 인문대 출신인 것을 알게 되어 크게 웃은 적이 있었다. 공통적인 이야기가, 인문대 출신이므로 외국어도 잘할 것이고 외국에 대해 잘 알 것이라고 생각해서 처음부터 해외부문으로 배치를 받았다고 한다. 모두들 입사한 후 부족한 외국어와 외국 관련 지식을 회사가 끝나고 나서 밤에 보충하느라 처음에 힘든 시간을 보낸 재미있는 에피소드들을 이야기했다.

## 절대적으로 좋은 직업은 없다

얼마 전에 안철수 씨가 방송에 나와 직업에 대해 이야기하는 것을 들었다. 자기가 의사의 직업을 버리고 현재의 직업을 택할 때 세 가지의 기준에서 생각을 했다고 한다. '첫째, 내가 잘할 수 있는 일인가', '둘째, 그 일을 통해 보람을 느낄 수 있는가', '셋째, 사회적으로 의미가 있는 일인가.' 이 기준들에 전적으로 동감한다.

진로를 고민하는 인문대생들이 꼭 알았으면 하는 것이 있다. 모든 직업에는 모두 명암이 있으며 절대적으로 좋은 직업은 없다는 것이다. 그 사실을 직시해야 자기에게 맞는 직업을 선택할 수 있다. 시험 삼아 자기에게 정말 좋아 보이는 직업을 두고 장점 세 가지와 단점 세 가지를 꼽아보자. 단점이 별것 아닌 것으로 생각되고 장점이 크게 느껴지면 그것이 자기에게 좋은 직업이다.

안철수 씨가 이야기한 세 가지 조건 외에 돈을 많이 벌 수 있는가 하는 한 가지 조건을 더한다면 직업 선택에 있어서 더 이상 고려할 요인은 없다고 해도 될 것이다. 혹 장래성을 고민하는 경우가 있다. 하지만 그것은 고민의 대상은 되지 못한다. 모든 직업에 다 장래성이 있기 때문이다. 은행 직원이 창구에서 돈을 세고 있는 것을 보고 그의 장래성을 의심하지는 않는다. 왜냐하면 그 직원이 나중에 임원도 되고 은행장도 될 것이기 때문이다. '지금' 돈을 세고 있다는 것이 미래에도 돈을 세고 있을 것이라는 장래성 판단에 영향을 주는 요소는 아니다.

위의 네 가지 항목 중에서 내 경험으로 이야기할 수 있는 것은 돈을 많이 벌면서 동시에 마음과 몸도 편한 직업은 없다는 것이다. 즉 돈을 많이 벌면서 보람도 있고 사회적으로 인정받는 직업은 있을 수 있지만 몸과 마음까지 편한 직업은 없다는 것이다. 만약 내 이야기에 의문이 간다면 여러분 머릿속에 떠오르는 직업을 직접 대입해보기 바란다. 의사, 변호사, 기업체 CEO, 컨설턴트 등 과연 그런 직업이 있을까?

뒤에서 돈 이야기를 다시 하겠지만 만약 돈이 아주 중요하다면 몸과 마음이 편하기를 어느 정도 포기해야 한다. 또한 몸과 마음이 편한 쪽에 중점을 두려면 돈을 많이 버는 쪽을 조금 양보해야 한다. 다만, 같은 직장을 오래 다니게 되면 저절로 돈을 많이 받는 대신 몸과 마음이 힘든 일을 맡게 되는 일이 있지만 이 경우가 돈을 선택했다고 말할 수는 없다.

## 은행, 금융권의 일

그렇다면 은행, 넓게 금융권의 일은 어떨까. 은행은 생각보다 다양한 전공자를 뽑는다. 100명 정도의 신입직원을 뽑으면 전공의 숫자가 대략 스무 가지는 될 것이다. 은행은 이렇게 다양하지만 좋은 자질의 사람을 뽑아서 훈련을 통하여 육성시킨다. 즉 은행에 일단 들어오게 되면 그 다음부터는 같은 조건에서 출발하게 되는 것이다. 다만 법규팀, 회계팀 정도는 대학에서 그 분야의 기초지식을 쌓은 사람을 배치하는 일이 많다. 그 밖의 분야는 전공과는 별 관계가 없이 배치되는데 심지어 전산부문까지도 마찬가지다.

그러면 은행에서 요구하는 좋은 자질이란 무엇일까? 그것은 정직과 준법이다. 만약 법을 약간 어기더라도 큰 성취를 원하는 사람이라면 그 사람은 은행이나 금융업에는 맞지 않다고 생각하면 된다. 반면, 조금이라도 부정직한 일이나 위법한 일을 하는 것이 마음에 많이 거리끼는 사람이라면 은행원이 아주 좋은 직업이라고 권하고 싶다. 하다못해 길거리에 휴지를 버리고 두고두고 마음이 편치 않다면 그 사람은 은행에 적합하다. 이 부분이 별것 아닌 것 같아도 대단히 중요하다. 영업과 관련이 없는 직업, 대학교수나 연구원, 공무원이라면 몰라도 대부분의 직업에서는 위법과 적법의 경계선에서 고민하게 되는 일이 생긴다. 그러나 은행의 경우 그런 고민에서 자유롭다는 것, 그것은 큰 장점이라고 생각한다.


## 병리적인 직업과 생리적인 직업

또 다른 은행의 좋은 점을 꼽자면, 건강하고 건전한 사람들과 만나는 직업이라는 점이다. 의사나 법조인 모두 훌륭한 직업임에 틀림이 없다. 하지만 아픈 사람, 범죄자, 다툼이 있는 사람들을 매일 만나는 직업은 나에게 맞지 않다고 생각하기 때문에 은행원이 참 좋은 직업이라고 생각하며 평생을 살았다. 사업을 키워가는 사람들, 재산을 늘리려는 사람들에게 도움을 주며 매일을 살아간다는 것이 얼마나 좋은 일인가?

은행에서는 대략 2~3년마다 인사이동을 하므로 자기의 특성을 발견하고 경력을 잘 관리할 수 있는 기회가 주어지는 점 또한 큰 장점이다. 여러 가지 업무를 돌아가면서 해보다가 가장 잘할 수 있는 업무로 특화할 수 있는 점은 다른 직업에서는 쉽게 찾을 수 없는 은행만의 독특한 점이다. 은행원끼리 우스갯소리로 "아무리 골치 아픈 상사를 만나도 1년만 버티면 된다"는 이야기를 하곤하는데 2~3년 주기의 인사이동 시스템 때문이다.

또한 은행원은 보수가 비교적 많고 복지 시스템이 잘 되어 있기 때문에 은행에 근무하는 동안 경제적 고민을 거의 하지 않아도 된다는 점도 좋은 점이다. 또한 고객의 재테크를 지원하는 일이 중요한 업무의 하나이므로 자신의 재테크 또한 다른 직업에 비해 월등히 유리한 입장에서 할 수 있는 것은 말할 것도 없다.

## 은행이 원하는 인문대생

그렇다면 은행은 인문대생을 필요로 하고 있을까? 은행은, 모든 금융업이 그렇지만, 체계가 꽉 짜여 있고 작은 행동 하나도 모두 규정으로 정해져 있다. 은행에서 이루어지는 대부분의 거래는 기계처럼 정확하게 이루어진다. 도무지 개인의 판단이 개입할 여지가 없어 보이고 창의성은 전혀 쓸모가 없어 보인다. 바로 그렇기 때문에 창의성이 있는 사람이 더욱 빛날 수 있는 직장이 은행이다. 매일매일 단순 반복적인 일만 계속 하는 듯이 보이는 은행이, 수년의 시간으로 끊어서 살펴보면 계속 눈부시게 발전하고 있다. 그 작업은 누가 하는가? 바로 창의성을 가진 사람이 하는 것이다.

인문대생의 희소성 또한 금융계에서 갖는 장점이다. 인문대생은 과 단위로까지 나누어보면 그 숫자가 상대적으로 적다. 아무리 큰 조직이라 하더라도 철학과나 국사학과, 기타 어떤 인문계의 학과 출신이든 그 숫자는 적다. 이는 여러분에게는 블루오션인 상황이다. 선후배가 많지 않아서 불리하다? 나는 절대 그렇지 않다고 생각한다. 선후배가 많은 학과 출신들은 자기들끼리 경쟁이 치열하다. 그에 비해서 여러분은 하기에 따라서는 아주 특별한 존재가 될 수 있는 점을 잘 활용하면 된다.


## 꼭 해야 할 일 세 가지, 전공, 외국어, 돈

물론 은행이 모든 인문대생을 원하는 것은 아니다. 그 전에 인문대생으로서 갖추어야 할 자질이 있어야 한다.

우선 대학시절에는 전공에 충실해야 한다. 좀 더 솔직히 말하자면 전공에 올인해야 한다. 그것이 사회에 나가서 쓸모가 있을지 없을지를 미리 속단하는 것은 큰 잘못이다. 인생은 지금 20대의 여러분이 상상하는 대로 전개되는 것이 아니기 때문이다. 전공에 충실하지 않은 인문대생은 그 가치가 떨어진다.

나의 불문과 동기생은 20명이었다. 우리들 중에는 전공을 열심히 공부한 사람도 있었지만 별로 열심히 하지 않은 사람도 있었다. 어쨌건 그 20명은 졸업하고 나서 은행원, 외교관, 대기업, 대학교수, 방송국, 출판사, 기업체 경영 등 다양한 분야에서 일하고 있다. 그런데 그중 60% 이상이 프랑스 파리에서 근무한 경험을 가지고 있다. 많을 때는 20명 중 6명이 동시에 파리에 근무한 적도 있었다. 그런데 그때 우리들이 나눈 이야기 가운데 이런 것이 있었는데 "학교 때 부족했던 프랑스어 공부를 결국 사회에 나와서 그만큼 채워 넣을 수밖에 없었다"라는 것이었다. 우리가 속한 각 직장에서는 불문과 출신은 드문 존재였으므로 프랑스와 관계된 일이면 그 일이 거의 우리 동기들에게 돌아오게 되어 있었던 것이다. 그런데 그러한 상황에서 "전공보다는 다른 것을 열심히 하느라고 프랑스어는 잘 못하는데요"라고 대답을 한 사람은 없었고 그 대신 직장생활을 하면서 밤새워 다시 공부하는 노력으로 프랑스어를 마스터했던 것이다.

어느 회사에서 독일 현지법인에 파견할 직원을 뽑는 일이 있었다. 그래서 독문과 출신의 직원이 응모를 했는데 "독일어 시 하나를 암송해보시오"라는 요구를 받았다. 그런데 그 직원은 단 한 편의 시도 암송하지 못했다. 이 대목에서 여러분이라면 어떤 인상을 받았겠는가? 연이어 물어보니 단지 독문과를 졸업했을 뿐이지 독일어를 잘하는 것도 아니고 독일의 문화를 잘 이해하는 것도 아니고 결국 무늬만 독문과 출신이었다. 그렇다면 굳이 독문과 출신을 보낼 필요 없이 경영대 출신 중에서 독일어를 조금 할 수 있는 직원을 보내면 되는 것이다. 사회에서 지위가 높아진 후에 부하들을 바라볼 때 전공 공부를 열심히 하지 않은 사람은 다른 모든 점도 시원찮게 보인다는 점을 유념할 필요가 있다.

둘째, 앞서 이야기한 대로 외국어 서적을 최소 1만 페이지는 읽어야 한다. 다시 말하지만 이는 최소한의 권고량이다.

셋째, 목표를 정하고 일정한 금액의 돈을 모아보기를 권한다. 인문대생은 공부하는 분야의 특성상 돈, 경제, 경영과는 아무래도 거리가 있다. 그뿐만 아니라 돈을 주제로 이야기하기를 썩 즐기지 않는다. 돈에 관한 이야기를 하면 뭔가 통속적이고 저급한 주제로 느끼는 경우도 있다. 그러나 인문대생도 경제, 경영과 가까워져야 한다는 것이 내 생각이다. 결국은 경제활동을 하며 살아야 하기 때문이다. 인문대생이 경제나 경영과 가까워질 수 있는 방법 중 하나가 돈을 모아보는 것이다. 그런데 돈을 모을 때는 목표를 세워야 한다. 만약 한 달에 5만 원을 저축할 수 있으면 4년간 240만 원을 모을 수 있다. 그러면 목표를 500만 원으로 잡고 저축액을 240만 원이 아닌 500만 원으로 키워보기를 권한다. 만약 성공한다면, 500만 원이라는 돈 자체는 크지 않은 금액이지만 그 과정에서 돈으로 환산할 수 없을 정도로 큰 것을 얻게 된다. 여러 가지 경제현상을 현실감 있게 아주 잘 이해할 수 있게 되고 아울러 장래 큰돈을 모을 수 있는 지식과 경험을 부수적으로 갖게 되는 것이다. 이것은 무엇과도 바꿀 수 없는 소중한 경험이다. 각종 금융상품에 대해서도 당연히 알게 되고 환율과 주가, 금리의 움직임과 채권가격, 경제성장률, 외환보유고 등도 이론으로서가 아니라 살아 있는 지식으로 얻게 될 것이다.

물론 "나는 등록금도 내가 벌어서 학교도 간신히 다니는데 무슨 돈을 모아보란 말이냐?"라고 반문할 수도 있다. 하지만 그렇다면 "바로 당신 같은 경우야말로 돈을 모아보아야 한다"라고 말해주고 싶다. 자신의 부유하지 않은 환경에서 벗어나려면 돈과 정면승부를 해야 하며 대학시절의 경험은 그것이 실패의 경험이라고 하더라도 평생 재산이 되기 때문이다.

대학시절에 모을 수 있는 돈의 백 배 정도를 40세가 되기 전에 모을 수 있다는 것이 나의 이론이다. 즉 1000만 원을 대학 때 모을 수 있는 사람은 40세 전에 10억을 모을 수 있다. 나는 "돈에서 자유로워지는 상태에 이르는 것"이 이상적인 목표라고 생각했다. 즉 돈 때문에 하기 싫은 일을 해야 하거나, 돈 때문에 하고 싶은 일을 못하는 상태를 돈으로부터 자유롭지 못한 상태라고 보고 그것을 벗어나는 것을 제1차 목표로 삼았다.

## 절대 하지 말아야 할 일 세 가지, 기웃거리기, 냉소, 독단

첫째, 기웃거리지 말아라. 대학생활에서 가장 의미 없는 행동은 바로 기웃거리는 것이다. 뚜렷한 목표도 없이 이 강의 저 강의를 기웃거리는 마음으로 수강하는 것은 문제가 있다. 이런 경우는 전공에 소홀하기 십상이다. 그렇게 기웃거리며 방랑자처럼 공부한 것들은 별 의미가 없다. 만약 전공 외에 꼭 공부하고 싶은 것이 있으면 정식으로 부전공을 택하여 집중적으로 공부를 하는 것이 낫다.

최근에 읽은 책 중에 이런 글이 있었다. 성공한 사람들은 "남 탓을 하지 않는다", "실패를 성공의 기회로 삼는다", "남의 말에 흔들리지 않는다", "흔들리지 않는 원칙을 가지고 있다", "선택과 집중을 잘한다", "신중하다" 등의 공통점이 있고, 보통 사람들은 "실패를 두려워한다", "선택과 집중보다는 다방면에 관심이 있고 열심이다", "남의 말에 잘 흔들린다", "잘못되면 후회를 하거나 남 탓을 한다"는 공통점이 있다는 것이었다. 대학에서는 개인 선택의 폭이 넓으므로 선택과 집중이 정말로 필요하다고 생각된다. 다방면에 관심이 있고 열심인 사람은 결코 깊이 있는 전공 공부를 할 수 없으며 당연히 1만 페이지의 외서를 읽을 수 없지 않겠는가? 나는 사회에 진출한 선배들의 충고를 들어서 전공 외에 회계학을 따로 공부했고 기웃거리는 것이 아닌 본격적인 공부였기에 직장에서 큰 도움이 되었다.

둘째, 세상사에 냉소적인 친구를 가까이 하지 마라. 나이가 많고 적음에 관계없이 우리 주변에는 세상 모든 일을 시큰둥하고 시시하게 느끼는 사람들이 있다. 그런 사람들은 성공한 사람들을 보아도 그저 운이 좋았다고 폄하하기만 한다. 나는 아직까지 이런 사람들이 성공하는 것을 보지 못했다. 문제는, 그런 사람과 가까이 하면 냉소적인 태도가 전염된다는 점이다. 왜냐하면 그런 냉소적인 사고방식은 나의 현재 상태를 합리화해주기 때문에 우선은 마음이 편하기 때문이다. 냉소적인 태도는 도전과 변화의 의욕을 없애버리는 독과 같은 존재라는 점을 강조하고 싶다.

셋째, 혼자 생각하고 혼자 결론짓지 마라. 대학생시절에 흔히 범하기 쉬운 오류는 중요한 문제를 혼자 상상하고 결론짓는 것이다. 특히 직업과 관련해서 그런 경우가 많다고 생각된다. 내 경우는 좋다고 생각되는 직업을 몇 개 선정하여 실제로 그 일을 하고 있는 선배들을 만나보았다. 그 결과 내 상상과 실제는 아주 다르다는 것을 깨닫게 되었다. 직장 초년에 해야 하는 일이 저급할수록 나중에는 고급의 일을 하게 된다는 것도 알게 되었고 반대로 초년에 하는 일이 멋있게 보이는 일은 그 일을 평생 똑같이 해야 한다는 것도 알게 되었다. 그래서 여러분들은 중요한 일은 반드시 직접 발로 뛰어 여러 사람을 만나보고 종합적으로 판단하기를 바란다.

　이렇게 해야 할 것 세 가지와 하지 말아야 할 것 세 가지 외에 덧붙이고 싶은 것은 선배들을 만날 때 명함을 준비해보라는 것이다. 내용은 아주 간단해도 좋다. 학교, 전공, 이름, 전화번호, e-mail 주소 정도의 내용이면 충분하다. 만약 명함이 없으면 어떨까? 당신은 이 내용들을 모두 불러주어야 하고 당신이 만난 선배는 이 내용들을 모두 받아 적어야 한다. 그 선배가 바쁜 사람이거나 지위가 높은 사람이라면 받아 적는 것도 사실은 좀 귀찮은 일이 된다.


## 인생의 경계에 선 인문대생

사람의 인생을 세 단계로 나누어본다면 첫 번째 단계는 자라고 배우는 데 드는 25년이다. 이 글을 읽고 있는 여러분은 그 첫 번째 단계의 마지막을 지나면서 두 번째 단계에 대한 희망과 두려움 속에서 대학생활을 시작하고 있을 것이다. 두 번째 단계는 여러 가지를 준비해 본격적인 직업의 세계에서 활동하는 시기로 대략 30년 정도가 될 것이다. 인생의 몸통인 시기, 가장 궁금한 시기가 바로 이 시기이다. 인생의 마지막 단계는 그 다음으로 이 시기는 두 번째 단계를 어떻게 보냈느냐에 따라 개인별 편차가 아주 큰 시기가 될 것이다.

　인생의 첫 번째 단계와 두 번째 단계 사이에 놓여 있는 여러분은 이제 첫 번째 단계의 마무리를 잘하고 인문대생에게 열려 있는 넓은 세계로 나갈 준비를 해야 할 시간이다. 인문대를 선택했고 수년 후면 인문대 졸업생이 된다. 그 후의 인생을 풍요롭고 행복하게 보내는 것은 지금 보내고 있는 시간들에 달려 있다. 인생의 경계에 놓인 인문대생. 인문대생으로서 자부심과 실력을 잘 키우기를 바라고 인문대를 졸업했다는 것이 행복한 인생의 밑거름이 되기를 기원한다.

# 즐겁지 않으면
# 그건 일이 아니다

언어학을 공부한 패션기업 임원
## 정화경

1966년생. 언어학 전공. 프랑스 ESSEC MBA. 현 제일모직 해외상품 2사업부, 니나리치 사업부 상무
1996년 로레알 그룹 입사, INTERNATIONAL MARKETING 팀 파리 근무
1998~2000년 로레알 코리아 MARKETING MANAGER
2001~2002년 로레알 태국 GENERAL MANAGER
2003~2004년 로레알 USA, VICE PRESIDENT
2005~2007년 로레알 코리아, GENERAL MANAGER
2008년 로레알 그룹, 프랑스, INTERNATIONAL GENERAL MANAGER

직장에 들어가면 보통 하루에 8~10시간 정도 일을 한다.
잠자는 시간을 빼고 가장 많은 시간을 직장에서 일을 하면서 보내는 셈이다.
그런데 그 일이 단순히 돈을 벌기 위해서라면 얼마나 고통스럽겠는가.
내 가슴을 뛰게 만드는, 정말 내가 좋아하는 일을 찾아 모든 열정을 쏟아 부으면
어느 순간에는 성공이 옆에 와 있는 것을 발견하게 된다.

## 어느 시대나 어떤 식으로나 고민은 있다

Q: 언어학을 전공하신 패션기업 임원으로 알고 있습니다. 언어학과 패션기업, 얼른 보아서는 잘 조합이 되지 않는데, 지금 하고 계신 일을 어떻게 선택하게 되셨는지요?

A: 우리나라 같은 교육환경에서는 중·고등학교 때 자신이 하고 싶은 일을 선택한다는 것이 아직은 불가능하죠. 성적, 학벌 등의 잣대가 아직도 있잖아요. 그렇기 때문에 우선은 좋은 학교를 가야 하는 것이 1차 목표인 경우가 많고, 그런 이유 때문에 공부하라는 압력이 제일 강하구요. 저도 마찬가지였습니다. 제가 85학번인데 그 당시에는 지금보다 더했거든요. 요즘 젊은 세대들은 자기가 원하는 것을 금방 찾을 수 있는 환경이 되었지만, 그때는 그렇지 못했습니다. 저 역시 중학교, 고등학교 때까지만 해도 학교 공부하는 것 말고 다른 것을 생각하지는 못했던 것 같습니다. 제가 뭘 하고 싶은

것인지, 여자로서 어떤 커리어를 쌓고 싶은 것인지 그런 걸 생각할 수 있는 환경은 아니었어요. 그러다 보니까 저도 중학교나 고등학교 때는 공부 잘해야 한다는 것에 휩쓸려서 그저 공부를 열심히 한 것밖에 없었습니다.

한편 그 당시에는 여성이 도전할 수 있는 취업 시장이라는 것이 없었습니다. 그 당시 대기업들, 예를 들면 삼성, 현대, 대우 이런 기업들 가운데 여성을 공개적으로 채용하는 곳도 없었어요. 제가 졸업할 즈음 대우에서 처음으로 여성 공채를 시작하기는 했지만 그나마 여성을 채용한다고 해서 남자동료들과 동등하게 사회생활을 할 수 있는 환경은 아니었습니다. 예를 들어 여성 인력들은 유니폼을 입어야 했고, 주어진 임무들도 남자들에 비해 매우 제한적이었죠.

이러한 환경이다 보니 남들보다 잘해야 한다는 것 말고 어떤 특별한 목적의식이 있어 대학에 들어간 것도 아니었습니다. 그리고 그 당시는 아시다시피 학생 운동이나 민주화 투쟁들이 학생들에게 우선되던 때였습니다. 대학들이 민주화 투쟁의 보루였기 때문에 사실 당시 학생들은 정치나 이념에 더 많은 관심을 가지는 경우가 많았고, 그 이외의 것들에 대해서는 크게 생각하지 않았던 것 같아요. 그런데 저는 딱히 정치색이라는 것이 없었기 때문에, 사실 어떻게 보면 그다지 행복하지 않았던 고민들을 하면서 대학 4년을 보낸 것 같습니다. 대학임에도 교문을 들어갈 때 학생증 검사를 받아야 했고 경찰들이 학내에 상주하는 상황에서, 밖에서는 데모를 하고 있는데 도서관 안에 앉아서 공부를 한다는 것은 비정치적인 학생들에게 회의감, 자괴감 같은 것을 주었죠. 내가 직접 참여하지는 못하지만 그렇다고 해서 '도서관 안에서 외면해야 하는 것인가' 같은, 지금 학생들에게는 와닿지 않을지도 모르는 그런 고민들을 많이 했던 시절이었습니다.

## 졸업하고 나서 찾은 진로

그러다 보니 대학교를 졸업하면서부터 비로소 본격적으로 내가 뭘 해야 하는지에 대해 고민을 했던 것 같아요. 그리고 그때 마침 해외여행을 자유롭게 갈 수 있게 제한이 풀려, 어쨌든 나름대로 견문을 넓히고 싶은 욕심도 생겼습니다. 다른 나라 젊은이들은 어떻게 살고 있는지 궁금하기도 하고, 여성으로서 과연 이 나라에서 정말로 남자들과 당당하게 경쟁하면서 커리어를 쌓을 수 있는지 그런 것들에 대한 회의, 의문도 있었으니까요. 게다가 졸업을 하고 나서는 바로 직장을 찾을 수도 없는 조건이긴 했습니다. 당시 대학을 졸합한 여성이 직장을 찾는다 하더라도 비서 직종의 일들이 대부분이었습니다. 그래서 그때 여자들이 가장 선호했던 직장이 외국 대사관의 비서였습니다. 하지만 전 그런 것이 싫었기 때문에 대학을 졸업하고 나서 한 4~5년 동안은 좀 여행을 많이 다니면서 견문을 넓히고, 내가 정말 뭘 원하는지를 찾았습니다.

언어학과이다 보니 외국어를 많이 배우면서 외국 친구들과 교류를 많이 했고, 졸업을 한 뒤에 4년 동안 프랑스나 여러 나라를 여행하면서 그 나라에서 살고 있는 젊은이들, 특히 여성들이 살아가는 모습들을 많이 보게 되었죠. 그러면서 '내가 하고 싶은 것을 이루기 위해서는 공부를 다시 해서 남자와 여자가 똑같이, 동등하게 경쟁할 수 있는 회사에 들어가야겠구나' 하는 생각을 하게 되었습니다. 그렇다면 외국계회사에 들어가야겠다는 생각을 하게 되었구요. 또 그렇게 하려면 외국계회사에서 인정해줄 만한 학위를 받아야겠구나 하고 생각하게 되었지요. 그래서 다시 공부를 시작해 외국에서 최고로 인정해주는 학교를 들어가기로 마음을 먹고, 프랑스에 있는 ESSEC MBA라는 학교를 들어가게 되었습니다.

ESSEC이라는 곳은 프랑스에 있는 MBA 학교 중에서 지금도 그렇지만 최고 권위를 가진 학교 중의 하나였죠. 그렇게 MBA를 하면서 막연히 어릴 때부터 제가 좋아하는 것들을 할 수 있는 길을 찾았습니다. 저는 어릴 때부터 뷰티나, 패션을 좋아했는데. 이왕이면 즐기면서 일하는 것이 좋을 것 같았거든요. 지금도 저 나름대로 직업관이 있다면 '자아성취를 위해 일하라' 입니다. 그렇게 가장 하고싶은 일을 즐기면서 일하는 환경을 생각했기 때문에 뷰티회사의 최고인 로레알을 선택하게 되었습니다. 지금도 그렇지만, 아무래도 좀 더 체계적으로 일을 배울 수 있는 회사는 패션보다는 뷰티라고 생각했기 때문에 뷰티회사에 포커스를 맞췄죠. 또 운이 좋게도 로레알은 프랑스 회사였고 제가 나온 학교가 프랑스에 있는 MBA였는 데다가 그 학교와 로레알하고는 유대관계가 좋았던 것 같았어요. 프랑스 최고의 회사가 프랑스 최고의 학교에 다니는 학생을 유치하는 것은 당연한 일이었기 때문에 쉽게 취업을 하게 되었던 것 같네요. 여러 가지가 잘 맞았죠.


## 인문학을 공부했던 것은 최상의 선택이었다

Q: 말씀을 들어보니 지금 계신 분야로 진출하시게 된 데 MBA가 큰 도움이 되신 것 같은데요, 학부에서 전공하신 인문학도 도움이 되셨나요?

A: 저는 인문학을 공부한 것에 대해서는 너무 좋은 선택이라고 생각합니다. 구체적인 예를 들자면 지금은 퇴임하셨지만 로레알 그룹의 회장이셨던 린제이 오웬 존스라고, 지금의 로레알을 있게 한 정말 큰 역할을 한 회장님인데, 그 회장님 역시 옥스퍼드에서 인문학을 배웠던 분이에요. 뷰티회사를

크게 성장시킨 리더가 인문학 전공자인 것이죠.

회사에서 하는 일들 가운데 테크닉적인 일들은 사실 회사에서 배울 수 있습니다. 하지만 현재 뷰티면 뷰티, 패션이면 패션, 금융이면 금융 등 여러 섹터에서 가장 촉망받는 인재들은 회사에서 배울 수 있는 테크닉적인 일을 잘하는 사람이라기보다는 모두 창의력이 뛰어난 사람, 아니면 상상력이 뛰어난 사람들이죠. 그리고 그런 창의력과 상상력의 기초를 쌓을 수 있는 게 인문학이라고 생각합니다. 역사면 역사, 미학이면 미학, 여러 가지 분야에서 기초가 되는 게 인문학이잖아요. 그 기초를 토대로 해서 테크닉적인 부분을 좀 더 보완하는 것은 MBA라든지, 아니면 회사에서 배울 수 있어요. 그래도 제가 남들보다 경쟁력이 있다고 생각했던 것은 대학에서 인문학을 했기 때문에 남보다 여러 가지 면에서 다양한 것들을 알고 있었다는 겁니다. 마케팅이든 회사에서 하는 매니지먼트든 여러 가지 일을 하는데 기본적으로 자극을 주는 것이 인문학인 것 같아요.

인문학을 하는 학생들 가운데 '내가 경영학을 해야 하는 것은 아닐까? 다른 뭔가를 해야 하는 것은 아닐까?' 하는 생각을 하는데, 제가 보기에는 그건 아닌 것 같아요. 4년 동안 인문학을 하면서 여러 가지 전반적인 것을 배우는 것이 중요한 거 같아요. 인문학은 인간의 가장 기본적인 학문이잖아요. 그것을 하면서 나중에 보완을 해나가는 것이 가장 좋습니다.

Q: 크게 보는 시각 자체가 도움이 되셨다는 것이죠? 인문학은 전체를 보는 눈을 키워준 것이구요. 그러면 로레알에서 일할 때나 한국에서 일할 때에 여성으로서 차별이라든가 힘든 점은 없으셨나 궁금하네요.

A: 인문학이 전체를 보는 눈을 키워준 것은 정말 다시 강조하고 싶네요.

여성으로서 힘든 점이라면, 사실 유럽이나 미국이나 기회는 주어지는데 우리나라에서는 그 당시에는 기회조차 주어지지 않았죠. 아예 뽑질 않았으니까요. 물론 지금도 어느 정도 차별은 있어요. 그렇지만 기회는 주어지니까 조금 다르겠죠.

저는 제가 원했던 것도 있지만 기회를 찾아서 외국으로 갔던 것이 맞고 기회를 쫓아서 외국 기업에서 시작을 한 것도 맞습니다. 그리고 그 안에서 여자로서 받는 차별이 있겠지만 그것은 본인이 알아서 성과를 보여준다면 오히려 여자로서 장점도 있는 것 같습니다. 여자가 가지고 있는 섬세한 면은 장점이거든요. 또 뷰티나 패션 쪽에서는 여자들이 가장 큰 소비자잖아요. 여자의 입장에서, 내가 소비자로서 원하는 게 무엇인지, 필요한 것이 무엇인지를 알기 때문에 상품 기획이라든지, 마케팅이라든지 그런데 많이 적용했고, 그게 나에게 큰 이득이 된 것 같아요.


## 즐거워야 성공할 수 있다

Q: 성공한 여성 임원이신데 직업, 일이라는 것에 대해 특별한 관점이 있으신지요.

A: 제가 처음에도 이야기했지만, 직업관이 중요한 것 같습니다. '내가 돈을 얼마 벌어서 그걸 가지고 생활을 해야 하고 그것 때문에 일을 해야 한다', 아니면 '내가 가정이 있고 자식이 있고 무엇이 있기 때문에 일을 해야 한다' 이런 것이 있을 수 있습니다. 하지만 직업은 애초에 재정이나 물질적인 쪽으로 접근해서 선택하는 게 아니라고 생각합니다. 우선은 내가 즐길 수 있

는 것인지, 내가 일을 하면서 많이 배울 수 있는 것인지 이런 것들이 중요하겠죠.

보통 우리는 하루에 8~10시간 일을 합니다. 계산을 해보면 하루의 반을 회사에서 보내는 것인데, 의무나 필요에 의해서 일을 하는 것과 즐기면서 일을 하는 것은 처음부터 뭔가 다르겠죠. 제가 뷰티나 패션을 한 것도 좋아하기 때문에 선택을 했던 것이고, 그렇기 때문에 열심히 할 수 있었습니다. 재밌거든요. 제가 볼 때는 그런 것 때문에 일에 올인할 수 있었고 더 많은 것을 투자할 수 있었던 것 같습니다.

Q: 인생을 살면서 어디까지 올라가야겠다가 아니라 어떻게 살고 싶다가 제일 기본이 되는 것이라는 말씀이군요.

A: 그게 기본이죠. 돈을 벌고, 자신의 사회적 지위나 명예욕을 채우기 위해 직업을 하나의 수단으로 생각하는 사람하고, 그런 것들과 관계없이 재미있게 즐기면서 일을 하는 것하고는 좀 다르겠죠. 저는 즐겁게 일하는 게 중요했습니다. 1년 뒤에 과장이 되고, 몇 년이 지나고 나서 어떤 직급에 오르고, 또 사장이 되고… 이런 생각은 안 했으니까요. 내가 좋으니까 그냥 열심히 하는 것이고, 열심히 하다보면 어느 정도 능력이 있는 사람들은 그만큼의 성과가 나오는 것이니까 그만큼 보상을 받게 되는 것이죠. 성과에 대해서는 사회나 회사에서는 공평합니다. 그러다 보면 나중에 직위나 돈 같은 것들이 부수적으로 따라오는 것 같습니다.

Q: 좋아하는 즐거운 일 말고 일하면서 가장 중요하게 생각하시는 것이 또 있으시다면요?

A: 같은 말일 수도 있겠지만 열정인 것 같아요. 열정이라는 게 제 삶에 있어서는 가장 중요한 단어구요. 어떻게 보면 저 스스로 성공했다는 생각은 안 하지만, 객관적인 잣대로 봤을 때 그래도 다른 사람들보다 조금 낫게 왔다고 본다면 너무 머리 굴리지 않는 게 중요했다고 생각해요. 중요한 것은 내가 좋아하는 것에 올인하는 열정을 가지고 일을 하는 것이죠. 그게 가장 중요한 것 같아요.

## 일이 내 가슴을 떨리게 만들지 못하는 게 가장 위험하다

Q: 로레알이 뷰티 관련 기업이라면 지금 계신 제일모직은 패션기업인데요, 옮기신 특별한 이유가 있나요?

A: 어렸을 때부터 뷰티와 패션, 외모나 문화라든지 그런 것에 엄청 관심이 많았어요. 그래서 저는 고등학교 때부터 〈보그〉 같은 잡지들을 외국 것까지 다 모았었죠. 그리고 저녁에 공부하는 틈틈이 남대문이나 명동, 그때는 명동이 그쪽으로 가장 유명했으니까 쇼핑을 나가기도 했죠. 전반적으로 이 분야에 관심이 많았고, 뷰티나 패션 중에 어디를 갈까 하다가 그래도 뷰티가 좀 더 거시적이고 체계적으로 일을 배울 수 있다고 생각했기 때문에 뷰티로 갔습니다.

그런데 어느 정도 일을 하다 보니까 이런 것이 생겨났습니다. 가장 중요한 것은 내가 하는 일에 대해서 질리지 않아야 하는 것인데, 어느 순간에 내가 똑같은 일을 하고 있는 것을 발견했죠. 루틴이잖아요. 그리고 그런 생각을 하는 순간부터는 아침에 일어나서 회사 가는 것이 벅차지 않을 수가 있어요. 저는 항상 일할 때 회사에 정말 제일 빨리 갔어요. 벅찼거든요. 아침에 일어나면 너무 좋았고, 토요일이나 일요일에도 남이 오지 말라는 데도 출근했죠. 정말 너무너무 가슴 벅찬 그런 열정이 있었어요. 그런데 한 13년 정도 일을 하다 보니까 '똑같은 일을 반복하네' 하는 생각이 조금 들더라구요.

새로운 일에 대한 챌린지라는 것이 저한테는 참 중요했어요. '전에 했던 일이고 약간만 바꿔 시장 상황에 맞추면 되겠다', 꾀를 부리는 것은 아니지만, 루틴의 R이라는 글자가 내 머릿속에 들어온 것이죠. 그러다 보니까 이러면 안 되겠다는 생각이 들었습니다. 의무감에 일을 하면 안 되는데, 즐기면서 해야 되는데 루틴의 R이라는 게 머릿속에 나온다는 것은 이상신호거든요. 그래서 다른 것을 하는 게 좋지 않을까, 이제 옮길 때가 된 것이 아닐까 하는 생각을 하고 있던 차에 마침 좋은 제의를 받게 되었습니다. 그것도 내가 너무너무 하고 싶었던 패션 일이었기 때문에, 이것이 인생에서 오는 몇 번째 전환점 중에 첫 번째라는 생각을 했습니다. 그래서 옮겼죠.

Q: 패션 분야 편집매장에 대한 일을 하고 계십니다. 그런데 아직 한국에서 패션 분야 편집매장은 일반화되지 않은 분야잖아요. 기존에 하시던 일이 아닌 새로운 분야에 도전하는 데서 어려운 점은 없으신가요?

A: 어려운 점은 없어요. 오히려 그게 재미있죠. 저의 장점이자 단점입니다. 만약에 남들이 볼 때 객관적으로 어렵고 불가능한 일인 경우, 저 역시 실수할 수 있겠죠. 하지만 이런 기회를 통해 문제의 해결방식을 습득할 수도 있고, 새로운 경험을 쌓을 수도 있고, 그리고 다음번에 더 중요한 일을 할 때 베이스가 되겠구나 하고 긍정적인 생각을 하려고 노력을 많이 하죠. 그

러다 보니 저에게 주어진 어떤 일을 할 때 새로운 일에 임하는 자세가 되어 버렸어요. 그래서 편집매장이 많지 않아 기존 소비자들에게 편집매장을 좀 더 익숙하게 하는 일이 어렵겠다고 생각할 수도 있지만 오히려 재미있는 거죠.

저한테 재미의 첫 번째는 남들이 안 하는 것을 하는 것이거든요. 내가 처음으로 시도하는 것이니 더 재미있고 흥분도 되고, 그러면서 팀원들하고도 여러 가지 생각이나 시도를 하고, 브레인스토밍을 하는 것이 좋아요. 하나의 시험대인 거잖아요. 아무 것도 없는 백지에 무언가를 그려나가는 것이고. 그게 너무 재미있는 거죠. 그러면서 나의 아이디어를 시험도 하고 키워갈 수도 있고… 불모지에서 새로운 것을 한다는 것 자체가 저에게는 너무 재미있는 일인 것 같아요. 그런 것 하나하나를 어렵다고 생각하지 않구요, 그렇게 재미있게 하는 것이 중요한 거 같아요.

어떤 일에 임할 때 종이도 앞 뒷장 차이가 너무 확연하지 않나요? 종이 한 장은 너무 작지만 이렇게 보고 저렇게 보는 관점에 따라서 천양지차겠죠. 뭐든지 긍정적으로 생각하고 재미있게 일한다면 정말 이변이 일어나지 않는 이상 그만큼은 나오는 것 같아요. 제가 봤을 때 결과는 정직한 것 같습니다.


## 방황을 많이 하지 않으면 나중에 최상의 선택을 할 수 없다

Q: 인문학 공부가 굳이 일하는 데가 아니더라도 인생을 살아가는 데 있어서 큰 영향을 미쳤다거나, 삶의 베이스가 됐다거나 그런 부분이 있으신지요.

A: 인문학은 그런 거겠죠. 그러니까 내가 선택할 수 있는 선택의 폭을 넓혀주는 것. 학부에서 4년 동안 공부한다고 해서 학문적으로 뭘 얼마나 많이 알겠어요. 그럼에도 불구하고 세상에는 '이런 것도 있구나', '이렇게 생각하는 사람도 있구나', '미학에는 뭐 이런 것도 있구나' 이렇게 다양한 경험을 할 수 있는 것이죠. 그리고 이런 경험이 내 앞에 더 넓은 선택지의 파노라마를 전개해주는 것이구요. 그게 저한테는 훗날 좀 더 좋은 선택을 할 수 있었던 기본이 된 것 같습니다.

　폭넓음을 경험한다는 것은 정말 중요합니다. 나중에 마케팅을 하든 인사를 하든, 뭘 하든 간에 밑거름이 되는 거 같아요. 더 넓게 생각해서 문제를 해결하는 기본이 되는 것이죠.

Q: 그래서 인문학을 공부하는 학생들이 많이 방황하는 것일까요? 사실 인문대생에게 정해진 것은 없으니까요.

A: 방황을 많이 해야 합니다. 그렇지 않으면 나중에 선택하는 게 정말 베스트일 수 없죠. 솔직히 이런 얘기하면 "지금 시대가 어떤 시대인데 저런 이야기를 하나", "저 여자 제정신이냐" 그럴 수 있겠죠. 하지만 저는 그렇게 생각 안 하거든요. 많이 놀고, 할 수 있는 건 다 해봐야 되는 거 같아요. 저 같은 경우도 4년간 방황을 했다고 할 수 있는 거잖아요. 여행 다니고, 친구를 만나고, 일다운 일 안 하고. 저는 공부를 스물여섯 살 때부터 다시 시작했습니다. 그리고 그렇게 결정 내린 선택에 대해서 후회가 없었기 때문에 한눈팔지 않고 지금까지 달려올 수 있었던 것 같아요. 어떻게 보면 졸업하고 스물셋부터 이십 년 일한 사람하고, 방황했지만 정확한 선택을 해서 몇 년 덜 일한 사람하고 큰 차이는 없다고 봅니다. 아니 후자가 더 성공할 가능성

도 많구요.

Q: 진짜 많이 듣는 얘기가 "그래서 뭐할 건데? 그렇게 1~2년 더 지나고 나면 취업 안 된다" 이런 얘기 진짜 많이 듣거든요.

A: 그건 일반적인 잣댄데요, 그렇지는 않은 것 같아요. 특히나 요즘 같은 경우는 일단 창조적인 인재를 원하죠. 요즘은 중요한 게 창의성이잖아요. 그런 사람들은 정말 더욱 다양한 경험을 하고, 책을 많이 읽고, 다른 사람과 다른 생각을 하는 사람들이거든요. 그런 사람을 필요로 하는데 제가 볼 때는 인문학에서 많이 나오지 않을까 해요. 그런 모델이 되는 사람 가운데 인문학을 했던 사람도 많구요.

## 한국기업과 외국기업

Q: 로레알 같은 경우는 외국계 기업이었고, 지금 계신 제일모직은 한국계 기업입니다. 로레알에 계실 때 한국 지사에도 계셨고 미국에도 계셨고 여러 군데 계셨는데요, 일반적으로 외국계 기업은 업무가 타이트하게 짜여서 계획대로 가지만 말단 직원이라도 자기의 의견을 표명할 수 있는 수평적 관계라고 알고 있습니다. 한국기업과 비교해서 정말 그런가요?

A: 제가 너무 자신감 있게 말하는 게 위험할 수는 있겠지만, 우선 회사마다 컬처라는 것은 있어요. 그렇지만 그 컬처를 지배하는 건 회사지, 국가는 아닌 것 같아요. 물론 서브 컬처는 있겠죠. 그건 우리나라도 마찬가지고 산업별로도 다르겠죠. 물론 하나의 회사 안에서도 여러 가지 소규모 집단이 있으

니 거기에서도 조금씩 차이가 날 겁니다. 어쨌건 로레알은 로레알의 컬처가 있는 것이고, 그 컬처가 미국 지사든, 한국 지사든, 어느 나라 지사든 그 회사의 컬처가 메인 컬처라고 생각해요. 로레알의 여자들은 어그레시브하다, 그런 건 다 로레알의 컬처잖아요. 한국화가 안 된 것이죠. 그렇기 때문에 직장을 선택할 때도 내 컬처에 맞는 직장을 선택해야 하고, 그래서 내가 뭘 좋아하는지를 알아야 하는 것이겠죠.

회사가 원하는 직원의 룰이라는 것이 있습니다. '우리는 인터내셔널한 사람을 원한다', '제너럴리스트를 원한다', '크리에이티비티가 있는 사람을 원한다' 이런 것들이 있습니다. 그런데 제가 로레알을 선택했던 이유 중에 하나가 회사가 원하는 스타일에 내가 맞는 거 같아서였어요. 그런 선택을 한 것이기 때문에, 미국이든 한국이든, 프랑스든 저는 사실 그렇게 큰 문화적인 차이는 못 느꼈어요.

그리고 한국 회사에서 일한다는 게 답답할 수 있겠죠. 그런데 왜 제가 한국기업에 왔어요? 나의 이력이나 경력을 알고, 내가 어떤 사람인지 알기 때문에 회사에서 나를 선택했겠죠. 회사에서는 제가 이 컬처에 동화되기를 원하지 않을 거예요. 저한테 플러스 밸류가 있기 때문에 부른 것 아니겠어요? 그런데 이 회사의 기존 문화를 전적으로 받아들이고 순응해서 나의 퍼스낼리티(Personality)를 변화시키는 것은 회사에서 원하는 것이 아닐 뿐만 아니라 나의 가치를 떨어뜨리는 것이겠죠. 뭐든지 내가 이 시장에서 어떤 플러스 밸류를 가지는 건지 알아야 되잖아요. 창의성이라든지 국제 경험이라든지, 어그레시브한 거라든지 그런 플러스 밸류를 높이 샀기 때문에 여기로 온 것이고, 역시나 그렇기 때문에 제가 그걸 보여줘야 되는 거잖아요. 현재 회사의 문화를 더 좋은 방향으로 발전시키기 위한 작업의 일환으로 저를 영입한 것이라고 생각해요. 특히 한국을 대표하는 대기업에서 그런 작업들을 많이 하죠.

내가 나를 있는 대로 보여줘야죠.


## 분석력, 실천력 그리고 트렌드 읽기

Q: 인문학도가 갖는 장점을 많이 말씀해 주셨잖아요. 하지만 현실적으로 보면 인문대생의 취업이 쉽지는 않습니다. 분명 보완해야 할 단점도 있을 것 같은데요.

A: 그게 제가 말씀드린 테크닉적인 부분인데요. 단점이라고는 생각하지 않습니다. 그것은 보완해야 할 점이죠. 다만 수치나 분석력은 필요합니다. 어차피 취업을 한다는 것은 비즈니스에 뛰어든다는 건데, 어떻게 생각하면 사실 인문학도는 시인이라고 할 수 있겠죠. 그런데 비즈니스에서는 시인도 필요하지만 열심히 일하는, 밭 가는 농부도 필요하죠. 농부라는 건 분석을 하고 실질적으로 일을 시작하고 진행해 결실을 맺는 사람이에요. 그게 어떻게 보면 파이낸스 쪽이 될 수 있겠죠. 시인도 필요하지만, 추수를 해서 결과를 내는 사람도 필요합니다. 그런데 너무 시적으로 생각해서 상상 속에만 있는, 거기서 그치는 게 많은 거 같아요. 현실화하지 못한다는 것이겠죠. 그것은 생각을 많이 해야 할 부분인 거 같아요. 어떻게 보면 인문학도의 취약점이 될 수 있는 것 같네요.

그리고 두 번째로 시장이, 트렌드가 아주 빠르게 변하잖아요. 요즘은 하나의 액션을 취한다 하더라도 감으로 하는 건 없습니다. 데이터를 가지고 분석을 하고, 그 분석에 따라서 실행해야 하는 거잖아요. 그런데 어떻게 보면 이 분석이라는 것은 수치를 가지고 나름대로 해석을 해서 결론을 내는 것이죠. 그리고 거기에서 어떤 액션을 취하는 건데 그 지점에서 인문대 졸업생들이 좀 약할 수 있는 것 같아요. 저는 제가 일하는 분야의 모든 것을 처음부터 다 알았던 건 아니거든요. 이건 테크닉적인 부분일 수 있고, 또 실행력이라는 건 개인의 개성이라고 볼 수 있는데 다행스럽게 실행력과 추진력은 원래부터 있었던 것 같고 그 이외에 분석력이라든지, 어떤 걸 포인트로 잡아서 어떤 식으로 접근하는지는 회사에서 직접 일을 하면서 많이 배웠던 것 같아요. 그렇게 실무에서 배워나가는 것 이외에 추가로 보완할 것이 있는 것들은 MBA를 하면서 많이 보완했던 것 같네요.

Q: 인문대생들 중에, 경영이나 경제를 복수전공하거나 하겠다는 친구들이 많습니다. 어떻게 생각하시는지요.

A: 네, 좋습니다. 저 같은 경우는 대학교 4년 동안에 인문학을 통해 창의력이라든지 시적인 부분을 많이 키우고, MBA를 통해 그걸 구체화했던 것 같아요. 그러면서 저에게 없었던 것, 테크닉을 배웠죠. 그래서 이런 상호보완적인 프로파일이 됐기 때문에 나중에 실제로 일을 하는 데 있어서 많은 도움이 됐던 거 같구요. 일례로 프랑스에는 시앙스포라는 학교가 있습니다. 주로 미래 정치인들을 많이 기르는 학교인데 ESSEC에 시앙스포에서 온 학생들이 참 많았습니다. 시앙스포에서는 정치나 문화나 이런 것들을 배우고 나서 ESSEC에 와서 공부를 한 다음에 정치인이 되는 것이죠. 그만큼 상호보완이 되는 것이죠. 나쁘지 않은 거 같습니다.

Q: 마지막으로 인문대 후배들에게 해주고 싶으신 말씀이 있으시다면?

A: 처음부터 내가 무엇을 해야 할지, 내년에 뭐가 되겠지, 또 너무 극단적으로 내가 목표가 꼭 있어야 되지 않느냐, 이렇게 생각하지 말았으면 좋겠어요. 아직 젊잖아요. 그럴 때는 무엇이든지 오픈마인드로 생각했으면 좋겠어요. 처음부터 할 일이 너무 많은데, 뭔지도 모르는 상태에서 뭘 하겠다고 결정하는 게 제일 위험한 거 같아요. 물론 지금 그 상황에 있는 사람은 자기가 방황하면 안 된다고 생각하겠지만 그것은 자기가 나중에 더 나은 선택을 하기 위해 거쳐야 되는 하나의 과정인 것 같아요. 그렇기 때문에 너무 조급해 하지 말고 정말 뭐든지 오픈마인드로 생각하고, 방황도 해 볼 만큼 해봐야 된다고 생각해요. 너무 디테일한 목표를 갖는다는 것, 그게 더 위험한 거 같구요. 어느 정도 큰 오리엔테이션을 갖고 그 바운더리 안에서 여러 가지를 생각하는 게 좋지 않을까요?

옛날에는 회사에서 장기 플랜이 있었고, 단기 플랜이 있었어요. 예를 들어 1년 플랜, 3년 플랜, 5년 플랜 이런 게 있었거든요. 그리고 전략, 비즈니스 규모, 디테일한 손익표 숫자까지를 모두 준비해야 했습니다. 그런데 지금 그것들이 다 무의미해서 1년 플랜 이외에는 3년, 5년 플랜은 거시적인 시장 예측 및 전략 정도로 간단하게만 합니다. 3년, 5년 후의 미래를 어떻게 정확하게 계획할 수가 있겠어요. 회사에서도 장기계획 같은 경우, 지금 같이 빠르게 돌아가는 사회에서는 무의미하다고 생각하는데, 이십 년, 삼십 년 뒤에 뭐가 되겠다고 하는 것은 좀 아닌 것 같아요. 정말 오픈마인드를 갖고 내가 좋아하는 게 무엇이구나 그 정도를 깨닫고, 그 안에서 일을 하기 위해서는 어떻게 해야 할 것인지, 그 정도만의 큰 청사진만 그린다고 생각하세요. 그리고 괴로워하는 것 자체에 대해서 괴로워하는데 그럴 필요

없어요. 여러 가지 생각을 하고 방황을 하는 게 가장 좋은 선택을 하는 밑거름이 된다고 생각하니까요.

# 꿈을 현실로 서술해라

불문학을 전공한 공연기획자
고희경

1963년생. 불어불문학 전공. 서강대학교 신문방송학과 박사과정 수료(공연예술학 전공),
현 대성산업 디큐브 문화실장(신도림 디큐브시티 뮤지컬극장 건립책임), 중앙일보 더 뮤지컬 어워즈 심사위원
1987~2009년 예술의전당 공채 1기, 예술의전당 홍보팀장, 교육사업팀장, 공연기획팀장

뮤지컬 〈맘마미아〉, 〈오페라의 유령〉, 〈캣츠〉
오페라 〈리골레토〉, 〈라 보엠〉, 〈라 트라비아타〉, 〈마술피리〉, 〈피가로의 결혼〉
클래식연주회 〈11시콘서트〉, 〈말러콘서트 전곡시리즈〉, 〈런던필하모닉오케스트라 초청공연〉, 〈필라델피아 오케스트라 초청공연〉,
〈바비 맥퍼린 초청공연〉, 〈제시 노만 리사이틀〉, 〈알라냐와 게오르규 듀오 콘서트〉, 〈장영주와 베를린필 섹스텟〉, 〈조수미 독창회〉,
〈신영옥 독창회〉
연극 〈갈매기〉, 〈보이체크〉, 〈리차드3세〉, 〈아가멤논〉
무용 〈지리킬리안 네덜란드 댄스씨어터〉, 〈나초 두아토와 스페인국립무용단〉, 〈호두까기인형〉
대중문화 〈조용필 콘서트〉 등 기획

꿈과 현실 사이의 거리는 생각하는 것보다 멀다.
하지만 언제나 꿈은 현실이 되고자 하며, 현실은 꿈을 애타게 찾는다.
일은 이렇게 하늘에 떠 있는 꿈을 땅에 발붙이고 있는 현실과 연결시켜주는 작업이다.
그리고 그것이 바로 당신이 인문학을 배우는 이유이며,
인문학을 배운 당신에게 주어진 역할이다.

문화체육관광부 산하 예술경영지원센터의 공식 자료에 따르면 2008년 한 해 공연 시장 규모는 약 4천 6백억 원에 달한다고 한다. 문화산업의 규모로 봐서 아직은 크다고 말할 수 있는 시장은 아니지만 2008년을 기준으로 1년간 관객은 2천 4백만 명에 육박한다. 최근 10년간 우리나라 공연 시장의 성장률이 매년 20%를 상회하고 있으며, 공연장의 개수도 전국적으로 900개를 넘어섰고 작품 수도 꾸준히 늘고 있다. 공연 시장의 확대는 앞으로도 지속될 것이라는 전망이 우세하다.

공연 분야 중에서도 뮤지컬 시장의 급성장이 눈에 띈다. 라이선스 뮤지컬에 관객이 몰리고 창작 뮤지컬도 많이 만들어지고 있다. 1990년대 영화의 폭발적 성장을 과시하던 상황과 비슷하다. 좋은 배우 층이 두터워지고 유명 프로듀서들도 속속 등장하고 있다.

시장의 성장은 직업군에 대한 관심으로 이어진다. 젊은이들이 공연기획자가 되겠다고 찾아오기도 하고, 이메일을 보내 질문을 하기도 한다. 어떻게 하면 공연기획자가 되는지, 공연기획자가 실제로 하는 일은 무엇인지, 근무 조건은 어떠한지 등등.

며칠 전, 피아노를 전공하는 학생이 미래의 직업으로 '공연기획'을 생각한다며 사무실에 찾아왔다. 모 아카데미에서 '공연기획' 프로그램을 수강하고 있는데 수업을 듣고 보니 생각한 것과 다르다는 것이었다. 야간 근무가 잦고, 기업에 가서 협찬도 따와야 한다고 들었는데 사실이냐는 것이었다. 한참을 이야기하다가, 혹시 공연기획을 어떤 일로 생각해서 관심을 갖게 되었는지 물었다. 학생은 공연을 준비할 때, 음악이 필요한 부분이 있으면 자신이 곡을 쓰거나 기존 곡을 넣어서 공연의 분위기를 바꾸고 준비하는 과정을 공연기획으로 생각했다고 대답했다. 공연의 연출부문과 기획을 혼동하고 있었다.

어떤 음악을 공연에 쓸 것인지의 문제는 음악감독, 즉 연출의 영역이다. 보통 공연기획이라고 할 때 들어가는 업무의 범주가 아니다. 하긴 나의 오랜 지인 한 분도 "아, 월드컵 때 고 팀장이 연출했던 오페라 〈피가로의 결혼〉 말입니다"라는 식으로 말씀하시곤 하는데, 그때마다 나는 "제가 연출한 게 아니고요, 기!획!한 겁니다"라고 정정을 해드리지만 매번 비슷한 말씀을 하시는 걸 보면 분명한 구분이 쉽지 않은 것 같다.


## 공연기획이란 무엇인가

내가 대학을 졸업하고 예술의전당에 입사했을 때, 우리나라에는 '공연기획'이라는 업무는 물론 공연장 근무라는 '업'의 종류가 사실상 전무했다. 국립극장과 세종문화회관은 문화부 공무원이나 서울시 공무원들이 로테이션으로 잠시 근무하는 곳이었기 때문에 근무자 입장에서 극장에서 일을 하는 것은 구청에서 일하는 것이나 다를 바 없었다. 시스템으로 이런 업무가 시작된 것은 사실상 예술의전당의 발족과 함께했다고 해도 무리가 없을 것이다. 예술의전당이 개관하고도 약 10여 년간 유사한 조직은 생겨나지 않았다. 2000년대에 접어들며 엘지아트센터가 생기고, 국가 소유의 극장이 법인화하면서 공연 전문가의 수요가 늘어나기 시작했다. 10년 넘게 극장 전문가를 유일하게 키워오던 예술의전당이 각 공연장 CEO를 비롯하여 전문 스태프를 공급하여 '공연장의 사관학교'라는 호칭을 얻게 된 것도 이 때문이다.

공연기획을 정확하게 정의하기는 쉽지 않다. 영화에서는 기획자와 감독의 역할이 비교적 분명한데 공연에서는 그 경계가 다소 애매하다. 70년대, 80년대 연극계를 동인제 극단들이 주도할 때 연출자 겸 극단 대표를 돕는 단원 한 명이 출연도 하고 조연출도 하면서, 보도자료 쓰고, 포스터 만들어 붙이고 배우 출연료 협상까지 했던 전통 때문이기도 하고 장르별 기획자의 업무가 너무 다르기 때문이기도 할 것이다.

개괄적으로 정의해보면 공연기획이란 '작품을 선택하고 스태프와 출연진을 구성해서 공연을 올리는 동시에 매표와 홍보, 마케팅을 총괄하는 과정'이라고 볼 수 있다. 그리고 이 과정의 핵심은 목표 설정과 재정적 판단이다. 공연을 하는 목적이 수익을 내는 '흥행'인가, 관객 개발이나 사회 공헌, 예술적 실험인가에 따라 판이하게 달라질 수 있다. 상반된 듯 보이는 두 마리 토끼는 사실상 매우 깊은 관계를 맺고 있다. '예술적이고 실험적이면서도 일정한 흥행을 보장하는' 것이 목표가 되는 경우가 많은데 이러한 상반된 개념은 공연기획, 예술기획이라는 타이틀 안에서는 전혀 불가능한 일은 아니다. 이런 점이 다른 직종보다는 매력적으로 보일 수 있을 것이다.

공연기획을 공연의 제작이나 제공 방식에 구분하면, 프로듀싱(producing), 프레젠팅(presenting), 아티스트 매니지먼트(artist management)로 구분할 수 있다. 또한 공연장에서 근무하는가, 민간의 기획사나 극단에서 근무하는가에 따라 기획의 내용이나 범위가 달라질 수 있다.

## 제작을 총괄하는 기획, 프로듀싱

프로듀싱은 뮤지컬이나 연극과 같이 공연 작품 전체를 창작하는 일이다. 셰익스피어 〈햄릿〉을 할 것인지, 박근형의 창작극을 올릴 것인지 작품을 정하고, 연출과 주요 배우를 선정한다. 극장을 대관하고, 예산을 책정하여 수지균형을 맞춰보며 전체 기획을 구상한다. 공연의 큰 그림이 결정되면 공연 진행의 측면에서는 오디션, 연습, 공연으로 이어지고, 마케팅 파트에서는 기업 협찬, 티켓 판매, 홍보 등의 업무가 진행된다. 이 총괄 책임이 프로듀서다. 〈레미제라블〉, 〈미스 사이공〉, 〈오페라의 유령〉, 〈캣츠〉 등을 기획한 영국인 카메론 매킨토시는 세계적인 뮤지컬 프로듀서이다. 국내에도 〈맘마미아〉, 〈시카고〉 등을 제작한 박명성, 〈오페라의 유령〉, 〈캣츠〉 등을 제작한 설도윤 등이 대표적이며 〈명성황후〉 프로듀서인 윤호진은 연출가를 겸하고 있다.

제작사 대표로서 프로듀서의 가장 중요한 일은 자금의 확보와 배분이라는 재정판단이다. 투입하는 제작비와 회수되는 비용, 즉 매표 수입과 지원금의 비율을 어느 정도 선에서 가져갈 것인가 하는 문제이다. 공공극장에 소속된 기획자의 경우 이 문제는 상대적으로 부담이 적을 수 있는데 개인 제작사, 개인 프로듀서의 경우 사실상 이러한 작업은 가장 중요한 문제이다. 누구나 흥행을 바라지만 매번 승리의 여신이 미소를 짓는 것이 아니다. 4대 뮤지컬을 모두 제작한 최고의 프로듀서 매킨토시도 최근 인터뷰에서 "나도 흥행의 결과는 알 수 없다. 그걸 알면 나에게 귀뜸해달라"고 농담을 건넬 정도이다. 알 수 없는 결과이지만 준비단계에서 철저히 검토해야 할 사항이 바로 지출과 수입의 구조이다.

프로듀싱 과정에서 핵심적인 일은 어떤 작품을 누구와 할 것인가를 결정하는 것이다. 우선순위는 매번 달라질 수 있다. '어떤' 작품이 먼저일 수도 있고, '누가' 하는가에서 출발할 수도 있다. 뮤지컬 〈오페라의 유령〉이 국내에서 한 번도 공연되지 않은 상태에서, 프로듀서가 뮤지컬 시장이 장기 공연을 수용할 태세가 되어 있다면 작품의 저작권자와 조건 협의에 들어가는 것으로 기획을 시작한다. 그러나 저작권자와 조건이 합의되었다고 해서 국내 공연이 성사되는 것은 아니다.

90년대 초반 대기업 소유의 한 제작사가 〈오페라의 유령〉의 국내 공연을 추진하기 위해 저작권자와 어느 정도 조건 합의에 도달했지만 정작 공연은 성사되지 못한 적이 있다. 예술의전당 오페라극장 공연을 추진하던 〈오페라의 유령〉 측은 극장 측과 협상을 진행하는 과정에서 의외의 난관에 봉착했다. 당시 문화계 핫이슈가 할리우드 영화의 직배 문제였는데 불똥이 뮤지컬에도 튄 것이다. 문제의 핵심은 경제적인 이유였지만 표면상 쟁점은 미국 자본의 한국 침략과 같은 이데올로기적인 배경을 가지고 있었다. 게다가 공공 극장의 대명사인 예술의전당 오페라극장을 3개월씩이나 외국 뮤지컬이 차지하고, 오리지널 세트 디자인을 수용하기 위해 새로 지은 무대 천장을 뜯어내야 한다는 사실이 민족주의적인 관점에서 여론의 거센 비난을 받았다.

IMF 이전 국내 여론은 토착적인 제품에 우호적인 반면 해외 거대 자본의 국내 유치에는 비판적이었기에 예술의전당 공연은 수포로 돌아가고 그로부터

6년 후 2001년 엘지아트센터에서 초연하게 되었다. 〈오페라의 유령〉은 당시까지 2% 미만이었던 엘지아트센터 인지도를 단숨에 13%로 끌어올렸다. 90년대에는 빅4 뮤지컬의 한국어 초연이라는 타이밍의 주도권을 가지는 측면에서는 승산이 있었지만, 국민 감정이라는 정서적 거부감을 바꾸기가 쉽지 않았을 것이다.

'누가'의 문제가 프로듀싱의 출발이 되기도 한다. 2005년에 공연한 오페라 〈라보엠〉이 대표적인 예이다. 홍혜경, 조수미, 신영옥 등 한국의 빅3 소프라노는 해외의 유명한 오페라극장에서 주역으로 눈부신 활동을 하고 있지만 한국 관객은 그들의 독창회에 만족해야 했다. 오페라는 전체 프로덕션의 규모나 수준이 유지되어야 하고, 한 작품을 공연하더라도 한 달 이상은 체류하면서 연습하고 공연해야 하는 스케줄이기 때문에 엄두를 내지 못했던 기획이었다. 공연기획팀을 맡게 된 2001년, 소프라노 홍혜경과 오페라를 해야겠다는 생각으로 뉴욕 출장에서 홍혜경 매니저와 한국에서 오페라를 공연할 수 있는 일정을 협의했다. 가장 가까운 일정이 4년 후인 2005년 3월로 제시됐다. 무조건 일정부터 확정하고 세부 사항을 의논해가기 시작했다. 홍혜경의 대표작인 〈돈 조반니〉, 〈라 트라비아타〉, 〈라 보엠〉 중에서 〈라 보엠〉을 선정하고, 지휘자나 프로덕션의 수준도 홍혜경 측과 협의하여 2005년 공연을 성황리에 마쳤다. 〈미스 사이공〉 제작과정에서 카메론 매킨토시가 전 세계를 돌며 미스 사이공을 찾는 오디션을 한 과정 역시 '누가'에 방점을 둔 기획의 대표적인 사례이다.

프로듀싱의 과정은 이렇듯 우선순위가 정해져 있는 것은 아니다. 일반적으로 작품과 연출, 주요 출연진을 동시에 결정하고 세부적인 프로덕션의 운영은 그 다음으로 진행한다. 프로듀싱의 성패는 사회적인 요구와 예술 작품, 숨겨진 예술가의 역량을 어떻게 조화시켜 새로운 창조를 이루어내는가에 달려 있다.

## 스타와의 윈윈 작업, 공연 프레젠팅

프레젠팅은 콘서트나 해외 단체 초청의 사례가 대표적이다. 조수미 독창회라고 하면 조수미를 캐스팅하는 것이 가장 핵심적인 업무가 되기 때문에 프로듀싱보다는 좀 더 단순한 과정이다. 매표나 마케팅 업무는 프로듀싱 작업과 거의 유사하게 진행된다. 프레젠팅은 출연진의 파워가 공연의 핵심을 차지하기 때문에 기획자의 역할이 프로듀싱보다는 단순하지만 기획자의 또 다른 역량이 요구된다. 어떤 형식으로 공연이 제공되어야 예술가의 역량을 최대한으로 발휘하게 할 것인가의 문제에 천착해야 하는 것이다.

조용필은 캐스팅만으로도 1만 석 이상의 티켓을 매진시킬 수 있지만 그것은 기획자의 일이 아니며 조용필이라는 아티스트를 일회적으로 소비하는 것일 뿐이다. 예술의전당은 1999년부터 6년간 연말이면 조용필 콘서트를 기획했다. 클래식 전문가들에게 오페라, 발레의 전문 극장인 오페라극장 무대에서 대중가수의 공연이 웬말이냐는 비난에 맞서야 했고, 대중문화 쪽에서는 조용필만 가수냐는 비판에 직면했다. 조용필을 오페라극장 무대에 불러 세운 것은 그가 가진 공연예술가로서의 특별한 가능성 때문이었다. 이미 뮤지컬을 만들기 위해 브로드웨이에서 웬만한 작품을 다 섭렵했고 음악적으로도 국악에서 발라드, 록까지 다양한 범주를 넘나들던 특징을 좀 더 선명하게 드러내야겠다는 생각이 아티스트와 일치했기 때문이다.

한편으로 기획자의 중요한 요건인 사회적 요구에 대한 확신이 있었다. 스타로서 20년 이상을 보낸 그의 음악은 이제 일종의 고전처럼 남아 있고, 그와 같이 성장한 중장년들이 자신의 젊음을 함께 추억할 공간을 기대하고 있었다. 사회의 중역급들은 운동장에서 하는 콘서트에 가자니 쑥스럽고, 디너 콘서트는 너무 제한적이어서 자신의 감정을 공연과 함께 토로할 공간이 없었던 것이다. 이러한 요구가 오페라극장에서 폭발했다. 교양인으로서 학습을 위해 오페라나 발레를 보았던 관객들은 조용필 공연에서 자신의 마음을 터놓고 우아한 공연을 즐겼던 것이다. 〈단발머리〉에서는 자신이 10대 소년소녀가 된 듯이 즐거워했고 〈킬리만자로의 표범〉에서는 사회라는 정글 속에서 자신을 투영하며 눈물을 흘렸다. 중년의 발견이었다.

조용필 측은 일절 대사 없이 하나의 완벽한 뮤지컬과 같은 새로운 쇼를 보여줄 수 있다는 기대를 저버리지 않았다. 무대에 투자를 아끼지 않았고 콘서트의 콘셉트를 정하기 위해 기획팀과 몇 달간 회의를 거듭하면서 방향을 잡아갔다. 결국 조용필은 콘서트 중심 가수로서 위치를 확고하게 정립했고 관객들은 격조 있는 극장에서 자신의 젊음을 노래하는 가수와 공감했다. 예술의전당은 재정적 안정을 확보하여 만년 적자인 오페라나 클래식 기획을 위한 투자 자본을 마련했다.

세 번째 기획의 분야인 아티스트 매니지먼트의 경우 우리나라 대중문화 쪽에서는 활발한 편이지만 클래식이나 발레, 뮤지컬 분야에서는 아직 성숙되지 않은 공연기획 파트이다. 시장이 성숙되면 분명히 성장할 분야이다.

위의 모든 경우에서 가장 중요한 일은 '왜 이 시점에서 이 공연을 해야 하며, 그것이 가지는 사회적 함의는 무엇인가'라는 콘셉트를 결정하는 일이다.

## 인간과 사회에 대한 이해에서 시작하는
## '무엇을 기획할 것인가'

예술가의 작업은 본질적으로 직관적이다. 먼저 느끼고 표현한다. 자신이 생각하는 바, 느끼는 바를 음악으로, 그림으로, 연기로 표출한다. 자신의 사고와 감성이 사회적 맥락 속에서 의미를 가지는가를 생각하고 언어로 표현하는 것보다는 자신의 예술 언어로 표현하는 것에 익숙하다.

한편 인문학은 인간의 본질과 사회적 맥락에 대한 학문이다. 문학, 역사, 철학 모든 것이 결국 인간 본연의 문제에 대한 의문을 어떻게 기술할 것인가의 문제에 천착해온 분야라고 할 수 있다. 인간의 문제에 관심을 가지고 정면으로도 분석해보고 뒤집어도 보는 노력이 인문학의 중심이라면 예술가와 공동작업을 할 때 인문학 전공자들의 장점이 드러난다.

이렇듯 예술가들은 음악이나 연기, 무용이라는 자신만의 언어로 '꿈을 서술'할 줄 알지만, 예술적 서술이 일반인과 소통을 하기 위한 언어적 서술, 사회적 맥락 속에서 의미를 찾기 위해서는 기획자의 도움이 필요하다. 현대에 오면서 피카소 이후 예술가들이 자신의 작품을 미디어를 이용하여 설명하는 데 능숙한 '선언'의 명수가 되어가고 있지만 아직도 대다수의 예술가들은 자신들의 예술 언어보다는 일상 언어로 표현하는 것에 능숙하지 못하다. 이 과정에서 인문학 전공이 빛을 발할 수 있다. 그들이 표현한 것을 적확한 서술 언어로 기술하고 다양한 파트너들과의 협상을 진행해주면 매우 만족해한다.

말러 전곡 시리즈는 당시 클래식 애호가의 니즈와 부천 필하모니의 연주 역량이 만나 성공한 귀한 기회였다. 지휘자 임헌정은 'Complete Mahler Series'라는 타이틀에 무척 만족해했다. 순서대로 밟아가는 것이지만 완전한 성취를 이룬다는 어감을 담은 영어 세 단어의 표현이 의미를 풍부하게 하고 이루지 못한 꿈에 대한 도전의 의미를 부여해주었다. 부천 필하모니와 지휘자 임헌정 선생님과 적은 개런티로 계약했음에도 불구하고 서로의 의미와 발전 가능성에 대한 이해로 매우 만족스러운 3년간의 대장정을 거쳤음을 기억한다.

주부 대상 오전 콘서트를 11시 콘서트라고 명명한 것 역시 인문학적 배경이 깔려 있다. 마케팅을 전공한 직원들은 '마티네 콘서트', '주부 콘서트', '해설 음악회'라는 이름을 많이 붙였다. '주부를 위한 아름다운 음악회' 뭐 이런 식의 이름들이 논의되고 있었는데 영문학을 전공한 한 후배가 드라이한 이름을 짓자는 제안을 했다. 해설 음악회일수록 권위를 가지고 정통한 스타일임을 표방할 필요가 있다는 것이었다. 뒤집어 생각해보기의 일환이었다. 사설 없이 시작 시간만을 고지하는 11시 콘서트로 가자는 아이디어였다. 그러면서 무미건조한 이 음악회에 빵과 커피의 향기를 담자는 의견을 냈다. 최종 제목은 이렇게 결정되었다. '목요일의 브런치, 11시 콘서트'

브런치라는 개념이 당시 우리 사회에 막 들어오기 시작했는데 신선함과 함께 여유를 느낄 수 있게 했다. 그러면서도 11시 콘서트라는 딱딱한 이름과 조화를 이루며 권위 있지만 편안한 음악회라는 인상을 분명하게 심어주었다.

물론 현장에서는 마케팅과 매표가 중요한 변수가 되므로 그 기법을 많이 배울 수 있는 경영학을 선호하기도 하지만 마케팅 기초에는 인문학적 이해가 깔려 있다. 마케팅 기법만을 학습한 사람들이 가끔 기법 자체에 갇혀 새로운 사고를 하지 못하는 경우를 보게 된다. 프로덕트, 프로모션, 플레이스, 프라이스 등 4p에 맞춰 기획 포인트를 잡고, 포지셔닝 원칙에 따라 그림표를 그려 넣으며 주어진 마케팅 툴에 사고를 맞추려다 보면 상투적인 기획이 나오기도 한다. 그런 면에서 인문학적 사고는 추상적인 한계가 있어 뜬구름 잡는 소리를 하는 듯하지만 현장에서 경험한 실천적 파워를 갖추려고 노력한다면 분명히 다른 힘을 발휘할 수 있다. 인간이나 사회나 끊임없이 변화하는 생물체이기 때문이다.

앞서 공연기획의 핵심은 콘셉트의 결정이라고 했다. 받아들여지고 성공한 콘셉트는 당대 인간이 소망하는 꿈의 정의이다. 콘셉트를 결정하기 위해서는 인간과 사회에 흐르는 큰 흐름을 읽을 줄 알아야 한다. 광고는 콘셉트를 선점하여 소비자를 유도하는 능력이 뛰어나다. "쇼를 하라"며 휴대폰 광고를 보는 순간, 우리는 숨기고 감춰야 한다고 학습해 왔던 욕망의 이면을 드러내기로 결심한다. 휴대폰 사용이 감춰진 욕망의 소비를 위한 장치라면 인간이 예술을 통해 기대하는 것은 일상에서 좌절된 꿈을 잠시나마 실현함으로써 위로받는 것이다. 모차르트의 오페라가 보여주는 적나라한 인간의 세계가 아름다운 음악과 함께 실려감으로써 세상에 대한 비판적 인식과 동시에 정서적인 위안을 받게 되는 것이다.

인문학을 공부한 사람들은 꿈을 서술하는 데 비교적 익숙하다. 그러나 이들이 빠지기 쉬운 오류 역시 그 안에 공존한다. 기획은 '꿈의 서술'에 머무는 것이 아니라 그것의 '실천'에 있다는 점이다. 예술가들과 계약을 하기 위해 개런티를 협상해야 하고 점심을 줄 것인가 말 것인가 하는 사소한 문제를 논의해야 한다. 예술가들과 계약 협상 과정처럼 시시콜콜해 보이는 작업이 기획자의 인문학적 비전 여부에 따라 달라질 수 있다. '꿈의 서술'에 빠진 인문학 전공자들은 일단 이러한 협상 자체를 거부하기 십상이다. 예술론을 논하는 귀한 자리에서 구질구질한 돈 얘기를 꺼내고 싶지 않다는 것이다. 이것은 '꿈의 실현'에 대한 모독이다. 개런티를 적정 수준으로 유지하고 더 많은 연습시간을 확보하는 식의 협상은 항상 제한된 비용과 시간 속에서 공연을 진행해야 하는 기획자가 반드시 이루어야 할 과제이다.

공연기획 실천과정의 핵심은 협상과 협업이다. 공연 한 편을 만드는 일은 끊임없는 파트너들과의 협력이다. 때로는 다투기도 하고 때로는 어깨동무를 하기도 해야 한다. 100억 원 이상의 대형 뮤지컬에서 1회의 개인 콘서트에 이르기까지 기획자는 전체를 조율하는 가운데 위치한다. 기획의 과정은 예술가들만이 아니라 관련 스태프, 극장 측, 협찬사 등 외부 조직과 인력뿐 아니라 내부 조직과의 협력도 중요하다. 재정을 맡은 부서, 기술과 시설을 맡은 부서, 때로는 청소, 경비 영역과도 협력해서 해결해야 할 일들의 연속이다. 기획자들은 종종 농담 삼아 스스로를 '사고 처리반'이라고 한다. 그만큼 매 순간 일어나는 사고에 유연하고 슬기롭게 대처하는 능력이 필요하다는 얘기다.

## '어떻게 만들어 갈 것인가'는 소통의 문제

그래서 커뮤니케이션의 능력은 기획자의 필수적인 능력이다. 내가 누구에게 메시지를 전달하고자 하는가를 분명히 알고 실행해야 한다는 것이다. 결정된 콘셉트를 필요한 순간마다 전달하는 일이 기획의 과정이다. 11시 콘서트라는 콘셉트가 결정되면 야행성인 예술가들을 9시까지 콘서트홀에 출근하도록 설득해야 하고, 전날 밤 11시까지 공연하고 퇴근한 무대 스태프들이 즐겁게 아침 연습을 준비하도록 해야 한다. 이것은 방향에 대한 공감이 기초가 되어야 가능하다. 한두 번의 요청은 가능하지만 사업의 지속성을 유지하는 것은 콘셉트에 대한 관계자들의 완벽한 이해이다. 커뮤니케이션이 매 순간 필요한 것이다.

커뮤니케이션의 기본은 상대의 언어로 이야기하는 것이다. 11시 콘서트는 좋은 것이니까 함께하자는 것으로는 불가능하다. 오케스트라 단원들에게는 주부들과 만나는 새로운 음악적 경험에 대한 이해를 설명해야 하고, 무대 스태프들에게는 아침이면 컨디션 조절이 어려운 음악가들이 9시부터 공연장에서 연습할 때 불편 없이 하는 것은 대한민국에서 우리만이 할 수 있다는 자부심을 부추겨야 한다. 기자들에게는 '브런치' 개념, '마티네' 개념에 대한 정보를 제공해야 하고 협찬을 제공하는 기업 담당자에게는 '주부', '클래식', '만남'이 협찬 기업의 사업 방향과 어떤 접점에서 만날 수 있는지 수치로 보여주어야 한다.

11시 콘서트의 기획 문서에 표현된 고정 언어를 모든 관계자들에게 반복하면 소통의 효과를 기대할 수 없다. 상대에 대한 배려, 이해에 기초한 언어가 커뮤니케이션의 성패를 좌우한다. 기획의 콘셉트를 기초로 현장의 융통성이 반드시 필요하다.

이외에도 외국 아티스트와 협상하기 위해 외국어 소통 능력은 필수적이다. 영어와 다른 언어를 하나 더 할 수 있다면 더욱 좋다. 스펙을 위한 토플 점수가 직접 필요하지는 않다. 그보다는 원서로 된 고전을 한 권 더 읽기 바란다. 초년생 때는 크게 필요하다는 생각이 들지 않는데 시간이 지날수록 고전의 힘을 확인하게 된다.

공연 현장에서 인문학의 토대가 직접적인 가치를 발현하기도 한다. 최고의 공연마다 부부가 손을 잡고 극장을 찾아 날카로운 비평을 아끼지 않는 한 관객은 예술의전당 공연기획자라면 적어도 발자크의 『인간 희극』 정도는 읽고 대화가 가능한 상태라야 한다고 주장하면서 가끔 『돈키호테』 완역본도 선물하고, 프루스트의 『잃어버린 시간을 찾아서』 전집도 빌려 주신다.

현대 무용의 구루인 네덜란드 댄스 씨어터 예술감독 지리 킬리안은 안무가를 넘어선, 음악과 몸의 철학자이다. 체코 출신으로 사회주의와 자본주의에 대한 문제의식을 표출했던 지리 킬리안이 내한했을 때 최대 관심사는 한반도의 분단 문제와 한글이라는 독자적인 표음문자였다. 자음과 모음이 구분된 문자라는 것을 알고 왔다면서 한자 문화권이면서도 어떻게 이런 다른 문자 시스템, 현대적인 문자 시스템을 가지고 있는지 놀라워했다. 대학 때 관심을 가졌던 언어 구조에 대한 지식을 동원해서 나누었던 대 안무가와의 대화는 다음 공연 계획으로 자연스럽게 이어졌고, 아시아 변방의 신흥부자 정도로만 여겼던 우리나라에 대한 인식이 바뀌는 것 같았다. 대학 때 개인적인 관심으로 공부했던 언어학 개론의 내용이 20년이 지나서 동구 출신 세계적인 안무가와 나누었던 대화에서 빛을 발했던 것이다.

## 결국은 현장이다

진정으로 공연기획을 원한다면 더 많은 이론공부보다는 현장 경험을 키우기 바란다. 대학원을 진학할 것인가, 외국에서 예술경영을 공부할 것인가를 고민하는 후배들을 본다. 공연기획에 관심이 있다면 현장에서 몸으로 배우기 바란다. 재학 중에 인턴을 할 수도 있고 졸업 후에 작은 기획사라도 현장에서 일할 기회가 있다면 그곳에서 하는 작업을 두려워하지 않기 바란다. 동아리에서 공연을 준비하고 티켓을 팔고, 협찬을 유치하는 경험을 직접 해보는 것도 좋을 것이다.

　공연 분야에서 출퇴근을 엄격하게 지키고 근무 조건이 훌륭한 조직은 많지 않다. 많은 젊은이들이 공연기획을 꿈꾸며 현장에 들어오지만 또 많은 사람들이 떠난다. 생각보다 멋지지도 않고 노동의 양도 상당하기 때문이다. 근무할 곳이 많지 않다고 불평을 하지만 3년 이상을 현장에서 학습할 용기가 있다면 이후에는 좀 더 나은 기회가 주어질 것이라고 생각한다. 현장에서는 다양한 경험을 가진 3년 이상의 경력자를 찾는 경우가 많은데 생각보다 조직에서 원하는 인력을 찾기가 쉽지 않다. 힘들고 지치더라도 기획업무를 계속 하고 싶다면 현장을 지켰으면 한다.

공연 애호가라면 기획자가 아닌 공연 분야의 다른 일을 할 것을 권한다. 직접 창작을 하는 연출이나 배우, 스태프가 되든가, 그냥 멀찍이서 작품을 즐기는 수준 높은 관객으로 남는 것이 좋다. 기획자는 끝까지 무대 뒤에 존재하는 자이다. 그가 무대에 올라가는 순간은 공연 사고의 순간뿐이다. 무대를 그리워하고 스포트라이트와 관객의 환호를 직접 받기를 즐기는 사람은 창작자가 되는 것이 좋다.

기획자는 예술가를 무대에서 가장 빛나게 하는 사람이다. 예술가와 소통하면서 관객들과 소통하는 길을 찾는 일이다. 현실에서 한 발 붕 떠 있는 예술가와 지갑을 열어 자신의 돈을 지불하고, 시간을 지출해야 하는 현실의 관객을 만나게 하는 일은 '실천'의 과정이다. 콘셉트를 구상하는 것은 기획의 시작, 기획의 핵심이지만 실제 업무의 99%는 비즈니스 업무, 혹은 예술가의 '하녀'와 같은 일이다. 세심한 계약서를 작성하고, 아티스트 일정을 조정하고, 주어진 환경에서 공연할 수 있는 최적의 제반 여건을 조성하는 것이다. 예술가들이 무대에서 박수 받을 때 객석 맨 뒤에서 뜨거운 마음의 박수를 보내는 동시에 서둘러 백스테이지로 돌아가 예술가의 다음 스케줄에 차질 없도록 준비하는 것이 기획자의 몫이다. 공연을 매일 보게 되지만 '감상'하기는 힘들다. 늘 불안한 마음으로 이런저런 진행상 실수들을 체크하고 다음 공연에 반영해야 한다.

연출가가 막이 올라간 순간부터 막이 내려오는 순간까지 총 지휘를 맡는다면 기획자는 한 작품이 머릿속에서 구상되는 순간부터 공연이 종료되어 자신이 속한 기획사, 공연장, 기관의 피드백과 함께한 예술가들의 사후 피드백까지 책임져야 한다. 한 번의 공연이 매표에 성공해서 흥행을 했다 하더라도 그것이 장기적으로 문화계와 예술가의 에너지를 깎아내리는 공연이었다면 좋은 기획이라고 할 수 없다. 실패도 좋은 경험으로 축적되어 예술가와의 다음 작업에 비전을 제시할 수 있는 기회가 된다면 또다른 의미에서 성공한 경험이 될 수 있다. 반대로 전석 매진의 상황에서도 문화적인 가치를 생산하지 못하는 기획이라면 사업의 지속성은 보장할 수 없다. 그러므로 공연기획자는 문화가치의 생산자로서 사회적 요구와 예술적 표현의 실천 포인트를 찾는 노력을 지속해야 한다.

## 새로운 출발선에 서서

1988년 개관한 예술의전당과 함께한 20여 년은 사실상 우리나라 문화 규모와 관심이 함께 급성장한 시기였다. 과연 이렇게 넓은 문화시설에 어떤 프로그램으로 관객을 모을 것인가, 심각하게 고민했고 치열하게 프로그래밍해왔던 것이 사실이지만 길게 보면 소득 수준의 향상이 국민 문화 욕구의 증가로 이어졌던 시기에 운 좋게 새로운 일을 하게 되었다. 감사한 일이다.

1987년 당시 예술의전당 프로젝트를 기획하고 준비한 사람들조차 이렇게 공연분야가 급속하게 성장할 것이라고 상상하지 못했다. 80년대 초반 폭력적인 대학시절을 보내고 박종철 후배의 죽음을 뒤로 하고 사회에 첫발을 디딘 나로서는 정부가 국민들의 관심을 다른 곳으로 돌리기 위해서 황당한 사업을 벌이는 데 일조하게 되는구나 하는 자조감이 문득문득 들 뿐이었다.

당시 공연계의 중진들도 희망을 얘기하는 분이 많지 않았다. 신입사원 교육 과정에서 원로 연극 평론가 한 분이 "예술의전당이라는 곳이 다 지어지게 되면 희한할 것이다. 관객은 없지, 공간은 넓지, 여러분들끼리 만나면 사람 얼굴 봤다고 반가워서 하이파이브 할 것"이라고 시니컬하게 말씀하실 때 긍정의 뜻으로 고개를 주억거렸던 기억이 민망할 정도다. 그만큼 문화 시장의 성장을 예측할 수 없는 상황이었다. 그런 염려들이 나를 채찍질했기에 더 치열하게 고민했다. 그래서 오늘의 예술의전당이 이만큼 위상을 갖게 되었다는 자부심도 조금 있지만, 그보다는 국가의 경제성장과 함께 국민들의 문화에 대한 관심, 문화를 즐기려는 태도가 함께 성장한 시기에 나의 업무도 함께 성장했던 덕분이 크다.

신입사원 연수로 한 달간 방문했던 파리의 퐁피두센터에 대한 기억도 새롭다. 파리의 낙후된 시장 지역을 개발한 퐁피두센터는 매일 1만 8000명이 다녀갈 정도로 파리의 중요한 문화 현장이다. 1987년도 당시에도 퐁피두센터의 대중성은 대단했다. 특히 공공도서관의 인기는 무척 높아서 개관 시간 11시가 되기도 전에 시민들이 입구에 줄을 서기 시작해서 종일 북적거렸다. 물론 현대미술관이나 산업미술 전시장도 인기가 높았지만 파리 시민들이 가장 사랑하는 공간은 공공정보도서관이었다. 퐁피두센터 안의 도서관은 전통적인 도서관이라기보다는 다양한 매체를 통해 정보를 얻을 수 있는 첨단의 정보센터였다. 당시 많은 정보를 CD에 담아 축적하고 시민들이 자유롭게 열람할 수 있는 등 첨단의 정보산업과 연계되어 인기가 높았다. 부러운 현장이 아닐 수 없었다. 우리는 그것보다 훨씬 더 큰 공간을 만들고 있는데, 솔직히 건물만 번드르르하게 짓고 죽어버린 성채가 되는 것은 아닐까 염려하던 차에 이렇게 많은 사람들이 오는 공간이라니…. 어떻게 하면 이들의 노하우를 배워갈 수 있을까 그들의 한마디 한마디에 귀를 기울였다.

도서관 직원들과 친해지자 하나씩 불평을 늘어놓기 시작했다. 입장객이 늘어나는 것, 골치 아프다는 것이다. 도서 관리도 어렵고, 민원은 매일 발생한다는 것이었다. 금연으로 지정된 사무실 공간에 숨어 몰래 담배 한 대를 피워 연기를 올리며 투덜대던 사서의 한마디는 부러움을 넘어 얄미움까지 갖게 했다. '저 여유라니!' 도저히 불가능한 경지라고 생각했다.

20년이 지나고 몇 년 전부터 예술의전당 앞 횡단보도에 몇 줄씩 늘어서 파란 신호를 기다리는 관객들, 구름떼처럼 몰려와 길을 건너는 사람들을 보면, 가끔 퐁피두센터의 사서가 된 기분이 들곤 했다. 우리도 해냈구나, 부러워하던 일들이 이루어졌구나 싶으면서도 "골치 아파. 사람들 저렇게 몰려오면, 커피숍에 커피 부족하지, 판매할 공연 프로그램 팸플릿 부수 모자라지, 화장실 휴지 계속 갈아줘야 하지, 아유. 그만 왔으면 좋겠어"라고 여유 있게 말하지는 못했다. 우리의 전반적인 문화수준은 아직도 그렇게 널리 보편화된 것은 아니기 때문이다. 그러면서도 고급 예술 프로그램 속에 견고해진 예술의전당의 아성에서 지나치게 여유를 즐기고 있는 것은 아닌가, 반성이 들기도 했다.

20년 전과 현재의 공연 상황은 크게 달라졌다. 나는 공연기획이 무슨 일인지도 모른 채 많은 실수를 저지르며 기획이라는 이름으로 일들을 처리해왔다. 업무 영역도 분화되지 않았다. 이제는 상황이 변화되었다. 다양한 조직에서 그간의 축적된 지식을 기반으로 분화된 업무를 하고 있다. 업무의 분화는 시장의 발전을 의미한다. 새로운 업무 영역이 창조되고 있으며 창조의 주인공은 젊은 이들이다.

얼마 전 나는 민간 기업으로 직장을 옮겼다. 졸업한 지 만 22년 만이다. 구로 지역 연탄공장 부지를 재개발해서 주거와 문화복합단지를 조성하고 있는 대성산업이다. 2011년 가을, 신도림역에 근접하여 1만 평 부지에 아파트, 호텔, 오피스텔, 쇼핑센터와 함께 1300석 규모의 공연장이 지어진다. 20년 넘게 공공극장에서만 일해왔던 나로서는 새로운 도전이다. 강남권의 극장도 아니고 정부나 지자체의 공공극장도 아니어서 낯설고 때로는 두려움도 느낀다. 신도림동에 아무리 멋진 공연장을 지어 놓아도 강남은커녕, 여의도에서, 목동에서 조차 찾아가겠느냐는 염려들이 많다. 이상하게도 이런 걱정을 들을 때마다 나의 의지는 새롭게 이글거린다. 아스팔트조차 다 깔리지 않았던 서초동 꽃마을에 예술의전당을 지을 때도 모든 사람들이 소프트웨어의 부재와 문화 수준의 부족을 염려했던 것을 생생하게 기억하기 때문일지도 모른다. 산업근대화 시대를 이끌었던 대성연탄 서울공장의 부지는 이제 서울 서남부 문화시대의 중심을 준비하고 있다. 공연기획과 극장 운영 20여 년 경험이 이곳에서 소중하게 쓰이기를 바라며 오늘도 부지런히 극장 설계 도면을 검토하고 있다.

# 사람에 관심을 가지고, 사람을 관찰해라

동양사학과를 졸업한 예능 PD
## 최영인

1967년생. 동양사학 전공. 연세대학교 언론홍보대학원 수료, 현 SBS 예능국 PD
1990년 EBS PD, 〈꼬마요리사〉 연출
1999년 SBS 〈진실게임〉 기획 연출
2003년 SBS 〈야심만만 만 명에게 물었습니다〉 기획 연출
2008년 SBS 〈야심만만 2〉 연출

2001년 백상예술대상 예능 작품상, 2004년 한국 방송프로듀서상 작품상, 2005년 한국 방송대상 예능작품상

세상에 혼자할 수 있는 일은 없다.
그리고 다른 사람과 함께 하려면 다른 사람의 이야기를 들을 줄 알아야 하고,
그 사람이 어떤 생각을 하는지, 무엇을 원하는지 말해줘야 한다.
그래서 사람에 대한 관심이 없고, 사람을 관찰할 수 있는 능력이 없다면
일은커녕 돈도 벌지 못하는 경우가 허다하다.
사람들과 친해지고, 그들의 이야기를 듣고, 설득하고 사람에 대한 관심을 가져라.
그게 인문학이다.


## 열정에 감동하고 사람을 좋아하기

Q: 동양사학과를 졸업하신 것으로 알고 있습니다. 과를 선택한 동기가 궁금하
   네요.

A: 저는 결정을 진짜 충동적으로 해온 것 같아요. 고등학교 때 너무 좋아하던
   세계사 선생님이 계셨는데, 그분이 동양사학과를 나오셨죠. 그분 굉장히
   멋있었습니다. 외모보다는 선생님의 열정에 반한 것이었는데 칠판에 뭘 막
   쓰시면 등에 땀이 나면서 셔츠가 땀에 흠뻑 젖는 거예요. 그 열정이 너무
   멋있어서 동양사학과에 지원했죠. 사실 동양사학과라는 과가 있는지도 몰
   랐습니다. 그 선생님께 "동양사학과 가고 싶다"고 했더니, 공부를 계속 할
   생각이냐고 물어보시더라구요. 그래서 그럴 생각은 없고 졸업하고 직장을
   다니고 싶다고 대답을 했더니 그러면 동양사학과를 가라고 하시더군요. 당
   시에는 동양사학과가 여자한테 좀 편파적이었는데, 공부를 계속할거면 동

양사학과보다는 다른 과 가는 게 낫고, 다른 길로 가고 싶은 거면 베이스가 되는 인문학을 배우는 것이 나중에 뭘 해도 나쁘지 않다는 말씀이셨죠. 그래서 지원을 하게 되었습니다. 역사를 싫어하지는 않았지만 그 선생님 때문에 동양사학과에 오게 되었죠. 결과적으로 보면 과 선택은 참 단순했습니다.

Q: 학교 다닐 때는 어떠셨는지요.

A: 제 성격이 순수 학문보다는 응용 학문에 더 잘 어울리는 것 같아요. 그래도 과 생활 자체는 너무 재미있었습니다. 과동기가 21명이었는데, 제가 원래 원하는 조직 안에 있으면 어딜 가든지 올인하는 성격이라서요. 우리 때에는 동아리도 별로 없었고, 과가 작다 보니까 과가 동아리 같은 느낌이었죠. 그래서 과 생활에 거의 올인을 했습니다. 공부를 열심히 한 것 같지는 않고, 매일 과 사무실에 가고 엠티 가는 걸 좋아하고 온갖 잡무도 제가 다 했죠. 원래 그런 걸 좋아하는 성격이죠. 사실 날을 잡아서 놀려고 해도 누가 나서서 주도하고, 왜 안 나오냐고 닦달도 좀 하고, 그러지 않으면 안 되잖아요. 그래서 우리 과는 참석률이 늘 높았죠.

## 사람에 대한 호기심이 있다면 좋은 PD가 될 수 있다

Q: 인문대학을 다니면서 했던 많은 경험들이 프로그램 기획을 할 때 소재의 측면에서 도움이 되실 것 같다는 생각이 듭니다.

A: 그렇겠죠? 예능은 사람을 상대하는 직업입니다. 토크라는 것을 예로 들자

면, 그 사람에 대한 호기심이 없으면 절대 안 되거든요. 그런데 다른 것도 마찬가지겠지만 특히 사람에 대해서는 아는 만큼 이해의 폭이 넓어지잖아요. 그러니까 좀 더 많은 사람들을 만나고 대해봤던 부분의 경험이 예능 PD라는 직업에 더 큰 긍정적 영향을 주는 것 같습니다. 너무 말이 추상적인가요?

제가 했던 프로그램 가운데 〈진실게임〉이 있습니다. 그런데 방금 이야기한 부분을 〈진실게임〉 하면서도 많이 느꼈습니다. 〈진실게임〉은 수많은 일반인들이 출연하는데 보통 쉽게 만날 수 없는 부류의 사람들을 만나게 됩니다. 전혀 다른 직업의 세계와 전혀 다른 삶을 사는 사람들이 나와서 녹화를 하는 3~4시간 동안 많은 이야기들이 쏟아 내거든요. 그것을 들으면 너무 재미있습니다. 재미있다는 게 웃기다는 뜻이 아니라, '아 세상을 저렇게 다르게 살고 있구나' 하는 점에서 재미있다는 뜻이죠. 그래서 저는 지루하지 않게 일을 할 수 있었고, 〈진실게임〉을 하는 3년 반 동안 다시 그런 게 차곡차곡 쌓여서 내가 다른 사람들에게 더 많은 관심을 갖고 귀를 기울이게 된 것 같아요.

사람에 대한 관심은 편집에도 도움이 되는 것 같아요. 토크쇼에 있어서 편집은 사람을 어떤 시선으로 보느냐에 따라서 완전히 달라집니다. PD가 하는 일 중에 편집의 비중이 제일 큽니다. 녹화를 다섯 시간 정도 하고 나면 그것을 한 시간 분량으로 만드는 것은 PD의 몫입니다. 그런데 다섯 시간 가지고 A라는 PD, B라는 PD, C라는 PD가 편집하는 내용은 다 다릅니다. 내용을 선택하는 것도 사람들마다 완벽하게 다른데, 어떤 것을 재미있게 느끼냐 하는 것은 그 사람의 개성이니까요. 그게 정말 신기한 일인데, 시니컬한 시선으로 편집하는 사람도 있고, 따뜻한 시선으로 편집을 하는 사람도 있습니다. 아마 그 사람이 살아온 인생관을 반영하고 있는 것이겠죠? 물론 시청자의 시선에 맞추는 것도 있습니다. 자막도 따뜻한 자막도 있고, 굉장히 비아냥거리는 자막도 있죠. 그것은 시대의 흐름이기도 한데, 개인적으로 저는 비아냥거리는 자막을 안 좋아하는데 요즘 젊은 사람들은 그런 걸 좋아하더라구요. 그러니까 그런 건 맞춰가야겠죠?

## 예민하지만 따뜻한 시선으로 관찰하기

**Q:** 캐릭터라는 것도 사람에 대한 생각이나 이해가 없으면 정말 못 만들어내겠군요.

**A:** 맞습니다. 어떤 것을 예민하게 관찰해야 하는 문제거든요. 예민하게 관찰하지 않고 무심히 보면 다를 것이 아무것도 없잖아요. 사람들도 관심을 갖지 않고 보면 다 똑같은 사람이죠. 그런데 예민하게 본다는 게 뭐죠? 그게 애정이겠죠. 애정이 있어야 합니다. 애정이 없으면 안 보이니까요.

〈야심만만〉할 때 많이 느꼈지만 프로그램에서 사람들이 말을 정말 많이 해요. 물론 다 똑같은 말일 수도 있습니다. 그런데 사람마다 표현이 다르거든요. 그래서 표현에 예민해야 하는 거죠. '이 표현을 살리면서 하면 이 말이 너무 가슴에 와 닿을 때가 있다' 이런 감성이 엄청 발달하는 게 중요합니다. 그런 면에서 여자가 좀 더 유리하겠다는 생각을 했습니다. 여자는 특히 어떤 꽂히는 표현들에 민감하게 반응하는 무엇이 있는 것 같아요. 그러면 그것을 살리게 되는데, 예전에 남자 조연출한테 편집을 시켰더니 다 잘라버리더군요.

Q: TV의 어떤 장면을 봤을 때 스쳐지나가는 화면에서 남자의 감성은 다섯 가지의 감성이 왔다 갔다 하는데, 여자는 스무 가지의 감성이 왔다 갔다 한다고 하더라구요.

A: 남자와 여자는 많이 다르죠. 예를 들어 드라마 〈커피프린스〉를 보면 정말 여자 같은 예민함이 있습니다. 딱 보면 전율이 오는 것이 있거든요. 드라마는 그런 것들이 눈에 더 잘 드러납니다. 토크쇼도 잘 보면 여자가 편집하는 것과 남자가 편집하는 게 다릅니다. 남자들 중에서도 여성적인 성향이 강한 사람이 편집하는 것과, 남성적 성향이 강한 사람이 편집하는 것도 다르죠. 어쨌건 따뜻한 애정이 없으면 안 됩니다. 일을 할 때는 한 주 동안 게스트를 사랑해야 합니다. 그래야 그 게스트를 좀 더 살려주고 좋게 포장해줄 수 있거든요. 솔직히 말해서 조금 다르게 편집해도 시청률에 큰 차이가 없을 수 있습니다. 하지만 마음으로 일하는 것이 중요하잖아요. 그래서 한 주 동안은 그 게스트와 사랑에 빠지는 거죠. 한 주가 지나면 또 다른 게스트를 사랑하는 것이구요.


## PD는 코디네이터다


Q: PD라는 직업에 대해 궁금해지네요. 좀 더 구체적으로 PD는 어떤 직업인가요?

A: 방송은 협업이라고 생각합니다. 혼자서 절대 못하는 일이며 특히 예능은 더하죠. 많은 사람들, 각계각층의 전문가들이 모여서 일을 하는데 PD는 그 중간에 감독, 코디네이터 역할을 하는 셈입니다. 다양한 전문가들의 의견

을 잘 듣고 조정해서 이끌어 나가야 하는 코디네이터죠.

　PD에게 어떤 성격이나 적성이 맞냐고 물어보는데, 얌전하거나 활달하거나 그런 건 상관없습니다. PD들 중에도 조용한 사람들이 많거든요. 다만 제 생각에는 사람 만나는 것을 부담스러워하면 이 직업을 하기에 쉽지 않습니다. 여러 사람 만나는 것을 즐겨 하는 사람이 있고, 낯선 사람을 만날 때 불편해하는 사람이 있는데 후자의 경우, 스트레스가 배가 되는 것 같더군요. 솔직히 만나야 하는 사람들 가운데는 이상한 사람들도 있습니다. 그럴 때는 '저 사람은 저렇구나' 하면서 만나면 즐거운데, 그렇지 않은 사람은 힘들죠. 학교 다니면서 여러 사람들이랑 어울려 다니고 놀았던 기억이 두루두루 원만하게 일하는 데 도움이 되었다고 생각합니다. 그리고 리더십에도 영향을 줬구요. 주로는 학창시절 사람들 데리고 어디로 가자고 했던 기억들인데요, PD란 주도적으로 무엇인가를 꾸려 나가는 입장이니까 어떤 일을 할 때 제일 앞에 나서서 하는 것과 두 번째 세 번째로 나서서 하는 것은 느낌이 다르잖아요. 학교 다닐 때 무엇인가를 주도해서 하나를 해봤다는 경험은 아무리 조그만 조직이라고 하더라도 일을 할 때 매우 중요했던 경험인 것 같아요.

## 사람에서 시작해서 사람으로 끝나는 예능 프로그램

Q: 프로그램 제작 전에 구상 단계가 있을 것 같은데요, 어떻게 하시는지.

A: 제가 처음부터 끝까지 프로그램에 참여한 것에는 〈진실게임〉과 〈야심만만〉이 있습니다. 〈야심만만〉을 할 때가 2003년이었죠. 2003년이라고 해도 지

금과는 환경이 많이 달랐을 수도 있긴 해요. 먼저 예능 프로그램 전반에 대해 이야기하는 것이 좋겠네요.

예능은 드라마나 다큐와는 완전히 다르죠. 방송은 협업예술이지만 예능은 PD에게 좀 더 무게가 쏠립니다. 같은 내용이라도 어떻게 구성하고 메이킹하느냐에 따라 완전히 달라집니다. 대본이 정확한 드라마와는 달리 현장에서 길게 찍고 사후 편집으로 재미가 더해지기 때문에 PD의 개성이 프로그램에 확연히 드러나죠.

〈진실게임〉을 하는 도중에 새로운 프로그램을 준비해야겠다는 생각이 들었습니다. 그리고 밤 11시 타임 토크쇼를 구상했죠. 제가 TV를 볼 수 있는 시간이 밤 11시였으니까 제 눈높이에 맞는 프로그램을 하고 싶었거든요. 그래서 〈야심만만〉을 만들기 위해 〈진실게임〉을 하면서 제가 따로 기획팀을 꾸렸고 그렇게 여섯 달 동안 준비를 했습니다. 사실 이건 모범적인 케이스입니다.

작가는 〈진실게임〉을 함께 하던 분이었는데 〈진실게임〉을 하면서 다음 프로그램도 같이 하자는 명목으로 합류시키고, 신선한 아이디어를 위해서 대학생 아르바이트도 열 명 뽑았죠. 도서상품권을 주는 대신 아이디어를 내라고 하고 일주일에 두 번씩 만나서 미팅을 했습니다. 그렇게 작가팀이랑 아이디어팀을 따로 굴렸죠. 아르바이트 대학생들에게서 딱히 큰 아이디어가 나온 것은 아니지만 저도 나이가 있으니까 '요즘 대학생들은 저런 생각을 가지고 있구나' 하는 것을 많이 들을 수 있는 수확이 있었구요.

그런 다음에 옛날 프로그램을 많이 봤습니다. 그러다 70년대에 〈퀴즈, 100인에게 묻습니다〉라는 프로그램이 생각났습니다. 100명에게 묻고 답하는 프로그램이었는데, '우리도 그렇게 해보자', '설문을 해봐도 재미있겠다'라는 생각을 하게 되었죠. 2000년대 초반, 그러니까 〈진실게임〉 초창기만 해도 시청자들은 전화로 신청을 했습니다. 그런데 2003년 2월에 〈야심만만〉을 시작할 때는 새로 생긴 인터넷이라는 것을 한 번 이용하면 괜찮겠다는 생각이 들었습니다. 옛날에는 만 명을 조사하는 것이 힘든 일이었지만 인터넷을 이용하면 만 명도 가능하겠다는 생각에서 시작을 했고, 그렇게 파일럿 프로그램을 만들었죠. 파일럿을 선보여서 반응이 괜찮으면 정규 프로그램이 되는 것이고, 아니면 접는 거니까요. 2002년 9월에 첫 파일럿을 만들었지만 생각을 잘못해서 꽝이 났고 조금 더 수정을 해서 2003년 1월 1일에 다시 한 번 만들었죠. 그때 강호동 씨를 섭외했는데 반응이 좋아서 정규 프로그램에 들어가게 되었습니다.

예능 프로그램을 기획할 때 아이디어도 중요하지만 사실은 두 번째 요인인 사회자도 굉장히 중요합니다. 프로그램에 대한 계획이 나온 상태에서 강호동 씨를 찾아갔지만 강호동 씨와는 일면식도 없었죠. 어쨌건 이 기획안 가지고 한번 하자고 했더니 좋은 반응이 나오더군요. 운이 좋았죠. 강호동 씨도 옛날처럼 몸으로만 뛰는 것이 아니라 토크쇼 진행에 대한 욕구가 약간 있었거든요. 섭외는 원래 욕구가 있는 사람의 가려운 데를 긁어줘야 응하는 건데 그 욕구를 제대로 긁어준 거죠. 강호동 씨 생각에도 기획이 괜찮은 것 같고 또 시기적으로 운도 좋았던 것이 강호동 씨가 SBS 방송을 하고 싶어하던 때였거든요. 이것이 모두 맞아떨어졌던 것이죠.

# 다른 사람이 원하는 것을 보는 능력,
# 그것을 함께하자고 할 수 있는 준비

그래서 정식 사회자 섭외를 위해 강호동 씨를 만나려고 새벽 여섯 시에 청량리에 있는 남의 촬영장에 가기도 하고 부산을 간다는 소식을 듣고 김포공항에도 갔죠. 그런데 여전히 답을 안 주더라구요. 강호동 씨가 〈천생연분〉으로 잘 나가고 있을 때이기도 했으니까요. 어쨌건 저는 승낙을 받아야 하는 상황이라 부산까지 내려가면서 이야기하자고 비행기 티켓을 끊어서 보여줬죠. 다녀와서 긍정적인 답을 준다는 답변을 듣고 비행기는 안 탔지만 말입니다. 그러고는 갔다와서 오케이 했죠. 그렇게 합의를 보고 강호동 씨를 섭외하면서 대등하게 박수홍 씨도 섭외했죠. 박수홍 씨 같은 경우는 강호동 씨와 나이는 같지만 성격은 다르니까 서로 보완하는 효과를 노렸구요.

　　옛날 같으면 이렇게 프로그램 구상을 먼저 하는데 요즘에는 사회자를 먼저 생각하고 심지어는 사회자에 맞추어 프로그램을 만들기도 합니다. 그런 것들이 정해지면, 텔레비전은 그림이니까 사회자와 기획에 맞는 세트를 구상하게 되는데 세트는 디자이너랑 함께 생각을 하죠. 세트 역시 사람을 빼놓고 생각할 수 없습니다. 강호동 씨는 워낙 스케일이 크고 소리 지르는 타입이었고, 우리는 만 명에게 묻는다는 콘셉트도 있어서 방청객을 라운드로 깔았죠. 그 전에 토크쇼는 소파에 앉아서 점잖게 이야기하는 방식이었는데, 강호동 씨에게 그런 스타일이 안 맞는 것 같았죠. 너무 부담스럽잖아요. 그래서 방청객을 라운드로 깔았던 게 주효했던 것 같습니다. 그런 면에서 이번에 〈야심만만〉 두 번째 것은 실패죠. 강호동 씨가 게스트들과 함께 좁은 세트에서 올망졸망하게 했던 것 자체가 문제였던 것 같아요. 시청자들이 보기에도 답답하고, 지금 제가 보기엔 〈강심장〉처럼 큰 스케일이어야 시청자들이 덜 답답해하는 것 같아요. 어쨌건 그런 것들을 다 고려해서 세트도 해야 한다는 것이죠. 아무렇게나 그림만 좋다고 하는 것이 아니라, 모든 것들을 고려해야 합니다.

## 사람을 알게 되고 사람을 보게 되면 문제가 해결된다

또 만 명한테 물어보는 것은 시스템이 중요하니까, 그것도 구축해야 했죠. 설문조사에서 중요한 것은, 설문에 얼마나 성실하게 응하느냐인데 대답에 진실성이 있어야 한다는 문제입니다. 그래서 고민하다가 영화관에 오는 젊은 층이 우리 시청자 층과 일치한다고 판단해서 2주에 한 번 영화관에 가서 200명에게 설문조사를 했습니다. 〈야심만만〉 문제를 뽑아서 주관식으로 답을 받았어요. 영화관으로 조사지역을 정한 것은, 영화관 관객은 이미 표를 샀고 또 영화관 안에서 어차피 기다리는 시간이 있다는 점이었죠. 자기들끼리 설문 문항에 대한 답을 쓰면서 이야기할 시간도 충분히 있는 거니까요.

작가들이 열 문제 정도 들고 나가서 영화 관객이 답을 다 쓰면 내용에 관계없이 성실하게 쓴 사람은 돈을 주고, 대충 쓴 사람들은 다시 써달라고 했죠. 설문을 해서 200명한테 받으면 답이 겹치는 것들이 있습니다. 그러면 그 답을 50~60가지 정도로 정리해 인터넷에 올립니다. 처음엔 MSN에 올리고 다음에 네이트온에 올렸는데 사람들이 인터넷을 통해 클릭을 하더라구요. 처음에는 그냥 만 명이라는 숫자에 집중했는데 하다 보니 여자가 항상 더 많았죠. 그런데 답이 남녀의 비율에 따라서 순위가 달라지면 안 되겠다 싶어서 여자 5000명, 남자 5000명으로 제한을 하고 설문 결과를 받을 때는 10대부터 40대까지의 나이순과 성별로 나눠서 데이터를 받았습니다. 그렇게 데이터를 받으면 의미 있는 결과가 나오기도 하고, 남들이 아는 뻔한 결과가 나오기도 합니다. 그러면 뻔한 결과는 버리고 좀 재미있는 질문은 살리는 거죠. 그렇게 매번 조사를 하고, 그것이 베이스가 되는 겁니다.

게스트 섭외는 토크쇼의 생명이니까 그것도 중요했죠. 그런데 지금과 달랐던 것이 영화산업의 부흥기라 배우들이 자신이 출연한 영화의 홍보를 위해 TV 프로그램에 출연하려는 분위기가 있었습니다. 역시나 이런 식으로 이해관계가 맞았는데 요즘에는 영화가 침체기라 많이들 안 나오는 것 같아요.

예능 프로그램을 연출할 때 한 가지 더 고려해야 할 것이 있는데, 뉴 페이스, 새로운 얼굴이 꼭 필요하다는 것입니다. 〈야심만만〉일 때는 김제동이라는 뉴 페이스가 돌풍과 같이 나타났죠. 새로운 프로를 기획할 때는 그것을 늘 염두에 둬야 한다고 생각합니다.

인생을 살면서 느끼는 건데, 여러 가지가 맞아떨어지고 타이밍도 잘 맞아야지 안 그러면 힘든 것 같아요.

Q: PD의 일은 참 많군요.

A: 이야기 끝에 편집을 빼놓았네요. 편집은 PD가 하는 일 중에 가장 중요합니다. 예전 같으면 한 시간짜리를 두세 시간만 찍고 끝냈는데, 요즘에는 점점 길게 찍는 추세거든요. 그만큼 내가 선택을 해야 하는 몫이 커지니까 PD의 역할이 크죠. 드라마는 대본이 나오잖아요. 그래서 드라마PD는 찍는 것까지죠. 편집은 어차피 편집기사가 하니까요. 그런데 예능은 완전히 다른 이야기가 나올 수 있다는 거죠. 그래서 편집을 PD가 하지만 반드시 검증을 합니다. 편집 후에 반드시 꼭 작가들이랑 시사회를 해서 서로 의견 교환을

하는 거죠. "나는 이건 별론데 이건 왜 넣었냐", "난 이게 재미있었는데 이건 왜 빠뜨렸냐." 서로 격렬하게 논쟁이 오고 가서 거의 싸우는 분위기까지 갑니다. 물론 결국 정리가 되죠. 그런데 그 과정이 있어야 합니다. 방송이 어차피 하이클래스를 겨냥한 것도 아니고, 중간층의 무난한 사람을 대상으로 한 것이기 때문에 내 시선만으로 보면 안 되잖아요. 특히 케이블이 아니라 공중파는 무난한 감성으로 가줘야 시청률이 나오거든요.

**Q:** 인문대생들이 가진 성격 가운데 PD라는 직업에 있어서 조심해야 할 것들이 있다면?

**A:** 다른 사람들이 '저 사람과 일하면 즐겁겠다'라는 생각을 할 수 있는 사람이 돼야 한다고 생각합니다. 딱 떠올렸을 때 같이 일하면 좋겠다 하는 사람이 있는가 하면 한숨이 절로 나오는 사람도 있잖아요. 그럼 당연히 같이 일하고 싶은 사람과 좋은 결과가 나오겠죠.

그리고 PD는 결단력도 있어야 합니다. 너무 우유부단한 사람은 PD로서는 꽝입니다. 아까도 이야기했지만 방송은 협업이기 때문에 어느 순간에는 결정을 내려야 하는 시기가 있습니다. 그래야 그 다음 단계로 갈 수 있는 것이죠. 그런데 여기에서 너무 늘어지면 2단계에 일할 시간이 줄잖아요. 최선이 아니더라도 어느 단계까지 가면 차선책이라도 빨리 결단을 내려주는 것이 필요합니다. 방송은 시간을 맞춰줘야 하는 것이니. 차선책을 시간 내에 찾는 것도 중요한 것이죠. 인문대생이 조심해야 하는 것은 현실에 땅을 딛고 있는가? 한없이 늘어지고 있는가? 뭐 이런 것들을 조심해야 하겠죠.

# 일상으로서의 PD

Q: PD를 하면서 처음에는 어려우셨겠죠? 섭외도 그렇고.

A: 좋은 질문이네요. 예능의 핵심은 섭외인데 정말 어려워요. 거절할 줄 알면서도 두세 번 찾아가고, 또 듣는 둥 마는 둥 하는데도 "아, 바쁘세요, 또 오겠습니다" 하고 돌아가고. 조연출 때도 마찬가지입니다. '내가 뭐 복사기나 돌리고 그러려고 여기 왔나' 싶기도 할 때가 많습니다. 제가 EBS에서 조연출 할 때는 교육방송 팀이었는데 쉬는 시간이면 흑판 닦는 게 일이었습니다. 왜 예전에는 잘 지워지지도 않는 흑판이었잖아요. 어떻게 하면 이걸 더 빨리 깨끗하게 지울 수 있을까 그런 것만 생각했다니까요.

그런데 그렇게 생각할 필요는 없는 것 같아요. 그걸 참아야 연출로 올라갈 수 있는 거고, 그때그때 할 일하면서 즐기면 되는 거죠. 자존감 따질 필요는 없어요. 확실히 자기 자존감이 있으면 이거 한다고 내 자존감이 낮아지는 것은 아니니까요. 자기 자신을 못 믿고 자존감도 확실히 서 있지 않으면 거꾸로 그런 일 때문에 자존감이 떨어지고, 한없이 비루해지는 것 같고 그런 거라고 생각합니다.

Q: 기획을 할 때나 아이디어를 찾을 때, 어디서 소스를 주로 얻으시나요?

A: 책도 많이 보고, 다른 사람들 프로그램도 많이 보죠. 옛날 프로그램도 많이 보고, 라디오도 많이 듣구요. 라디오를 들으면 라디오에 있는 요소를 TV에 가져올 수도 있으니까요. 라디오도 또 TV에 있는 걸 보고 가져가는 것 같아요. 요즘엔 많이 교차되니까, 이제 완전히 새로운 것은 없습니다. 시대에 맞게 계속 버전업이 되죠. 하늘에서 뚝 떨어지면서 등장하는 프로그램은

없지만 어떻게 포장하느냐, 어떤 사람이 하느냐, 어떤 진행자가 어떻게 하느냐에 따라서 완전히 달라 보이기 때문이죠. 하나의 프로그램이라고 하더라도 잘 보면, 1회부터 100회까지를 본다고 가정했을 때 포맷은 하나도 안 바뀌었는데 1회와 100회는 다릅니다. 프로그램이 굴러가면서 자기 발전을 하면서 엄청 달라지거든요. 그러니까 프로그램은 정말 살아 있는 생명체 같다는 생각을 합니다. 아마 지금 인기가 많은 〈1박 2일〉 같은 프로그램도 그럴걸요? 복불복 콘셉트는 같겠지만 처음과 요즘은 다르겠죠.

Q: PD를 오래하면 점점 자기 나이에서 멀어지잖아요. 그러면서 힘드신 것은 없나요?

A: 요즈음은 TV 시청자 층이 점점 고령화돼가고 있습니다. 젊은이들은 어차피 인터넷으로 보니까요. 옛날 〈야심만만〉은 이삼십 대가 주 타깃이었습니다. 그런데 지금 11시 대 시청자의 대부분은 삼사십 대라고 할 수 있죠. 그래서 삼사십 대 토크쇼가 사는 겁니다. 게스트도 그렇고 약간 노년 취향이잖아요. 윤종신 씨와 그런 이야기를 한 적이 있죠. "우리는 행운아다. 시청자 층이 우리 나이에 맞게 계속 늙어가고 있으니 말이다."

그런데 우리 눈높이에 맞추면 프로그램이 앞서 가지 못하는 것은 있습니다. 시청률은 나와도 젊은이들한테 맞아야 화제가 될 수 있거든요. 아줌마들 입맛에만 맞추면 화제가 되긴 힘들겠죠. 〈세바퀴〉가 딱 그런 케이스라고 할 수 있는데 대상이 아줌마들이지만 시청률은 나오잖아요. 옛날 같았으면 힘들었겠죠. 예능 PD가 안 좋은 점이 있다면 수명이 짧다는 것이겠죠. 드라마 PD는 나이가 들면서 점점 무게가 생기는데 예능 PD는 수명이 짧은 거 같아요. 그게 좀 아쉽죠.

그래도 젊게 산다는 것은 좋습니다. 그래서 계속 PD를 하고 있구요. 요즘은 아이에게 물어봅니다. 중학생이거든요. 아이가 좋아하고 재밌어 하는 것이 뭔가 하구요.

**Q:** 프로그램 안 하시는 평소에는 무엇을 하고 지내시나요.

**A:** 세상에 할 일이 얼마나 많습니까. 드라마도 봐야 하고, 영화도 봐야 하고, 책도 읽어야 하고, 아이도 봐야 하는데. 할 일이 너무 많아요. 기본적으로 책 보고, 영화 보고, 드라마 보는 것을 좋아하죠. 그리고 사람 만나서 이야기 하는 것도 좋아해요. 예를 들면 학부모들 만나서 이야기를 하는 것도 좋아하죠. 어떤 사람들은 아줌마들이 쓸데없는 이야기만 한다고 하는데 전 그런 것도 좋아합니다. 왜냐하면 그 사람들에게 맞춰 긍정해주면서 들으면, 저기는 저런 일들이 중요한 일이구나 하면서 들으면 되는 거니까요.

제 생각에 나이가 들수록 사람은 바뀌는 것 같습니다. 구멍이 생겨나는 것이죠. 구멍이 있어야지 에너지도 생기는 거니까요. 약간 늘어지는 타임도 필요해요. 한없이 바쁘게 살다가도 한 번은 정말 완전히 아무것도 안 하고, 심지어 놀지도 않고 늘어지는 경우가 있잖아요. 그런 것도 있어야 무엇인가 하고 싶은 욕구가 생기는 것 같아요. 이번에 프로그램이 끝나고 휴가가 많이 남아서 한 달 동안 쉬었습니다. 시간이 나면 하고 싶은 게 되게 많았는데, 의외로 아무것도 안 하게 되던데요. 집에 콕 박혀서 책만 읽고 늘어졌죠. 그런데 그러고 나니까 뭔가 해보고 싶더라구요.

## 애늙은이가 보기 싫듯이
## 대학생은 대학생의 고민을 하는 게 좋다

Q: 인문대와 인문대생에 대해서도 여쭤보고 싶네요. 다른 전공을 가진 학생들의 경우 미래에 대해 고민과 준비가 매우 빨리 진행되는 반면 인문대생들은 그렇지 못한 경우가 많습니다.

A: 그런 문제는 물론 인문대생도 똑같이 고민을 하죠. 하지만 드러내지 않는 것이 차이인 것 같네요. 그런 고민을 드러내는 것 자체가 뭐라고 이야기를 해야 하나, 행동으로 미친 듯이 순수하게 사는 것은 아니지만, 그렇다고 또 그렇게 살면 안 될 것 같다는 죄책감을 느끼는 거겠죠. 일종의 조그만 양심이라고나 할까?

Q: 아무래도 인문대생들은 돈을 좇기보다는 자기가 하고 싶은 것들을 좋아하는 것 같다는 생각이 드네요.

A: 그런 것도 있겠죠. 인문대에서는 삶에 대해서 생각을 해보는 거잖아요. 무엇을 할 것인지보다는 어떻게 살 것인지에 대한 생각. 지금의 목표가 무엇이고 이런 것도 중요하지만 어떻게 살아갈 것인가에 대한 고민을 많이 하는 거겠죠. 하지만 단점이 하나 있는데 잘못하면 한없이 늘어진다는 겁니다. 어떻게 사는 것이 중요한지에 대한 고민을 하면서 술 마시고 공부 안 하고 그런 경우도 있잖아요. 그래서 어떨 땐 지긋지긋할 때도 있죠. 우리 남편이 그랬거든요. 가끔은 신경질이 날 때도 있죠. 내가 저 사람을 믿고 어떻게 살지 하는 생각도 현실적으로 들구요.

하지만 그런 게 있긴 있는데 그래도 그게 좋은 거죠. 어느 정도 선만 지커준다면. 인문대생들은 아무튼 그런 것을 조심해야 합니다. 요즘은 덜하겠지만 그때는 대책 없이 늘어지는 경향이 좀 있었죠. 그래도 선배들 보니까 다 잘 살더라구요. '저 선배가 저렇게 변할 줄이야' 할 때가 많아요. 어린이들이 동심을 가져야 하는 것처럼 대학생들은 사회에 나오면 달라질지언정 대학에 있을 때는 그러한 순수한 마음이 있어야 하는 게 아닌가 하는 생각이 듭니다. 그래서 저는 인문대가 좋습니다. 지금도 우리 애가 인문대 간다고 그러면 오케이죠.


## 마음을 열고, 생각은 낙관적으로 하고, 세심하게 관찰하라

Q: 인문대학 수업 가운데 서평 써 내라는 수업이 많습니다. 지루한 수업이라는 생각을 많이 했는데 처음에는 책을 보지만 나중에는 그 사람이 어떤 말을 하나, 왜 그런 말을 하나를 살펴보고 있는 것을 발견하게 되곤 하죠.

A: 그렇죠. 인간에 대해서, 저 사람이 왜 저랬을까 하는 생각을 하게 되는 것이고 그게 중요한 것 같네요.

　　우리 아이가 중학생이 되면서 좀 좋은 말을 해줘야 할 것 같다는 생각을 했습니다. 그래서 남편과 똑같은 알파벳으로 시작하는 영어 약자로 근사한 말을 만들었죠.

이 세상에 3O가 있다. 첫째는 Open mind. 열린 마음이 없으면 살 수가 없다. 둘째는 Optimistic. 긍정적일 필요가 있다. 부정적인 시각으로 바라보면 세상만사가 다 재미가 없다. 하지만 그렇게 재미없이 살 필요가 있을까? 즐겁게 사는 게 중요하다. 어차피 방송도 즐겁자고 하는 것이다. 텔레비전이 바보상자라는 말은 맞다. 하지만 그건 텔레비전이 사람들을 재미있게 해준다는 뜻이기도 하다. 웃자고 만드는 예능에서까지 심각할 필요 없는 것 아닌가? 셋째는 Observe. 관심을 가지고 관찰을 해라. 저 사람이 무엇이 부족한가, 필요한 것은 무엇인가 관찰하는 것이 바로 따뜻한 시선이다. 무심히 지나치지 말자.

우리는 많은 스태프들과 함께 일합니다. PD의 자질 중에 가장 중요한 것은 그때그때 조직되는 스태프의 능력을 최대한 끌어내야 하는 것입니다. 작가면 작가가 자신의 능력을 120%를 끌어낼 수 있게 해줘야 하는 것이죠. 이렇게 최대한의 역량을 발휘할 수 있게 시너지를 만들어주는 것이 PD의 능력이겠죠. 그리고 그 사람의 역량을 최대한 발휘하게 하려면 그 사람을 긍정적으로 보고 "잘한다 잘한다" 해주면서 결과물이 나올 수 있게 해줘야 겠죠. 계속 시니컬하게 반응하고 "그게 뭐냐"고 나오면 솔직히 일하고 싶겠어요? 자발적 동기가 중요한 거잖아요. 긍정적인 시선으로, 아이디어가 아무리 작은 게 나오더라도, "그것도 괜찮은데, 좀 더~"라는 식으로 이야기해야지, 처음부터 별로라고 딱 잘라버리면 나오다가 쏙 들어가 버리겠죠. 무심코 한 말에 딱 얻어 걸릴 수도 있으니 그런 것들을 많이 이끌어내는 것이 되게 중요합니다. 회의할 때도 열 가지 중에 하나만 괜찮아도 "그래서?"라고 생각하는 것과, 하나라도 걸리면 "별로야!"라고 하는 사람이 있는데 그 태도는 다른 것 같습니다.

그리고 그래야 오래 살아남을 수 있습니다. 늘 하는 이야기지만 PD는 성적표가 만천하에 공개되는 직업입니다. 유예기간도 없이 바로 다음 날 시청률이 쫙 뜨죠. 시험 보고 난 다음 날 성적 나오는 거랑 똑같아요. 그러니까 긍정적 태도로 살아야 스트레스 안 받지, 시청률 가지고 매일 머리 싸매고 있으면 암 걸려요. 그런데 저도 스트레스를 받긴 받았나봐요. 이렇게 긍정적인데도 프로그램 끝내고 나서 미장원을 갔는데 세상에 머리 뒤에 구멍이 난 거예요. 500원짜리보다 더 큰 원형탈모가 생긴 거죠. 나 너무 놀랐어요. 스트레스 많이 받은 것이죠. PD들 중에 원형탈모 걸린 사람들 되게 많습니다.

Q: 다시 대학생활을 한다면 어떻게 하고 싶으세요? 대학생들에게 해주시는 충고이기도 하겠네요.

A: 원론적이고 평범하게 대답을 하자면, 첫째는 공부를 열심히 하라는 구닥다리 말을 해야 할 것 같습니다. 그리고 둘째는 여행 많이 하라는 것. 돈 드는 여행이 아니어도 괜찮습니다. 학생들은 남는 것이 시간이니까 비행기를 오래 타도 어떻게든 싼 값에 다녀올 수 있겠죠. 지금은 여행을 자유롭게 갈 수 있지만 제가 대학생일 때 여자들끼리만 가는 여행은 쉽지 않았습니다. 해외여행도 자유롭게 하지 못했구요. 배낭여행이라는 것도 89년도에 등장했으니 그때 우리에게 해외여행은 있는 사람들만 향유할 수 있는 것이었습니다. 안타깝게도 우리는 여행을 아예 못 간 세대죠. '대학교 때 내가 여행을 갈 수 있었다면 얼마나 좋았을까', '내가 직업을 선택하거나 생각하는 데 있어서 좀 더 다양한 경험을 할 수 있었으면 얼마나 좋았을까' 하는 생각을 해보기도 합니다. 그래서 지금도 1년에 한 번은 꼭 시간을 내서 해외 배낭여행을 하고 있습니다. 30의 마인드로요.

일은 생계의 수단이 아니라
자존심의 원천이다

국사학과를 나온 IT기업 대표
문용식

1959년생. 국사학과 졸업. 서울대학교 외교학과 대학원 수료. 현 나우콤 대표이사

1992년 나우콤의 전신 BNK(Book Net Korea) 설립

1994년 나우콤으로 사명 변경, 나우누리 서비스 시작

2002년 PDBOX 서비스

2004년 CLUBBOX 서비스

2005년 온라인 게임 '테일즈 런너' 서비스

2006년 Afreeca 서비스

2010년 2ndrive 서비스 오픈베타 시작

세상이 퍽퍽하고, 취업이 힘들다 보니 먹고사는 문제로만 일을 바라보려는 경향이 짙다.
그런데 먹고사는 것이 해결되는 순간 새로운 문제에 봉착한다.
도대체 내가 왜 이 일을 하고 있는 것이지?
일은 생계의 수단이 아니라 사람이 존재할 수 있는 자존심의 원천이다.
나라는 인간이 세상에서 어떤 식으로 존재하고 있는지 확인시킬 수 있는 정체성의 근거이다.


Q: 먼저 선배님의 소개를 부탁드리겠습니다.

A: 간단하게 소개를 드리는 것이 좋겠군요. 저는 인터넷 서비스 전문회사인 나우콤에서 10년째 대표이사를 맡고 있는 문용식입니다. 혹시 나우누리라고 들어보셨나요? 인터넷이 일반화되기 전인 90년대 PC통신이라는 것이 있었습니다. 나우누리는 PC통신 서비스 브랜드였는데, 나우콤의 초기 주력사업이었죠. 인터넷 시대가 본격적으로 열린 2000년대로 들어와서는 피디박스와 클럽박스라는 웹 스토리지 서비스, UCC 개인방송 플랫폼 서비스인 아프리카 TV, 테일즈 런너라는 온라임 게임 서비스 등으로 사업의 변신과 확장을 시도해왔습니다.

# 참 공부하기 갑갑한 하수상한 시절

**Q :** 70년대 학번이신데 요즘과 비교하면 그 당시의 대학생활은 많이 달랐을 것 같은데요, 학창시절은 어떻게 보내셨나요?

**A :** 저는 역사가 좋아서 인문대를 지망했습니다. 면접을 보시던 교수님이 왜 인문대에 왔냐는 질문을 하시기에 역사가 좋아서 왔고 앞으로 언론인을 하고 싶다고 포부를 이야기한 것이 기억나네요.

어쨌건 제가 대학에 입학한 것이 70년대 후반이었으니 역사의 격변기였죠. 유신정권에서 10·26 사건이 나고, 곧 12·12 군사정변이 발생하고, 광주에서 항쟁이 일어났습니다. 그럴 때 대학생활을 하다 보니 공부할 분위기는… 교문이 열려 있는 날도 거의 없는 휴교 상태였고, 휴교가 풀려서 학교에 가도 전경들이 수백 명씩 학교에 배치되어 있었고 학교에서는 데모하느라 정신이 없었구요. 교문 앞에는 탱크가 진을 치고 있고, 전반적으로 공부할 분위기가 아니었어요.

그런 가운데 저는 학생운동을 열심히 하는 쪽이었습니다. 뒤늦게 보니까 경고, 유기정학, 무기정학에 제적까지 학교에서 받을 수 있는 징계란 징계는 모두 다 받았더라구요. 야구선수가 한 게임에서 단타, 2루타, 3루타, 홈런까지 친 걸 싸이클링히트라고 하죠? 제가 징계에 있어서 일종의 싸이클링히트를 기록한 셈입니다. 그런데 학교 징계에 그치지 않고 감옥에도 갔었어요. 계산을 해보니까 20대의 10년 가운데 5년 1개월을 그러니까 20대의 절반을 그 안에 있었네요. 그것도 계속해서 독방생활이었구요. 그런데 공부는 오히려 그곳에서 더 많이 했습니다. 영어공부도 많이 하고 책도 많이 읽고. 덕분에 학부 졸업은 십몇 년 만에 하게 됐지만 말입니다. 지금 대학생들 생활과는 차이가 많죠? 아마 이런 얘기하면 해방 전 광복군 얘기인가 할 거예요.

제가 기억하는 인문대는 권위에 저항하고, 자유를 이야기하는 풍토가 강하게 흐르는 곳이었습니다. 그래서 동기들끼리 선후배끼리 서클, 동아리 활동을 많이 하고 토론과 논쟁도 격렬하게 했던 기억이 납니다. 싸우기도 하구요. 학문으로서의 사학은 전공으로 열심히 공부하지는 못했지만 역사를 보는 눈, 방법론, 태도 같은 측면에서 많이 배웠구요.

어쨌건 그 때는 왜 그렇게 학교 다니는 것이 싫었는지 모르겠어요. 요즘은 가보면 제가 보기에는 대학이 참 좋더라구요. 제가 학교 다닐 당시의 암울했던 분위기는 다 사라지고, 밝고 건강하고, 활기차서 좋아요. 아마 우리 때 제가 했던 고민이 지금 대학에서는 짐으로, 또 무게로 다가오지는 않아서 그렇겠죠?


## 국사학을 전공한 IT 벤처기업 창업자

Q: 전공으로 국사학을 하셨는데, 지금 하고 계신 일은 IT기반 사업이십니다. 인문학 전공과는 다소간 거리가 있어 보이는 일이라는 이야기도 종종 들으시겠네요.

A: 저를 잘 아는 사람이든 모르는 사람이든 제가 좀 엉뚱한 데가 있는 것 아니냐고 이야기하는 경우가 많습니다. 학생운동, 민주화운동을 하다가 감옥까지 갔던 저의 개인사를 잘 아는 사람들은 안 어울리는 일을 하고 있는 것 같다는 이야기를 많이 하는 편이고, 저를 잘 모르는 사람들도 국사학과 출

신이라는 제 전공과 인터넷 사업이라는 제 직업이 잘 연결이 안 되는 모양입니다. 심지어 우리 아들도 그런 반응을 보이더라구요. 아버지는 컴퓨터 프로그래머도 아닌데 인터넷 회사에서 뭘 하느냐고.

제가 이 일을 시작한 지는 92년부터니까 18년이 됐네요. 18년 전에 제 손으로 회사의 법인등기를 했으니 출생신고도 제 손으로 한 셈이죠. 사실 그때 제가 정보통신 쪽 일을 하게 된 계기는 생각보다 단순했습니다. 이것 말고는 할 수 있는 일이 없어서 시작했거든요. 사람들이 저한테 어떤 엄청난 선견지명이 있어서 18년 전에 인터넷 사업을 시작한 거냐고 묻기도 하는데 절대 그런 것은 아닙니다. 정말 다른 일을 할 수 있는 게 아무것도 없었거든요.

앞서 말씀드린 것처럼 제가 20대 때, 학생운동, 민주화 운동을 너무 열심히 한 덕분에 국가보안법 위반 등으로 꽤 오랫동안 감옥에 있었습니다. 그런데 감옥에서 나와 보니 당연히 오라는 곳이 없겠죠? 공무원으로 정부에 들어갈 수도 없고, 그렇다고 대기업에서도 받아주지 않고. 돈이 많으면 그 돈으로 장사라도 할 수 있을 텐데 돈이 많은 것도 아니었습니다.

그래서 시작하게 된 것이 이쪽 일이었습니다. 그런 조건에서 제가 할 수 있었던 것이라고는 머리, 아이디어로 할 수 있는 일이 유일한 상황이었으니까요. 정보통신, IT 계통의 벤처는 아이디어가 더 중요하니까 진입하는 데 다른 것들보다는 어려움이 덜 했습니다. 선견지명이 있어서라기보다는 실상 호구지책이었습니다. 불가피한 최후의 선택이었죠.

Q: 그럼 출소하신 다음에 바로 결정하신 것이군요?
A: 아니요. 그런 것은 아닙니다. 출소해서는 인문대를 다시 다녔고, 뒤늦게 졸

업하고 나니 공부가 조금 재미있어지더라구요. 그래서 대학원에 진학해 국
제정치학 공부를 했습니다. 국제정치학을 공부하게 된 이유는 우리 역사를
공부하고 민주화운동을 하다가 뼈저리게 느낀 바가 있어서 결정하게 된 것
인데요, 역사를 공부해보니 우리나라의 운명이라는 것이 우리 내부적인 문
제로만 해결되는 것이 아니더라구요. 우리 역사가 국제적인 힘, 특히 미국
의 힘에 의해 좌지우지되는 경향이 강하다는 점을 알고 나니 국제정치학을
모르면 안 되겠구나 하고 생각했죠. 어쨌건 그런 이유로 대학원에 진학해
서 꽤 열심히 공부했습니다.

그렇게 석사를 마치고 논문을 쓰고 있을 즈음에 진로에 대한 고민을 했
습니다. 국제정치학이라는 학문이 미국이 주도하는 분야라 미국으로 유학
을 가는 것에 대한 고민을 하고 있었죠. 그런데 아는 선배 한 분이 저한테
사업을 하나 제안하시더군요. 자신이 투자를 할 테니까 같이 사업을 하자
는 것이었고 다시 새로운 선택지를 놓고 고민을 시작했습니다. 고민 끝에
유학 갈 형편도 어렵고, 그때는 이미 결혼을 해서 아이도 있었거든요, 하여
튼 차선책으로 사업을 선택했습니다.


Q: 나우콤은 PC통신 시절에는 나우누리로, 인터넷이 기반인 최근에는 새로운
서비스들로 장수하는 기업인데요.

A: 90년대에 PC통신부터 본격적으로 사업을 했으니 오래되기는 했네요. 아마
지금 대학생들은 PC통신은 잘 모를 겁니다. 저도 그때를 생각하면 까마득
한 옛날이야기처럼 느껴집니다. 90년대 말에 인터넷이 본격화되기 전인
PC통신 시대는 선사시대 이야기 같거든요. 정보통신 분야는 워낙 기술 발
전과 변화가 빨라서, 역사에 비유하자면 인터넷이 등장할 때부터 본격적인

역사시대가 시작된 것이고, PC통신은 문자가 생겨나기도 전인 선사시대 이야기인 셈이죠. 왜 선사시대 때 공룡이 나오지 않습니까? 그런데 나우콤은 선사시대에 있던 기업이니까, 흡사 공룡이 멸종되지 않고 다시금 진화해서 지금 살아남아 있는 것과 비슷하다고 할 수도 있겠네요.

90년대 당시에 보면 PC통신 사업을 하던 회사들의 면면이 모두 유수의 재벌기업, 대기업들이었어요. 삼성의 '유니텔', SK의 '넷츠고', LG에서는 '채널아이'라는 사업체가 있었습니다. 나중에 LG에 인수된 데이콤의 '천리안'이 있었고, 한국통신의 '하이텔'도 있었죠. 재벌기업, 통신거대기업들이 모두 PC통신 사업에 투자하고 주력사업의 하나로 키우고 있었는데, 나우누리는 그런 뒷배경이 일절 없는 순수 벤처 중소기업이었죠. 그래도 나우누리가 그 당시 다른 대기업 계열사들과의 경쟁에서 별로 뒤지지 않았어요. 재미있는 것은 그 재벌기업들이 하던 PC통신 사업체들은 사라졌는데 나우콤은 살아남아 인터넷 서비스 중견기업까지 되었다는 점이죠.

하지만 늘 평탄한 길만 걸어온 것은 아닙니다. 위기도 있었고 망할 뻔도 했거든요. 시대의 흐름이 인터넷으로 바뀌고 있는데 PC통신 시절 가지고 있는 몇 푼어치 기득권이 아까워서 뛰어들지도 못하고 버리지도 못하고 엉거주춤인 채로 몇 년을 지나친 적이 있었습니다. 기득권을 놓기 힘들면 보수적이 되잖아요. 기술이 급변하는 시절에 몇 년을 허송세월하니 사업의 패러다임이 근본적으로 바뀌어버리는 것을 경험했습니다. 그래서 큰 위기에 빠졌죠. 한 해 적자가 수십억 원씩 발생하고 그런 적자가 3년 연속 쌓여 누적적자가 100억 원이 넘기도 했어요. 그런데 재벌그룹이 뒤에 버티고 있지도 않는 말 그대로 벤처기업이 그런 위기에서 버티기는 힘들죠. 그래도 다시 한 번 잘해보자고, 가장 어려운 때에 제가 대표를 맡아서 변신을 시도

했습니다. 변신이라는 키워드를 가지고 노력을 많이 했죠. 그래서 웹스토리지, UCC, 온라인 게임 등으로 변신을 했는데 운 좋게 지금까지 오게 됐네요.

## 문제는 어떤 분야인지가 아니라 어떻게 극복할 것인가이다

Q: 주변에서도 IT업종에 계신다는 이야기에 의아해 하는 분들이 많다고 하셨는데요, 진로를 고민하는 인문대생들도 마찬가지로 이 분야에 대해서 고려를 하지 않고 있을 가능성이 높아 보이네요.

A: 직업적인 이야기를 해볼까요? 나우콤은 IT기반 벤처기업이고, 인터넷 서비스 회사입니다. 이런 나우콤 안에는 크게 3가지 직군이 있는데 하나는 엔지니어 계통입니다. 소프트웨어 프로그래머나 하드웨어 엔지니어링 등의 업무를 담당하는 직군이죠. 이 직군에 있는 사람들이 최종적으로 생산을 하기 때문에 매우 중요하며 전산, 정보통신, 소프트웨어 프로그래밍, 수학 등을 전공한 분들이 많습니다. 다음으로 회사이고 조직이다 보니 지원업무를 담당하는 부서가 있어야 합니다. 인사, 회계, 세무, 관리, 총무, 경영지원, 영업지원 파트 등이 그 영역에 해당할 것이고 역시 여기도 전문적인 기능이 필요합니다.

그리고 마지막 직군은 광의의 기획자입니다. 서비스 기획, 제품 기획, 마케팅 기획, 인사 기획, 전략 기획 등을 담당하는 기획자군입니다. 그런데 이런 기획자는 제가 보기에 인문학을 공부한 사람에게 아주 적절한 직군입니다. 이 직군에서 필요로 하는 덕목은 현실에 안주하고 않고, 끊임없이 보다 나은 미래, 대안을 고민하고, 계획을 만들어내는 것이기 때문이죠. 미래에 도달해야 할 곳이 저곳인데 현재는 언제나 이런 저런 문제들과 직면하고 있습니다. 그렇다면 현실과 미래 사이에는 극복해야 할 갭이 있는 것인데, 어떤 수단을 선택하고 조합해서 전략적으로 이 갭을 좁혀 나갈 것인가를 생각해내는 것이 기획이죠. 그렇기 때문에 기획자는 사고가 유연해야 하고, 진취적이어야 하고, 종합적이어야 합니다. 단편적인 몇 가지 지식을 가지고 있다고 해서, 예를 들어 경영학의 조직론을 안다고 해서 조직에 닥친 문제를 해결하는 기획을 할 수는 없죠. 마찬가지로 회계지식이 있다고 해서 재정 기획을 할 수는 없는 노릇이고 마케팅 수업을 들었다고 마케팅 기획을 할 수는 없습니다.

그런 면에서 본다면 기획자에게는 인문학적 배경이 있는 것이 유리합니다. 그리고 그 배경이 가능하면 깊고 넓은 것이 좋아요. 물론 인문학 공부를 했다는 것 자체가 중요한 것은 아니겠죠. 법학이나 경영학을 공부한 사람도 개인적인 노력을 통해 인문학적인 배경을 갖춘다면 충분히 기획을 할 수 있고 인문대를 졸업했다고 해도 정작 다른 스펙을 쌓는 것에 몰두해 인문학적 소양 쌓기에 소홀했다면 기획을 할 수는 없을 겁니다. 그래도 인문학 전공자가 확률적으로 보면 괜찮겠죠?

나우콤에서 보면 사장인 저도 인문학을 전공했고 인사팀장, 아프리카 사업부장, 게임사업부장도 인문학 전공자이죠. IT 기업이라고 해서 엔지니어만 있는 것은 절대 아닙니다.

그리고 인터넷 서비스라는 것도 사람이 쓰는 것이잖아요? 그렇기 때문에 사람들은 무엇을 원할까, 사람들이 필요로 하는 것은 무엇이고 그들은 어떤 방식으로 움직이며, 어디로 어떻게 움직이는가 하는 것을 파악하고 예측할 필요가 있어요. 그리고 그런 것들을 파악하고 예측하는 데 역시 인문학적 상상력이 중요합니다. 일단 사람들이 어떻게 살아왔는지, 왜 그렇게 살아왔는지, 앞으로 어떻게 살아갈 것인지에 대한 이해, 사람에 대한 이해가 있어야 하는데 그걸 배우는 것이 인문학이니까요. 이렇게 보면 인터넷 기업에 인문학이 접맥되면 시너지가 날 여지가 매우 높습니다.

## 이야기가 힘이 되는 세상, 인문학이 첨단이 되는 세상

Q: 말씀해주신 맥락에서 본다면 우리 사회에서는 인문학을 인문학답게 공부한 사람을 많이 필요로 하겠군요.

A: 정말 중요한 이야기인데 현재 한국을 지탱시켜나가고 있는 것들은 제조업, 그중에서도 수출 중심 대기업입니다. 반도체와 핸드폰을 만드는 삼성전자는 제조업 분야에서 강한 면모를 보이는 기업이죠. 현대자동차 같은 기업도 대표적인 제조기업입니다. 그동안 우리 사회가 산업화 과정을 거치면서 이런 제조업을 중심으로 수출을 하는 기업들이 한국 경제를 견인해 왔다고 볼 수 있겠는데요, 앞으로 한국이 다음 단계로 도약하기 위해서는 제조업에만 매달려서는 곤란합니다. 더 이상 충분한 부가가치를 창출할 수 없거든요. 한국은 앞으로, 아니 이미 디지털 사회로 진입해 있고 디지털 문명이 우리에게 와 있습니다. 이런 상황에서 한국은 지식정보산업, 지식문화강국이 될 때만이 새로운 부가가치를 창출할 수 있습니다.

그런데 새롭게 변화된 디지털 문명에서 중요하게 부상하는 산업분야 가운데 문화산업이 있습니다. 그럼 문화산업의 원천은 무엇일까요? 문화산업의 모든 배경이자 핵심 중의 핵심은 스토리입니다. 이야기를 만들어내고, 풀어내고, 구성하는 스토리텔링이 없으면 문화산업에선 할 수 있는 것이 없습니다. 그런데 스토리는 어디서 나오는 것일까요? 당연히 인간에서 나오겠죠. 인간이 빠진 스토리는 없습니다. 인간이 빠진 스토리가 없다는 것은 역사가 빠진, 철학이 없는 스토리가 있을 수 없다는 이야기이기도 하구요. 그렇기 때문에 인문학적인 배경과 상상력이 없이는 창조적인 스토리를 만들어낼 수 없고, 그런 것들이 뒷받침되지 못하면 문화산업은 발전할 수 없습니다.

인문학이 위축된다? 오히려 21세기 디지털 문명시대에는 인문학 전공자들이 더 꽃을 피울 수 있는 시대가 될 것이라고 생각합니다. 공학, 경영학 같은 전공은 엄밀히 말해 특정 직업에 필요한 기능을 먼저 배우는 직업훈련적인 성격이 강합니다. 그런데 이런 형태의 학문에서 배우는 지식들 가운데 많은 것은 이미 죽어 있다고 볼 수 있습니다. 그런 형태의 지식들 가운데는 이제 인터넷만 찾아봐도 나오는 것들이 많습니다. 그러니 굳이 학교에서 배울 필요가 없다는 얘기죠. 정작 중요한 것은 이런 죽은 지식들을 종합해서 새로운 것을 창조할 수 있는 능력입니다. 이런 저런 이유로 당장 직업에 써먹을 수 있는 직업 맞춤형 교육은 발전하기가 굉장히 힘들 겁니다. 변화의 속도를 따라갈 수도 없거니와, 정작 사회가 요구하는 것은 얼마나 많은 지식을 가지고 있느냐가 아니라 앞서 이야기했던 것처럼 그것들을 뛰어넘는 새로운 것을 어떻게 만들어낼 것이냐 하는 문제거든요.

## 모든 판단은 역사적이고 철학적이다

Q: 지금 하고 계신 일은 기업의 대표, 즉 사장님이십니다. 회사를 만들고 키워서 여기까지 오시는데 인문대를 졸업하고 인문학을 공부한 것에 도움을 받으신 적이 있으신가요?

A: 제가 하는 일은 경영이죠. 비즈니스를 풀어나가고, 회사를 관리하고 경영합니다. 그래서 제가 하는 일 가운데 가장 많고 중요한 일이 판단과 선택입니다. 늘 판단을 하고 선택을 하게 되는데 제 판단과 선택이 잘못되면 회사가 잘못될 수 있겠죠. 그래서 판단과 선택을 신중하고 올바르게 하려고 노력합니다. 그런데 판단과 선택에 있어서 가장 중요한 것 역시 인간에 대한 이해입니다. 회사도 하나의 공동체인데, 공동체는 기본적으로 사람들이 어울려서 만들어가는 것이죠. 그래서 사람에 대한 이해, 그 사람들이 만들고 있는 공동체에 대한 이해가 바탕이 되지 않는 판단과 선택은 잘못될 가능성이 매우 높아요. 그런데 인문학이라는 것의 가장 기본은 사람에 대한 이해잖아요? 인문학을 공부한다는 것은 사람에 대한 이해를 높이는 공부를 하는 것이죠. 철학, 역사, 문학을 통해서 인간과 우리 사회에 대한 이해의 폭을 넓혀주는 것이 인문학이고 그런 인문학이 기본 바탕에 깔려 있으면 사장으로서 내려야 하는 판단과 선택에 있어 많은 도움을 받습니다.

Q: 구체적인 사례가 있을까요?

A: 글쎄요. 그런 사례들이 무수히 많지만 사업상의 디테일한 부분의 이야기들이라 딱 실감나게 다가올지 모르겠네요. 한 가지만 말씀드릴게요. 아까 회사가 어려움에 처해 있었다고 말씀을 드렸는데요, 그때 우리 회사의 대주

주가 삼보컴퓨터와 두루넷이라는 회사였습니다. 두루넷이 하나로통신에 합병되어 지금은 모르시는 분들도 많을 텐데요, 매우 큰 회사였습니다. 인터넷 시대가 열린 초기에 초고속통신망을 개척한 선도적 기업으로 한국 최초로 나스닥에 직상장된 기업이기도 했죠.

그 두루넷이 우리 회사를 합병하려는 전략을 세우고 있었어요. 코리아닷컴이라는 포털 사이트를 띄우려는 계획이 있었는데 나우콤의 자원이 필요하다는 이유였죠. 나우콤 입장에서도 경영난으로 어려움을 겪고 있으니 두루넷으로 합병되면 나우콤이라는 회사는 없어지는 것이지만 수치상, 재정상으로 보면 적절한 선택일 수도 있었죠.

그런데 제가 그때 반대를 했습니다. 수치상, 재정상으로 보면 일면 합리적인 선택일 수도 있지만 사람과 조직, 공동체를 놓고 보았을 때 올바른 선택이 아니었거든요. 그래서 대표는 아니었지만 임원의 한 명으로 두루넷 최고의사결정권자를 설득했습니다. 합병을 하면 안 되는 점, 손실이 발생하는 것들, 나우콤의 독자생존이 가능한 점, 독립경영이 필요한 이유 등을 긴 시간에 걸쳐 설득했는데 그게 유효했는지 합병에 대한 내부 결정이 취소되었습니다. 결과적으로 놓고 보면 두루넷은 사라지고 코리아닷컴 역시 썩 좋은 성과를 내지 못하고 있지만 나우콤은 지금까지 인터넷 서비스 중견기업으로 성장해오고 있죠.

중요한 이야기는 이제 시작되는데요, 제가 어떻게 그런 선택을 할 수 있었느냐 하는 점입니다. 사실 이런 선택과 판단, 행동은 매우 민감한 사안입니다. 회사가 처한 경영난을 어떻게 타개할 것인가 하는 문제와 앞으로 회사의 운명이 어떻게 될 것인가를 결정하는 사안이죠. 앞서 말한 대로 수치상으로 봤으면 합병하는 것이 그 당시로는 더 합리적인 판단이었을 수도 있으니까요.

하지만 중요한 것은 그런 수치가 아니라 사람이라는 점이죠. 나와 함께 10년 가까이 동고동락하면서 일을 했던 동료, 후배, 구성원들을 우선 보았습니다. 그런데 그들의 능력을 하나하나 보건데 어떤 어려움이 있더라도 남들 하는 만큼, 혹은 그 이상으로 잘 할 수 있겠다라는 믿음과 자신감이 생겼습니다. 일종의 구성원들에 대한 믿음, 신뢰, 그리고 순간적인 어려움을 이겨낼 수 있다는 뚝심 같은 것이겠죠. 그런데 이런 판단은 수치적으로 뽑아낼 수 있는 종류의 것이 아닙니다. 조직, 사회의 구성원을 얼마만큼 정확하게 이해하고 있는지, 그리고 그 가능성을 어떻게 내다보고 있는지는 전적으로 기본 소양에 기초한 판단에 의존하니까요. 구성원들이 어떤 생각으로 하고 있고, 이들이 어떤 역사를 만들어 왔고, 그로 인해 어떤 문화를 형성하고 있는지에 대한 판단인데, 이게 문학, 역사, 철학인 인문학이잖아요.


## 내가 안전하다고 느낄 정도라면 그것은 이미 안전한 것이 아니다

Q: 많은 인문대생들이 진로에 대해 고민을 하는데요, 아직까지 일반적인 길, 보편적인 진로라고 하기에는 낯선 IT 분야이고 게다가 직무 역시 벤처를 창업한 사장님이라 쉽게 상상하기는 어려워 보입니다. 그 길을 먼저 간 선배의 입장에서 후배들에게 해주고 싶은 말씀이 있으시다면.

A: 인문학은 학문 자체가 법학이나 경영학하고는 다릅니다. 이런 학문들은 기능적인 것들이죠. 즉 직업 영역에서 업무를 잘 수행하기 위해 능력을 가르

치기 위한, 기능적인 학문이라는 이야기죠. 하지만 인문학은 학문의 기본적인 것들을 가르치기 때문에 기능보다는 교양에 치우쳐 보이는 면이 큽니다. 그런 점에서 보면 일반 기업에서는 구인 선호도가 높지 않을 수는 있어요. 그런데 재미있는 것은 방금 말한 경영, 법학을 전공했다고 하더라도 그것들이 직장에서 도움이 되는 경우가 거의 없다는 점이죠. 대학에서 관련된 전공을 2~3년 배웠다고 해서 그게 실무에 바로 투입되면 사용가능할 정도가 되느냐? 대부분 수박 겉핥기로 배우기 때문에 기업에 들어오면 다시 배우는 경우가 허다합니다. OJT(On Job Training)라고 하는데, 사수로부터 다시 훈련을 받아서 차근차근 기초부터 다져서 차츰 일을 해나갑니다.

Q: 자신감을 가질 필요가 있다는 말씀이신가요?

A: 자신감도 자신감이지만 멀리 보고, 크게 볼 필요가 있다는 이야기입니다. 대학에 들어오면 사회진출에 대해 어쨌건 빠르게 고민하는 것이 지금의 상황이기는 합니다. 그럴 때 저처럼 창업을 해도 좋고, 취업을 해도 좋고, 취업을 해도 공무원을 해도 좋고, 대기업에 가도 좋고, 벤처에 가도 좋고, 또 학문의 길을 갈 수도 있고, 프리랜서가 될 수도 있습니다. 그런데 이렇게 정말 많은 길들 가운데 그 어떤 길이 옳은 길이라고 말할 수는 없습니다. 각각의 길이 그 나름으로 하나의 인생이니까요.

어떤 사람들은 인생을 바둑에 비유하기도 하죠. 바둑은 흑과 백을 한 수 한 수 두어나가 판을 만듭니다. 그리고 중요한 선택의 순간에서 어떤 수를 둘 것인가 결정해야 하는 상황이 발생합니다. 지금 그런 갈림길이 나타났고 어떤 한 수를 두어야 한다고 치죠. 그렇게 하면 그 수로 인해서 다른 수를 두었을 때와는 다른 무궁무진한 변화가 일어나서 한판의 바둑이 만들어집니다. 그런데 똑같이 그 수를 안 두고 다른 수를 두었다고 한다면 그 수로 인해서 또 다른 형태의 변화무쌍한 한판의 바둑이 만들어지겠죠. 하지만 그것도 하나의 아름다운 한판의 바둑입니다.

마찬가지로 진로를 고민하는 인문대 후배들이 어떤 길을 선택하건 학문의 길이건, 공직자의 길이건, 취업을 하건, 프리랜서를 하건, 그것도 한판의 바둑이고 한판의 인생이며 모두 의미가 있다는 점을 기억하면 좋을 것 같아요. 거기에는 뭐가 더 좋고 더 나쁘고 한 것이 없습니다. 어떤 판이 좋으냐가 아니라 매 수를 둘 때마다 어떻게 할 것이냐가 문제인 것이죠. 한 수를 두었다면 그 다음에 또 어떤 자세와 노력을 해서 다음 수를 두고 한판의 바둑을 만들 것인가, 하나의 인생을 만들어 나갈 것인가가 더 중요한 문제라는 겁니다.

Q: 맞는 말씀인 것 같기는 한데 현실적으로 보면 쉬운 이야기는 아니네요.

A: 지금의 세상에서 이런 이야기를 학생들이 어떻게 들을지는 어려운 문제이기는 합니다. 물론 이런 상황이 학생들 때문에 생긴 건 아니죠. 사회가 너무 꽉 짜여 숨 쉴 틈이 없습니다. 88만원 세대라는 말이 있듯이 아무리 공부를 열심히 하고 취업준비를 한다고 해도 실상 취직하기는 힘들죠. 취직하지 못하면 백수, 간신히 아르바이트 자리를 구한다고 해도 매달 생활비 벌기 바쁘고, 현실이 이렇다 보니 좌절하기도 하구요. 세상이 그러하니 눈앞의 안전한 길을 택하려는 것을 100% 뭐라고 할 수도 없습니다. 안전한 길이 뭐겠어요? 제도가 밥통을 보장해주는 이른바 철밥통인 공무원이겠죠. 공무원보다 조금 불안하지만 그래도 다른 것들에 비해서는 조금 나은 것이 공기업이고 대기업이니 당연히 공무원이나 공기업, 대기업으로 쏠리는 것

도 이해할 수 있구요.

하지만 이런 길을 택하는 것이 과연 안전할 것인가에 대해서는 좀 더 고민해볼 필요가 있습니다. 눈앞의 안전한 길 같지만 길게 봐서 안전할 것인가, 인생에 보람을 줄 것인가, 성취감을 줄 것인가는 다른 문제니까요.

Q: 그렇다면 선택과 판단을 할 때 가장 큰 기준이 될 수 있는 것은 무엇이 있을까요?

A: 무엇인가 선택을 할 때는 조금 더 길게 볼 필요가 있습니다. 일반적으로 트렌드를 읽는다고 하죠? 앞으로 세상이 어떻게 바뀔 것이다, 한국은 어떻게 변하고 어떤 기술이 중심이 되고 사람들은 어떤 문화에 열광할 것인지, 전체적인 트렌드가 어떻게 흘러갈 것인가에 대한 안목이 있어야 합니다. 그리고 그런 트렌드를 읽어내야 올바른 선택을 할 수 있죠.

트렌드를 읽는 안목은 책 속에만 있지는 않아요. 책 속에는 지식이 많이 있을 수 있지만 지혜는 드물 수 있습니다. 그런데 트렌드를 보는 안목은 상당부분 지혜가 있을 때 생기는 것이죠. 책도 많이 봐야 되겠지만 주변 사람들, 먼저 사회에서 일하고 있는 선배, 스승들의 이야기를 많이 듣는 것도 중요해요. 그런 것들을 통해 트렌드를 파악하고 그 트렌드에 올라타는 선택을 해야겠죠. 만약 트렌드를 거스르는 판단을 하게 되면 정말 인생 망하는 길입니다. 사업도 마찬가지겠지만 인생에 있어서도 앞으로 10년, 20년을 좌우할 메가 트렌드를 보고 그 트렌드에 올라타는 방향으로 선택을 하세요. 지금 보기에는, 남들 보기에는 하찮아 보이는 것일 수도 있겠지만, 나중에 어떤 거대한 흐름이 될지 알 수 없습니다. 처음에 작은 나비 날개짓일 수 있지만 10년, 20년 지나면 해일이 될 수도 있는 것이 트렌드잖아요.

트렌드를 보고 인생설계를 하라고 강조하고 싶습니다.


## 일은 자존심의 원천, 일터는 인생의 학교

Q: 전체적으로 사회가 안정을 향해서 과도하게 흘러가고 있는 측면이 있어, 일이나 직업을 선택할 때도 그쪽으로만 쏠려가는 측면이 있습니다. 생계라는 측면에서 보면 안정이 중요한 것도 같은데 또 꼭 그런 것 같지만은 않기도 하구요. 도대체 일, 직업이라는 것은 무엇일까요?

A: 앞서 말했듯이 요즘 젊은 친구들이 안정을 1순위로 하고 있는 것이 전적으로 젊은 친구들의 잘못은 아닙니다. 분명 사회적인, 구조적인 차원의 문제가 있겠죠. 하지만 그럼에도 불구하고 좀 씁쓸한 것도 사실입니다. 아무리 세상이 그렇다고 하더라도 젊은 친구들이 뭐가 그리 겁이 난다고 벌써부터 안정을 향해서 달려가고 있는 것인가, 젊을 때 패기를 가지고 도전을 하는 것인데 이제 도전하는 젊은이를 찾기는 힘들어지는 것인가, 젊은이들이 이렇게 안정만을 추구하게 되면 우리 사회는 어떻게 될까, 정말 이러다 쇠퇴하는 것만 남은 노쇠한 한국이 되는 것은 아닌가. 걱정과 우려가 되죠.

  일이라는 것이 생활에 있어 생계의 원천인 것은 맞습니다. 그리고 그렇기 때문에 생계를 안정화시키는 것 역시 일이라는 지점에서 중요한 기준의 하나이고 특히 지금과 같이 불안정한 세상에서 안정을 1순위로 삼는 것을 이해 못하는 것은 아닙니다. 하지만 생계는 목표가 아니라 결과적으로 주어지고 해결되는 것이에요. 일은 기본적으로 사람에게 있어 자존심의 원천입니다. 또한 일은 인간으로서의 자부심을 형성시키는 근원이기도 하죠.

그렇기 때문에 일은 각자의 자부심을 충족할 수 있는, 자존심을 세울 수 있는, 자기 정체성을 세울 수 있는 것이어야 합니다. 그게 일인 거죠.

한편 직장이라는 것도 월급을 받는 곳만은 아니죠. 일이라는 것은 학교에서 배운 것만 가지고 절대로 할 수 없습니다. 그래서 다시 차근차근 배워 나가고, 그렇게 배워 나가는 것을 통해 평생 프로로서, 사회의 일원으로서 살아가는 것이죠. 그런 면에서 본다면 직장은 또 하나의 학교이자 인생의 학교인 셈입니다. 그렇기 때문에 직장을 선택할 때는 뭔가를 배울 수 있는 곳을 찾아야 합니다. 선택에 있어 1순위 기준이 돈을 많이 주는 곳이 되어서는 곤란하다는 뜻이죠. 뭔가를 배워 나갈 수 있는 곳이라면 그 배움을 가지고 평생을 먹고살 수 있지만, 돈만 있다면 사실 돈 떨어지면 끝이죠. 그리고 돈만 쫓는다면 인생이 허무해지기도 하겠지만 잘 쫓아지지도 않아요. 마찬가지로 안정을 쫓는다고 해도 안정이 주어지지 않습니다. 쫓으면 쫓을수록 멀어지죠. 하지만 일에서 자부심을 취하고, 직장에서 배움을 취하면 안정은 결과적으로 주어지거든요. 배움이 있는 직장을 잡으세요, 그리고 그 일을 통해서 자부심을 세울 수 있는 일을 선택하는 게 중요할 것 같습니다.

Q: 마지막으로 앞으로 하고 계신 일들을 어떻게 키워나가실 생각이신지, 그리고 지금 인문대를 다니고 있는 학생들에게 해주고 싶은 말씀이 있으시다면 한마디 부탁드리겠습니다.

A: 아프리카 TV는 아시는 분들은 아시겠지만 A free casting을 줄여서 만든 말이죠. 말 그대로 모든 개인이 자유롭게 방송을 할 수 있다는 뜻으로, 인터넷 기반 UCC 라이브 방송 플랫폼 서비스입니다. 시작한 지 5년이 되어 가는데 다행히 많은 분들이 이용하시는 것 같아요. 이것을 바탕으로 모든 인

터넷 라이브 방송을 아프리카 플랫폼을 통해서 서비스하는, 다시 말해 라이브 미디어의 허브로 만들려는 계획이 있죠.

웹 스토리지 서비스인 피디박스, 클럽박스도 세컨드라이브라는 새로운 개인저장형 네트워크 드라이브로 업그레이드할 준비를 하고 있어요. 전 세계에서 최초로 유저에게 1테라바이트의 저장 공간을 제공하는데 이것을 통해 컨텐츠를 유통, 보관, 관리, 감상하는 플랫폼으로 키울 생각입니다. 다행히 젊은 네티즌 고객들의 반응이 좋아서 잘 될 것 같네요.

지금 인문대를 다니는 대학생들에게 해주고 싶은 말이 있다면… 이런 것을 권유하고 싶은데, 뭔가 한 가지에는 미쳐보라는 것이죠. 공부, 문학, 연애, 종교, 사회운동, 스포츠 그 무엇이 되었든 간에 한 가지에 인생을 걸고 미쳐서 열병을 앓아봐야 해요. 20대, 대학생, 그때 아니면 느끼지 못하는 감성이라는 것이 있습니다. 그 느낌이 아주 중요하다는 생각이 드네요. 특히 문학이 주는 감성에는 꼭 한번 빠져보면 좋겠네요. 20대 초반에 읽는 소설과 사회생활하면서 읽는 소설은 그 느낌이 너무 다르지만 20대에 느끼는 그 감성이 참 소중하거든요. 20대에는 순수와 이상에 모든 것을 걸어보는 인생의 열병을 앓을 특권이 있어요. 부디 그 특권을 누리길 바랍니다.

일은 출세를 위해서가 아니라
봉사를 위해서다

중문학을 전공한 외교관
최영삼

1966년생. 중어중문학 전공. 미국 미시간대학교 아시아지역학 석사. 현 외교통상부 중국과장
2000~2007년 주중국 · 인도 · 태국 대사관 근무. 동북아협력과장

멋진 파티장에서 화려한 옷을 입고 많은 사람들의 주목을 받는 생활을 할 것이라고
생각했다면 애초에 외교관을 시작하지도 않았을 것이다.
그리고 그런 것을 기대했다면 지금껏 이 일을 하고 있지도 못했을 것이다.
일은 출세하기 위해서 선택하는 것이 아니라 봉사하기 위해서 결심하는 것이다.
진심으로 봉사하고 헌신하면 세상이 말하는 출세는 원하지 않아도 따라올 것이다

19 80년대는 치열했다. '민주화'라는 커다란 화두가 대학가를 지배했다. 매일 계속되는 시위 속에서 2학년 때까지 학교 수업을 제대로 들어본 기억이 별로 없다. 그리고 3학년이 되던 1988년 무렵부터 조금 조용해지기 시작했다. 미래를 위한 준비를 시작해야 했다. 하지만 유수한 민간기업 입사는 왠지 배신처럼 여겨지던 시절이었다. 운동권은 결코 아니었지만, 그렇다고 얕보이기도 싫었다.

외무고시 준비는 그렇게 시작되었다. 운명의 길을 발견한 것이었는지, 상황에 맞춘 대안 찾기였는지는 기억이 분명치 않다. 하지만 개인이 아닌 민족을 위해 일하고, 사익이 아닌 국익을 위해 봉사하고 싶다는 나름의 고상한 명분은 분명히 있었다. 전공인 중국어를 살려 대중국 외교에 기여하고 싶다는 소망도 있었다. 물론 멋진 옷 입고 밤마다 파티를 즐기고 싶은 생각 같은 것은 정말 꿈에도 없었다(그런 이룰 수 없는 꿈을 꾸었다면 정말 실망했을 것이다). 그리고 이제 외교관이 된 지 20년. 나는 '아직'이라고 하지만, 내 직업에 대한 나름의 생각을 인문대

후배들과 나눌 때도 되었다고 이야기하는 사람들도 있다. 그래서 감히 이 글을 쓴다.

## 겉으로 보이는 외교관과 실제 외교관

외교관은 해외에서 국가를 대표하면서 국익을 위해 다른 나라와 교섭하는 정부 관리이다. 이렇게 정의는 간단하지만, 실제 외교관들이 하는 일은 정말 다양하다.

첫째 외교관은 국가를 대표한다. 외교관 중의 최고 지위라고 할 수 있는 '대사'의 정식 명칭은 '특명전권대사(特命全權大使)'이다. 해외에서 대한민국을 대표해 전적인 권한을 행사하도록 특별히 임명된 사람이라는 뜻이다. 대사들이 타는 차량에 태극기를 게양하는 것 역시 국가를 대표하기 위해서다. 그렇다면 대통령이 그 나라를 방문하면 어떻게 될까? 이런 경우 대사 차량의 태극기는 내려가고, 대통령 차량에 태극기가 부착된다. 대한민국의 대표자가 두 사람일 수는 없기 때문이다. 그럼 외교관은 좋은 일이 있을 때만 국가를 대표할까? 그렇지 않다. 교과서 문제 등이 발생했을 때 서울 주재 일본대사가 우리 외교부 장관에게 항의를 받는 모습을 보았을 것이다. 이 역시 나라를 대표해 비난을 받는 것이다.

둘째 외교관은 국익을 증진하고 국민을 보호한다. 자신의 이익이 아니라 국가의 이익을 위해 사람을 만나, 설득하고, 협상해야 한다. 또한 우리 국민들이 해외에서 억울한 일을 당하지 않도록 해야 한다. 나 역시 이러한 일을 할 수 있기를 바라고 외교관이 되었다. 그리고 실제 이런 일을 하고 뿌듯한 감격을 누린 일도 많다. 어려운 협정의 문안 타결이 이루어졌을 때, 우리 수감자에 대한 감형 또는 석방 교섭이 성공했을 때 등등. 그러나 때로는 하기 싫고 위험하고 어려운 일도 해야 한다. 사고로 사망한 사람의 부검이나 화장에 참석하기도 하며, 재외국민 보호 서비스에 만족하지 못한 분들로부터 심한 욕설을 듣기도 한다. 심지어 치안 상황이 안정적이지 못한 위험지역을 들락날락해야 하는 것은 기본이다.

셋째 외교관은 주재국의 정치 및 경제 정세 등을 파악, 분석, 보고한다. 외교관계에 있어 상대국의 관련 정책과 정세를 정확히 파악하는 것은 기본 중의 기본이다. 외교관이 바로 그 일을 한다. 그러기 위해서는 많은 글을 읽고 많은 사람을 만나야 한다. 하지만 어느 누가 선뜻 내가 편한 시간에 만나 원하는 고급 정보들을 술술 알려주겠는가? 참으로 어려운 일이다. 그래도 알아내야만 할 때가 많다. 외교관을 공인된 스파이라고 하는데 아마도 이런 일을 하기 때문일 것이다.

이외에도 외교관들은 본국과 주재국의 친선을 도모하고, 해외에서 본국을 홍보하는 등 다양한 일들을 한다. 외국 사람을 집에 불러 식사를 대접하고, 주재국에서 한국 영화제를 개최하는 것들 모두가 외교관들이 하는 일이다. 국가 대표 멀티 플레이어인 셈이다.


## 좋지만 힘든 그래서 매력적인 외교관

외교관이라는 직업에는 좋은 점이 참 많다. 무엇보다도 나라를 대표해 일한다는 긍지와 보람이 있다. 이는 외교관이 누릴 수 있는 가장 소중한 무형의 가치이다. 더 많은 보수를 받고, 더 안정된 직업도 많겠지만 이러한 가치를 느낄 수 있는 직업은 흔하지 않다.

외교관은 지적 호기심을 부단히 자극하는 좋은 직업이다. "A good diplomat knows everything on something, and something on everything" 이라는 말도 있거니와, 정말 알고 배워야 할 것들이 너무나 많다. 전반적인 국제질서에 대해, 한 나라에 대해, 우리나라에 대해, 정치에 대해, 경제에 대해, 문화 등. 새로운 임지에서 호기심 가득한 얼굴로 2~3년간 새로운 나라와 문화, 그리고 사람들에 대해 공부할 수 있는 기회를 평생 가질 수 있다는 것은 분명 큰 축복이다.

특히 세상의 많은 나라들을 돌아다니면서 다양한 문화체험을 할 수 있는 것은 정말 매력적이다. 나 역시 지난 20년간 미국, 중국, 인도, 태국 이렇게 네 나라에서 생활했고, 약 20개 가까운 국가를 방문했다. 그때마다 다른 사람들을 만났으며, 다른 음식을 먹었으며, 다른 문화를 체험했다. 자기 돈 내고서라도 이런 경험을 할 수 있는 사람이 세상에 몇이나 될까? 덕분에 나는 곤충 튀김과 통개구리 찜, 그리고 도마뱀 피자도 먹어볼 수 있었다.

남을 도울 수 있는 위치에 서게 된다는 것도 좋다. 말도 통하지 않는 낯선 곳에서 곤경을 당했을 때, 외교관들은 우리 국민들이 도움의 손길을 바랄 수 있는 가장 확실한 피난처가 된다. 우리보다 못 살고 어려운 국제사회의 이웃들을 위해 인도적 지원을 선도할 수도 있다.

그 외에도 외교관은 해외에서 다른 사람은 누릴 수 없는 외교 특권과 면제를 향유한다던가 하는 많은 혜택을 누리는 좋은 직업이다. 무엇보다도 외교관이 좋은 직업인 정말 확실한 이유는 외교관이 나쁜 직업이라고 선뜻 말하는 사람이 거의 없다는 객관적 사실 때문이다. 다시 말하지만 외교관은 좋은 직업이다.

그렇지만 외교관이라고 다 좋을까? 어찌 애환이 없을까?

첫째 외교관은 큰 돈을 벌 수 있는 직업은 결코 아니다. 경제력이 가장 중요한 가치가 된 지금의 사회에서 이것은 사실 중요한 문제다. 외교관이 큰 돈을 벌 수 없는 이유는 매우 간단하다. 공무원이기 때문이다. 돈을 많이 벌고 싶은 사람은 외교관을 하지 않는 것이 좋다. 그래도 먹고사는 문제이니 궁금하지 않을 수 없다. 외교관은 돈을 얼마나 벌 수 있을까? 국내에서는 먹고살 수 있을 만큼 받으며, 해외에서는 외교관으로서 어느 정도 품위 유지는 할 수 있을 만큼 받는다.

둘째 가족들의 고생이 심하다. 평생에 걸쳐 2~3년에 한 번씩 이사를 해야 하는 희한한 직업이 외교관이다. 심지어 그것도 해외 이사를 해야 한다. 내 아내는 신혼 초 첫 해외 발령을 받아 나갈 때 약 보름 정도 이삿짐을 꾸렸다. 하지만 최근에는 이사 전날에야 준비를 한다. 양갓집 규수가 남편 잘못 만나 이사의 달인이 된 것이다. 아마도 10년쯤 후에는 이사 당일에 준비를 할지도 모르겠다. '평생 반벙어리 신세로 이리저리 세상을 유리하는 삶', 어느 외교관 부인의 자조적 표현이다.

특히 아이들도 고생이 많다. 우리 큰아이는 미국에서 태어나 한국에서 유년기를 보내고 중국에서 초등학교에 입학해 인도에서 3학년을 마치고 한국에 들어와 조금 있다가 다시 태국에 가서 초등학교 고학년 과정을 보낸 후 지금 한국에서 중학교에 다니고 있다. 태어나 13년간 7개 나라에서 산 셈이다. 이러니 교육이 제대로 되기가 힘들다. 쌍둥이인 둘째와 셋째는 더운 인도에서 유아기를 보냈는데 거의 2~3주마다 고열에 시달려야 했다. 공부는 차치하고 그저 건강해 주기만 바랄 뿐이다.

셋째 외교관이 늘 살기 좋은 곳에만 발령을 받아 가는 것이 아니다. 우리나라의 국익이 존재하는 곳이라면 어디든지 가야 한다. 테러의 위험이 상존하는 곳에도, 말라리아가 창궐하는 곳에도, 제대로 된 생필품이 거의 없는 곳에도, 전기나 수도 공급이 잘 되지 않는 곳에도 외교관은 가야 한다. 외교관 본인이야 사명이 있어 간다고 하지만, 가족들도 함께 고생해야 하니 미안할 따름이다. 실제 우리 외교관 중에는 부인이 근무지에서 테러 단체에 납치된 경우도 있었다. 외교관 본인이 한국에 앙심을 품은 현지인에게 테러를 당한 경우는 말할 것도 없다.

넷째 외교관은 나이가 들어갈수록 외로운 직업이다. 퇴직하신 선배 외교관들이 흔히 하시는 말씀 중에 "외교는 잘했지만 내교는 못했다"라는 표현이 있다. 평생 동안 전 세계를 돌아다니며 여러 나라의 외교관들과 밖으로 사귀는 일은 잘했지만, 국내에 있는 친구며 친지들과의 사귐은 잘하지 못했다는 뜻이다. 동문회도 자주 나가고 향우회도 가끔 들르고 그래야 사람 사이의 사귐이 유지되는 것이 한국 사회다. 그런데 외교관들은 해외에 나가 있는 시간이 많아 이게 힘들다. 한번 연락이 끊어지면 그 다음부터는 다시 이어지기 쉽지 않다. 결국 은퇴 후에 몇몇 직장 동료들만 남는 직업, 그것이 바로 외교관이다.


## 외교관은 출세가 아니라 봉사다

외교관이 하는 일, 그리고 그 장점과 단점들을 감안할 때, 어떤 자질을 갖춘 사람이 좋은 외교관이 될 수 있을까?

첫째 무엇보다도 국가와 민족, 그리고 인류에 대한 사랑이 많은 사람일 것이다. 자기의 출세와 평안을 지나치게 사랑하는 사람은 이 직업에 그다지 적합하지 않은 것 같다. 국가를 대표해 국익을 증진하고, 어려운 이들을 위해 일해야 하기 때문이다. 돈 욕심이 많은 사람도 곤란하다.

둘째 지적인 호기심이 많은 사람이면 좋겠다. 매번의 경험이 새로운 경험이고 미지의 세계가 끝없이 펼쳐지는데 그저 심드렁하게 있으면 무엇을 발견할 수 있겠는가? 그 사람과의 대화가 흥미진진하고 거기에서 배울 것이 많은 사람이 바로 계속 만나고 싶은 사람이 아니겠는가?

셋째 사람을 사귀는 데 적극적인 사람이면 더욱 좋으리라. 외교관(外交官)이란 기본적으로 바깥에 나가서 사람을 사귀는 공무원이다. 그렇게 함으로써 알아야 할 것을 알게 되고, 설득해야 할 일은 설득할 기회도 얻게 되는 것이다. 사람 만나는 것이 싫거나 피곤하고 혼자 있는 것이 마냥 좋은 사람에게 적합한 직업은 아니다.

넷째 다른 사람에 대한 배려심이 있는 사람이라야 한다. 자기에게서 무엇인가를 얻어만 가려는 사람에게 호의적인 사람은 세상에 아무도 없다. 잠시 만나서 비즈니스 대화만 하려 해서는 깊은 내용을 얻을 수 없다. 프로스트는 "A good diplomat is a man who always remembers a woman's _____, but never remembers her age."라고 말했다. 여기서 _____에 들어갈 말이 무엇이겠는가? 바로 'birthday'이다. 이 정도의 배려가 있는 사람이라야 한다는 뜻이다.

다섯째 다른 문화에 대한 감수성이 뛰어나고 문화적 융화력이 좋은 사람이면 좋으리라. "이 나라 사람들은 도저히 이해가 안돼." "죽었다 깨어나도 하루 삼시 세끼 모두 밥과 김치를 먹어야 해." 이런 사람들은 외교관으로 적합하지 않다. 아무리 이상하게 보이는 음식이라도 상대가 대접하면 기쁘게 먹을 수 있는 사람. 이런 사람이 외교관으로 적합하다.

이상의 자질들은 어느 정도까지는 교육과 훈련으로 배양될 수 있겠지만, 사실 대부분은 성인이 되기 전에 이미 형성되어 있는 것들이다. 하지만 비록 그런 자질을 타고 나지 못했다고 하더라도 열심을 가지고 노력하면 극복할 수 있다. '성실'과 '열심'이야말로 좋은 외교관이 되기 위한 가장 중요한 자질이다.

그런가 하면 외교관이 된 다음에 반드시 갖추도록 노력해야 할 덕목들이 있다. 그중에 으뜸은 폭넓은 지식이다. "훌륭한 외교관은 모든 사안에 대해 어느 정도씩은 다 아는 사람이며, 어떤 주제에 대해서는 모든 것을 다 아는 사람이다"라는 말도 있다고 했거니와, 다방면에 대한 팔방미인과 같은 이해는 정말 중요하다. 안보나 경제 문제에 대해 통달한 사람이 있다고 하자. 하지만 누가 만나자마자 그런 이야기부터 하겠는가? 날씨 이야기도 하고, 예술 이야기도 하고, 첨단 전자장비와 자동차 이야기도 하고, 스포츠 이야기도 하고, 역사 이야기도 하면서 이야기를 시작하는 것, 그러는 것이 외교이다. 이른바 'ice breaking', 즉 분위기를 부드럽게 하는 사전단계 없이 본론에 바로 들어가는 경우는 거의 없는 것이다. 이런 이야기를 할 때는 꿀 먹은 벙어리처럼 가만히 있다가 본론만 신나게 이야기하는 외교관은 '실력'은 있을지 모르지만 '재미'는 없는 사람일 게 분명하다.

거꾸로 어느 분야에 대한 전문가 수준의 깊은 지식도 필수적이다. 그것이 특정 지역 문제가 되었건 이슈가 되었건 그 사람을 만나면 탁견을 들을 수 있다는 기대감을 품게 할 만큼 전문가가 되어야 한다. 만나서 이런저런 이야기를 하면 '재미'는 있지만, 정작 중요한 이야기를 할 때에는 별로 기대할 것이 없는 사람이라면 외교관이 아니라 만담가에 지나지 않을 뿐이다. 그러기 위해서는 정말로 열심히 공부해야 한다. 특별히 우리나라처럼 주변 강대국들에 둘러싸여 있고 남북이 분단되어 있으며 대외 경제의존도가 높은 중등 국가의 외교관들은 더욱 열심히 공부해야 한다. 강대국 외교관은 개인적 역량이 조금 떨어지더라도 무조건 중요한 외교관 취급을 받는다. 하지만 우리나라 정도의 역량을 가진 국가의 외교관이 중요한 역할을 하려면, 개인적 역량이 뛰어나지 않으면 곤란한 법이다.

세련된 매너 역시 훌륭한 외교관이 갖추어야 할 중요한 덕목이다. 사람을 만나 대화하고 설득하는 것이 직업인 외교관이 매너가 형편없다면 정말로 곤란하다. 다시는 만나고 싶지 않은 기분 나쁜 상대가 될 것이기 때문이다. 집요하고 사람을 살살 녹이는 영업사원들만큼의 매너도 없는 외교관은 이미 실패한 외교관이다. 국가가 회사만큼도 되지 않는다는 말인가?

이상에서 말한 큰 사랑, 지적 호기심, 사교성, 타인에 대한 배려 및 이문화 감수성 등의 기본 자질 위에 폭넓고 깊이 있는 지식과 세련된 매너를 갖춘 외교관은 이미 좋은 외교관을 넘어 훌륭한 외교관임에 분명하다. 필자도 이를 이루기 위한 길 위에서 달려가고 있기는 하지만.


## 로드맵


좋은 외교관이 될 자질 또는 열심을 가지고 있고, 나아가 훌륭한 외교관이 되고자 하는 마음가짐이 있는 사람이라면 이제 정말 실제로 외교관이 되기 위한 구체적인 준비를 해도 좋을 것이다. 하지만 어떻게?

외교관을 간단히 해외에서 우리나라를 대표해 일하는 공무원이라고 한다면, 재외공관에 약 2~3년간 파견되어 일하는 여러 부처 공무원들도 넓은 의미에서는 외교관이라고 할 수 있다. 그러나 이들은 대부분 평생 한 번밖에 해외 근무를 하지 않기 때문에 엄밀한 의미에서 직업외교관은 아니다. 외교관을 평생 직업으로 삼는 이른바 직업외교관은 외교통상부 소속 공무원을 말한다. 이들은 입부하여 정년퇴임할 때까지 약 30~40년간을 국내와 해외를 번갈아 근무하면서 국내에서는 외무공무원(foreign service officer)으로, 해외에서는 외교관(diplomat)으로 일하는 진정한 의미의 직업외교관이다.

외교통상부 공무원이 되기 위한 길은 여러 가지가 있으며, 크게는 공개경쟁시험을 통한 채용과 특별 채용, 두 가지로 구분된다.

그중 첫째는 외무고시를 거치는 방법이다. 외교, 안보, 경제, 문화 등 전형적인 외교업무에 종사하게 되며, 현재 각국 주재 대사를 비롯한 고위 외교관들 대부분은 바로 이 경로를 통해 외무공무원이 된 분들이다.

다음은 행정고시 국제통상직이나 사법시험을 거쳐 외교통상부에 들어가는 방법이다. 외무고시 출신과 마찬가지로 중견 실무자로 외교관 생활을 시작하게 되며, 주로 통상이나 조약 등 특정 분야에서 일하게 된다.

위와 같이 이른바 '고시'를 거쳐 처음부터 중견 실무자로 출발하는 방법도 있지만, 조금 낮게 시작하는 방법도 있다. 7급 공채 시험을 통해 외무영사직이나 외교정보직 공무원이 되는 방법이 대표적인데, 주로 재외국민보호 및 외교통신 업무를 담당하게 된다.

이상과 같은 공개경쟁채용은 모두 매년 일정한 시기에 시험을 통해 선발하지만, 특별 채용은 말 그대로 외교통상부에 인력 수요가 있을 때마다 특별한 자격을 갖춘 분들을 별도의 채용 경로를 통해 충원하는 방법이다. 통번역을 담당할 외국어 능통자나 희소 언어 전문가, 역사외교를 담당할 역사학자 출신, 특정 지역 전문가, 회계 전문가 등등 여러 가지가 있다. 직급과 대우는 개별적으로 정해진다.

이처럼 외교관을 선발하는 절차는 직렬(업무분야)과 직급(계급)에 따라 다양하기 때문에 자신이 목표로 하는 직렬과 직급을 잘 선택하여 이에 적합한 방식의 준비를 하는 것이 중요하다. 일반적으로 공개경쟁채용의 경우에는 각각의 채용시험이 가진 특성을 철저하게 이해하여 필기시험에서 좋은 성적을 얻는 것이 중요하다. 반면 특별채용의 경우에는 자신의 학문적, 사회적 배경과 경험이 특정 분야에 요긴하게 쓰일 수 있는 점을 시험관에게 명확히 인식시키는 것이 필요하다.


## 왜 인문학 공부를 한 사람이 외교관이 되어야 하는가

현재 우리 외교관들의 대학 전공은 참으로 다양하다. 화학공학, 치의학 등 의외의 전공자들도 간혹 있지만, 정치학, 외교학, 법학, 경제학 등 사회과학 계열과 영문, 중문, 사학, 철학 등 인문학 전공자들이 절대 다수를 차지한다. 인문학과 사회과학 전공자들이 양대 산맥을 이루고 있다고 말해도 좋을 정도이며, 이는 시대의 흐름에도 불구하고 크게 변하지 않고 있다.

그럼에도 불구하고, 젊은 인문학 전공 대학생들 가운데는 자신의 전공이 외교관이 되기에는 적절치 않다고 생각하는 경향도 있다고 한다. 이는 참으로 의외이며 제대로 알아보지도 않고 지레짐작으로 실망부터 하는 부정적 성향의 소유자들임에 다름이 아니다. 외교통상부장관만 해도 전임은 독문학 전공, 현임은 행정학 전공 아닌가?

앞서 훌륭한 외교관이란 인간에 대한 큰 사랑과 지적 호기심, 사교성, 타인에 대한 배려 및 이문화 감수성 등의 기본 자질 위에 폭넓고 깊이 있는 지식과 세련된 매너를 갖춘 사람이라는 개인적 생각을 말한 적이 있다. 그런데 가만히 보면 여기에 전공 이야기는 없다. 즉 전공의 제한은 있을 수 없으며, 특별히 어떤 전공이 유리하다 또는 불리하다고 말할 것도 없다는 얘기다. 오히려 외교는 사람을 사귀는 직업이라는 점에서 볼 때 인간에 대한 학문, 즉 인문학과 가장 가까운 관계에 있다고도 할 수 있을 것이다. 안보나 경제 등 외교가 다루는 분야와 외교 그 자체를 혼동해서는 곤란할 것이다. 한 가지를 더 첨언하자면, 대학에서 배운 지식만으로 외교하는 것은 결코 아니며 그렇게 해서도 곤란하다. 기술적인 의미에서 지식 쌓기는 늙어 죽을 때까지 해야 하는 것이지, 대학 때 잠깐 하고 끝내는 것이 아니다.

대학시절 인문학 전공자로서 나는 지금까지 비교적 전공에 부합하는 길을 걸어왔다고 할 수 있다. 외교통상부 본부 중국과에서 5년간 일하고 지금 중국과장으로 있다. 재외동포 업무와 통상 업무도 2년 정도 했지만, 그곳에서도 중국 조선족과 대만 통상 업무를 담당했다. 미국에 유학하여 중국 대외관계로 석사학위를 받았다. 주중국대사관에서 근무를 하기도 했다.

인문학 전공은 외교관으로서 나의 활동에 큰 도움이 되기도 하였다. 학교시절 연마한 중국어는 중국인들과 의사소통하고 중국 정보를 취득하는 데 너무나 큰 도움이 되었다. 중국 역사와 문학에 대한 지식은 현대 중국과 중국인들을 이해하는 데 필수적인 것이었다.

물론 인문학 전공자이지만 외교관으로서는 전공과는 크게 관련 없어 보이는 길을 걷고 있는 외교관들도 많다. 경제 통상 전문가들 가운데 이런 분들이 많은데, 그렇다고 인문학 전공이 그들의 외교관 생활에 전혀 기여하지 못했을까? 언어와 문학, 역사와 철학에 대한 그들의 이해와 식견은 그들의 외교에 분명 소중하게 쓰였을 것이다.

다방면에 대한 지식이 사람 사귐 등 외교에 참으로 긴요하다는 것은 이미 말하였거니와, 현대 외교에서는 오히려 인문학이 직접적인 쓰임새를 가지고 소용되는 경우도 많다. 대표적인 경우가 중국의 급격한 부상과 관련한 성어의 빈번한 사용이다.

버락 오바마 대통령은 2009년 7월 중국과 미국 간의 전략경제대화 개막 연설에서 "山徑之蹊間 介然用之而成路 爲間不用 則茅塞之矣(산중에 난 좁은 길도 계속 다녀야지 그렇지 않으면 풀이 우거져 막히게 된다)"라는 맹자 진심편의 말을 인용하였다. 미국과 중국 간의 지속적인 대화와 협력을 강조하기 위해서였다. 힐러리 클린턴 국무장관 역시 다른 계기에 "人心齊 泰山移(사람들이 마음을 합하면 태산도 움직일 수 있다)"라는 말을 통해 갈등이 아닌 협력을 강조하였다.

이런 표현을 들은 중국인들은 어떻게 느꼈을까? 중국의 국제적 책임과 중·미 간 협력의 필요성을 구구절절 설명하는 수백 마디의 영어식 표현보다 훨씬 중국인들의 마음을 효과적으로 움직였을 것 같지 않은가? 인문학이 외교에서 가치를 발하는 순간인 것이다.

모든 직장이 다 그렇겠지만, 외교에 있어서는 더욱 Specialist(특정 분야 전문가)와 함께 Generalist(모든 분야에 대해 두루 박학한 사람)적 자질이 동시에 요구된다. 대학시절 쌓은 다방면의 인문학적 소양 위에서 특정 외교 분야에 관한 전문가적 지식을 습득해 나간다면 가장 좋은 조합이 되는 셈이다. 이것이 바로 우리 외교가 바라는 인문학 전공 외교관의 모습이다.

# 인간 사이의 문제를 고민하는 게 인문학이다
# 그래서 외교도 인문학이다

흔히 문학·사학·철학으로 대표되는 인문학은 원래 인간에 대한 학문이다. 좀 더 구체적으로는 인간의 내면과 인간들 간의 관계에 대한 학문이다.

훌륭한 외교관이 단순히 특정 분야에 관한 전문 지식을 바탕으로 한 외교 기술자를 의미하는 것이라면, 그런 기술자는 인문학이든 사회과학이든 전공에 상관없이 누구든지 책 많이 읽고 노력하는 사람이면 다 될 수 있다. 그러나 훌륭한 외교관이 인간과 사회에 대한 깊은 성찰을 바탕으로 진심을 보이면서 사람과 국가를 사귀는 자기희생적인 종합 예술가라면 인문학이 기여할 바는 분명히 있을 것이다.

대학시절 전공 공부를 그다지 많이 한 것 같지는 않지만, 당시 사회 분위기 속에서 학우들과 인간과 사회의 부조리 등 소위 개똥철학 같은 이야기를 참으로 많이 했던 것 같다. 생각해 보면 세상 최고의 고민을 하는 것으로 착각하면서 어설픈 지식인 행세를 했던 것 같아 유치하기도 하고 부끄럽기도 하지만 그때는 정말 나름 진지했다. 학교를 떠난 후 직업인으로서 하루하루 숫자들과 새로운 자료, 문서 보기를 거듭하면서 이런 일들에서 멀어졌지만, 때때로 그 시절을 생각하고 그리워하기도 했다.

그러나 요즈음 대학생들은 지금 우리들이 하고 있는 소위 전문적인 지식과 기술의 습득에 너무 빨리 뛰어들고 있는 것 같다. 취업을 위한 스펙 쌓기라는 말로 대변되는 이런 추세가 안타깝기도 하지만, 그러지 말고 실컷 놀고, 비현실적인 고민도 좀 많이 하라고 충고하기에는 내가 너무 무책임하다는 생각이 든다. 현실이 그만큼 고달파진 것 아닌가?

그렇기는 하지만, 사회 진출을 앞둔 대학생들, 특히 인문대생들에게 꼭 한 마디 해주고 싶은 말이 있다면 그것은 대학에 다니는 동안 세상 살아가면서 붙들고 살 자기의 신념이나 관을 세우기 위해 노력하라는 것이다. 갈등이 생길 때마다 붙잡고 물어 보아야 할 한 가지 신념 말이다. 그것이 없으면 가치 판단의 기준이 없어지고 자신이 가진 지식과 기술은 남들이 원하는 방향으로 쓰이게 되고 말 것이다.

참고로 내가 붙들고자 하는 신념은 신약성경에 나오는 "무엇이든지 남에게 대접을 받고자 하는 대로 너희도 남을 대접하라"이다. 아마도 공자는 이를 "己所不欲 勿施於人(자신이 하기 싫은 일은 남에게도 하게 하지 말라)"이라고 했다던가.

다른 사람과는 소통을
자신에게는 관리를

미학을 전공한 만화가
김태권

1974년생. 미학 전공. 서울대학교 서양고전학 협동과정 대학원. 현재 한겨레신문에 〈에라스뮈스와 친구들〉 연재 중
2002년 문화일보 〈장정일삼국지〉 일러스트와 프레시안 〈십자군이야기〉 만화로 데뷔
문화일보, 프레시안, 시사in, 팝툰, 풋, 창비주간논평 등에 연재

만화책 『십자군이야기 1, 2』, 『삼인삼색 미학오디세이(공저)』, 『르네상스 미술이야기』, 『어린왕자의 귀환』 등
일러스트레이션 〈장정일삼국지(전 10권)〉, 〈철학학교 1, 2〉, 〈에라스무스 격언집〉, 〈세계와 인간을 탐구한 서사시 오뒷세이아〉 등

타고난 재능이 직업에 끼치는 영향은 얼마나 될까?
신에게 받은 능력이 없으면, 이를테면 작가 같은 것은 상상할 수도 없는 일일까?
재능으로 한두 번 주목받기는 쉽다. 하지만 평생 직업으로 일을 하는 것은 다르다.
재능의 문제가 아니라 관리의 문제다.
작가라면 소통을 관리하고, 작품을 관리하고, 역량을 관리하고 돈은 물론 체력도 관리해야
직업으로서의 작가가 되는 것이다. 문제는 재능이 아니라 관리다.

독일의 유명한 사회학자 막스 베버가 쓴 〈직업으로서의 학문〉이라는 글이 있습니다. 그는 대학 교수가 되는 방법을 알려줄 수는 없지만 평생 공부하는 삶에 대해서 말하고 싶다면서 글을 시작하지요. 지금 이 글은 어찌 보면 베버의 글과는 반대입니다. 좋은 만화를 그리는 방법은 알려드릴 수 없지만 만화가라는 직업에 대해선 말씀해드릴 수 있거든요.

만화를 그리는 일은 즐겁습니다. 움베르토 에코는 "나는 왜 『장미의 이름』을 썼을까"를 묻고 "인간은 원래 이야기를 좋아하는 동물이다"라고 답했어요. 왠지 얼렁뚱땅 넘어가려는 것도 같지만, 나름 공감이 가는 답변입니다. 인간은 천성적으로 이야기를 좋아하고, 그림 그리고 꾸미는 일 역시 좋아합니다. 어떤 사람에게 종이와 펜을 쥐어준다면 그는 과연 무엇을 할까요? 잠시 몇 자 적다가 결국은 열에 아홉, 깨작깨작 그림을 끼적일 겁니다.

이야기도 즐겁고 그림도 즐겁습니다. 그런데 만화를 그리면 둘 다 할 수 있습니다. 얼마나 좋은 일인가요? 누구나 어린 시절 만화를 그려봤죠. 그림을

순서에 맞춰 엮고(가끔 말풍선을 달기도 합니다) 이야기를 지으면 이게 바로 만화입니다. 이런 의미에서 우리 모두는 이미 만화가입니다. 취미로서의 만화, 즐기기 위한 만화이지요.

## 직업으로서의 만화

그렇다면 직업으로서의 만화란 무얼까요? 우선 그것은 만화로 돈을 번다는 의미입니다. 만화 그리기는 즐겁지만, 이것 말고도 돈을 버는 일이 전제되어 있어야, 직업으로서의 만화겠지요. 먹고살자고 하는 짓까지는 아니어도 먹고는 살아야 할 것 아니겠습니까. 이 글에서 그 '먹고는 살 수 있는 방법'에 대해 작은 힌트라도 드리고 싶네요.

그러나 돈 자체가 중요한 것은 아닙니다. 이야기가 오락가락하는 것 같지만 돈의 액수에 집착한다면 이 직업의 진정한 매력을 느낄 수 없습니다. 더 중요한 건, 기회를 얻는 일이지요. 더 나은 작업을 할 기회, 단행본이건 매체 기고건 인터넷 업로드건 간에 그걸 널리 출판할 기회 말입니다. 그러기 위해서는 작품 활동을 하는 동안 생활은 해결이 돼야겠지요. 돈은 수단이고 꾸준히 작품을 하는 것이 진정한 목적이랍니다.

직업만화가란 요컨대 평생 만화를 그리는 사람입니다. 만화가라는 직업은 자기의 작품목록을 채워나가는, 다른 말로 커리어를 쌓아가는 일이라고도 할 수 있겠죠. 어린아이가 바닷가에 앉아 조개껍질을 모으듯 작품을 하나하나 차곡차곡 쌓아갑니다. 글 뒷부분에서 다시 다룰 이야기입니다만, 이건 상당히 매력적인 일입니다. 시간이 지나면 나의 육신은 사라지겠지만 나의 작품목록은 남을 테니까요. "나는 죽어도 내 작품은 살리라"고 시인 오비디우스는 노래했다죠. 오비디우스처럼 좋은 작품을 남길 자신도 없고 그와 같은 재능은 더더군다나 없지만, 혹시 압니까, 저 같은 사람도 언젠가 괜찮은 작품을 그릴 요행이 있을지. 바로 이런 희망 때문에, 만화가라는 직업을 붙들고 살아갑니다.


## 만화가가 되기로 결심하다

제가 직업만화가가 되기로 결심한 것은 대학교 4학년 때였습니다. 물론 막막했습니다. 먹고살 걱정도 막막했고 주변에 만화가가 없다는 것도 막막했어요. 무엇보다도 막막했던 건, 어떻게 해야 직업만화가가 될 수 있을까, 그 방법을 전혀 몰랐던 겁니다. 원래부터 저는 만화를 좋아했어요. 읽는 것도 좋아하고 그리는 것도 좋아했죠(저도 한때는 동네에서 잘나가던 아마추어 만화가였답니다). 그러나 막상 직업만화가가 되겠다고 마음을 먹자, 답답하기만 했습니다. 어떻게 훈련을 해야 할까요? 그림부터 배워야 할까요, 글부터 써야 할까요? 몇 년 동안 백수 상태로 고민하면서 시행착오 끝에 깨달은 것은 아주 간단한 사실입니다. 직업만화가가 되려면 직업만화가에게 필요한 능력을 모두 갖추어야 한다는 겁니다. 어떤 능력들인지 한번 살펴보지요.

자, 한 편의 만화가 완성되는 과정을, 다음과 같이 네 단계로 나누어볼 수 있습니다. ① 어떤 만화를 그릴지 콘텐츠를 기획합니다. ② 스토리를 짜고 대사를 씁니다. ③ 어떻게 칸을 나눌지 미리 콘티를 짭니다. ④ 그림을 그립니다.

물론 스타일에 따라 각 단계가 다르기는 합니다. 〈시민 쾌걸〉과 〈와일드 와일드 워커스〉로 유명한 김진태 작가님은 "콘티를 일일이 그리지 않는다"라고 밝혀 많은 만화가들에게 '충격과 공포'를 자아낸 일이 있습니다. 그렇다고 콘티를 짜지 않는다는 건 아닐 터. 20년 가까이 좋은 작품을 연재하던 내공에 의하여, 간단한 콘티쯤은 머릿속에서 짤 수 있다는 의미겠죠(경고 : "Don't try this at home!" 재능과 경험을 겸비한 김진태 작가님이나 할 일입니다. 초보자는 결코 따라하지 마세요). 한편 〈공룡 둘리에 대한 슬픈 오마주〉와 〈100℃〉로 독자들을 사로잡은 최규석 작가님은, 연필로 명암까지 입힌 완성원고 수준의 콘티를 그린다고 알려져 역시 저 같은 사람에게 정신적 상처를 주었지요.

그러나 어떤 스타일을 가진 작가 분이건 ① 콘텐츠, ② 이야기, ③ 콘티, ④ 그림, 이 네 가지 단계 가운데 하나도 생략할 수는 없지요. 그러면 작품이 나올 수 없으니까요. 만화 작품을 완성시키려면 이 네 단계를 거쳐야 하고, 전업 만화가가 되려면 이 네 단계에 필요한 능력을 '득템'해야 합니다.

말은 거창하게 했지만, 죽었다 깨어나도 못할 만큼 어려운 일도 아니고, 누구나 조금만 부지런을 떨면 익힐 수 있는 능력이며 타고난 재능보다는 끈덕진 집념이 더 중요합니다. 그리고 다행인 것은, 이걸 익히는 과정에서 인문대를 나온 것이 꽤나 도움이 된다는 사실이죠.


## 그림 그리기 1 : 많이, 꾸준히, 묵묵하게

앞에서 만화를 그리는 데에는 네 단계(① 콘텐츠, ② 이야기, ③ 콘티, ④ 그림)가 있고 각각 훈련을 쌓아야 한다고 말씀드렸습니다. 그 훈련을 역순으로 알아봅시다. 첫째 그림 그리기 훈련, 둘째 콘티 짜기 훈련, 셋째 이야기 짜기 훈련, 그리고 콘텐츠 기획하기 훈련이라고 할 수 있습니다.

첫째 그림 그리기에 대해 말씀드릴게요. 저에게는 이 그림 그리기가 제일 힘들었어요. 이른바 '입시미술'을 익히지 않은 분은 누구나 느낄 겁니다. 『르네상스 미술 이야기』 서문에 저는 이렇게 썼죠.

10년 전 졸업을 앞두고, 나는 전업만화가가 되기로 결심했다. 사람들과의 '소통'을 바라던 나에게 만화가의 길은 매력 만점으로 보였다. 문제는 내가 그럴 만한 실력이 없었다는 것. 늦깎이로 시작한 그림공부는 막막했다. 손도 손이지만, 눈도 거의 훈련이 되어 있지 않았으니까. 그려놓고 나서 정작 어디가 어떻게 틀렸는지, 어디를 어떻게 고쳐야 하는지를 모르는데, 좋은 그림이 나올 턱이 있겠는가.

처음에는 그려놓고 어디가 틀렸는지도 모릅니다. 더 무서운 일은, 설명을 들어도 모른다는 겁니다. 그림 그리는 분에게 여쭈어보면 어디가 틀렸다고는 하고 그 말이 맞는 것도 같은데 막상 어떻게 고쳐야 할지 모르겠어요. 결국은 시간이 필요합니다. 몇 달이고 몇 년이고 꾸준히 그리다 보면 나중에는 저절로 알게 되지요. 그림 그리기는 어학공부와 비슷합니다. 시간을 들일수록 잘하지만, 시간 들인 만큼만 잘합니다. 시간을 많이 투자하면 재능이 없어도 누구나 잘합니다. 거꾸로 아무리 재능이 있어도, 시간을 별로 안 들이면 잘 못합니다. 무조건 시간을 투자하는 것 이외에 달리 방법이 없습니다. 데뷔하기 전까지, 쉬지 않고 열심히 그리고, 데뷔한 이후에도 열심히 계속 그리고, 그리고, 또 그리는 수밖에 없습니다. 수십 권 시리즈로 나온 만화를 보면 1권과 10권, 20권은 그림이 각각 다릅니다. 환골탈태라고나 할까요. 수십 권을 그리는 과정에서 그림 실력이 늘어버린 겁니다. 저 유명한 에르주 선생의 〈땡땡〉도, 초기작과 후기

작은 그림에서 차이가 나죠. 후루야 미노루 작가의 〈이나중 탁구부〉를 보세요. 상전벽해(桑田碧海)가 아니라 숫제 거의 천지개벽(天地開闢) 수준입니다. 단 하나, 예외처럼 보이는 작가가 일본의 토리야마 아키라입니다. 〈닥터 슬럼프〉와 〈드래곤볼〉을 그렸지요. 이 사람은 〈닥터 슬럼프〉 1권부터 끝 권까지 다 잘 그렸습니다. 어떻게 그럴 수 있을까요? 저도 들은 이야기입니다만, 〈닥터 슬럼프〉 1권이 나오기 전에 담당 편집자한테 불려가 수십 차례에 걸쳐 그림 스타일을 고쳤답니다. 토리야마 아키라 작가의 대단한 점은, 고치고 고치고 또 고치라는 요구를 받아도 묵묵히 고쳐 그렸다는 것이겠지요. 그 과정에서 그림 실력이 이미 늘어버린 겁니다. 1권이 채 나오기도 전에 남들 여러 권 그리는 만큼 수련을 쌓은 셈이랄까요. 결국 시간을 들이는 만큼 그림 실력은 늘게 마련입니다.


## 그림 그리기 2 : 문제를 해결하는 방법 찾기


그림을 배우러 교육 시설에 다니는 방법도 있습니다. 저는 특히 한겨레 일러스트 학교에서 도움을 받았습니다. 그곳에서 전해 들은 방법이 있어요. 외국 학생들은 자신이 좋아하는 미술사 거장을 선택하여 한 학기 동안 그 대가의 작품을 베껴 그린대요. 그 방법대로 해보았지요. 디에고 리베라, 케테 콜비츠, 비어즐리, 클림트, 반 고흐, 구스타프 도레, 폰토르모, 미켈란젤로, 보티첼리…. 결국 학부 때 강의 들었던 미술사를 전혀 다른 시각에서 처음부터 다시 보게 되었지요. 그림 그리기에 대해 말하다가 웬 미술사 이야기일까요? 미술사를 들여다보면 얻는 좋은 점을 딱 세 가지만 말씀드리겠습니다.

하나, 대가들이 어떤 문제에 부딪치고 어떤 방식으로 그걸 해결했는지 알게 됩니다. 그림 그리기도 일종의 '문제해결(problem-solving)' 과정입니다. 손은 어떻게 그릴 것인가, 구도는 어떻게 잡을 것인가, 조명은 어떻게 처리할 것인 가, 어떤 색을 칠할 것인가, 이런 문제들이 계속 튀어나오지요. 이럴 때마다 대 가들의 작품을 '컨닝'하는 겁니다. 〈이집트의 왕자〉는 정말 잘 그린 애니메이션 입니다. 그림 한 컷 한 컷을 떼어놓고 봐도 참 잘 그렸지요. 흔히들 산업의 측면 에서 설명을 합니다. '본때를 보여주겠다'며 드림웍스가 내놓은 첫 작품이라서 작정하고 돈을 많이 들여 저렇게 그려냈다고요. 그러나 돈만 많이 들인다고 좋 은 그림이 나오진 않죠. 실은 미술사를 연구한 덕분에 좋은 작품이 나왔답니 다. 제작진 스스로 밝힌 바에 따르면, 빛과 구도는 구스타프 도레의 판화를 본 뜨고 색채는 모네의 〈수련〉연작에서 가져왔다고 말합니다. 그 덕분에 걸작이 탄생했습니다. 저는 『삼인삼색 미학오디세이』 작업할 때, 색채의 마술사라는 멕시코 화가 루피노 타마요의 컬러를 따다 썼습니다. 덕분에 색감이 좋다는 평 을 들었죠. 『르네상스 미술이야기』에는 보티첼리와 프라 안젤리코의 그림에서 컬러를 가져다 썼지요. 인터넷에 연재했던 〈20세기 연대기〉에는 세피아 톤의 컬러를 이용했는데, 그 색감은 르네상스 시대의 거장들이 남긴 드로잉에서 차 용한 것입니다.

둘, '저 위대한 화가도 저렇게 고생을 했구나' 하는 사실에 큰 위안을 받습 니다. 그림을 그린다는 건 참 속상하고 외로운 일입니다. 생각만큼 그림이 풀 리지 않기 때문에 속상하고, 그 속상함을 말로 설명할 수도 없어 외로운 거죠. 이럴 때 술을 한잔 마시는 것보다 화가들의 전기를 읽는 게 더 도움이 될 수도 있어요. 거의 10년쯤 전이지만 아직도 기억이 생생합니다. 대작 〈을지로 순환 선〉을 그린 최호철 선생님의 특강을 운 좋게 들을 기회가 있었는데, 강의 시간 의 뒷부분에서는 옛 대가들의 드로잉 작품을 OHP로 함께 보았지요. 한번은 빈

센트 반 고흐의 드로잉을 설명과 함께 보여주셨어요. 고흐는 오늘날 천재로 알려져 있지만, 처음 그렸던 사람 드로잉은 정말 민망한 수준이더군요. 눈이 너무 크고 뒤통수가 너무 작고 두 발의 위치가 서로 애매한 그림. 누구나 초보자 때 하는 실수입니다. 그 대단하다는 반 고흐도 피해 갈 수 없었던 겁니다. 최 선생님은 다음으로 반 고흐가 말기에 그린 들꽃의 드로잉을 보여주었지요. 너무나 아름답더군요. 그 아름다운 그림을 보여주면서 최호철 선생님이 이런 말씀을 하시더군요. "잘 그렸죠? 몇 년 동안 쉬지 않고 그려서 이렇게 그리게 된 겁니다. 이 그림 보면 그리는 사람도 그리면서 참 즐거웠다는 게 느껴져요." 그때 제게 대리만족과 같은 기쁨이 느껴지더군요.

셋, 그림에서 자기만의 스타일을 계발하려면 미술사를 들여다보는 게 좋습니다. 보이는 대로 잘 그리는 것도 중요하고 이때 기술도 필요하지만, 그림에서 제일 중요한 것은 결국 자기만의 스타일을 계발하는 것이겠지요. 만화는 특히 더 그렇습니다. 〈고인돌〉로 유명한 박수동 선생님은 성냥개비에 잉크를 묻혀 그 특유의 개성 넘치는 선을 그린다고 합니다. 참 부럽습니다. 그렇다고 지금 와서 굳이 성냥개비로 그림을 그려야 한다는 건 아니죠. 그에 비견될 독특한 스타일을 만들어야 한다는 얘기입니다.

스타일 계발은 좋아하는 만화가의 그림을 따라 그리는 데서 시작한다고 합니다. 하지만 굳이 동시대 만화가의 그림을 따라 그리는 것만이 왕도일까요? 미술사 전반에서 자기가 좋아하는 작가의 드로잉을 연구한다면 어떨까요. 더 풍부한 자원에서 더 독특한 스타일을 이끌어낼 수 있을 겁니다. 물론 이 과정에서 인문학을 배우고 미술사와 미학 수업을 접했던 것이 매우 큰 도움이 되죠.

저는 운이 좋아서 비슷한 시기에 일러스트와 만화에 동시 데뷔를 했어요. 『장정일 삼국지』에 일러스트를 그렸는데, 이 작업은 '기존의 삼국지와 다른 삼국지'라는 이미지가 필요했지요. 그래서 영국 화가 비어즐리의 스타일에 중국 화상석 자료를 함께 넣어 작업했습니다. 『십자군 이야기』 1권을 그린 것도 그 무렵인데, 이 작업은 거꾸로 '서양 중세 느낌'이 팍팍 느껴져야 했어요. 그래서 중세 수사본 그림을 구해 작업했습니다. 두 가지 스타일을 동시에 고안해내야 했지요. 필요한 부분에 필요한 스타일을 끌어내는 일도 종종 필요합니다. 이때 인문대에서 보낸 많은 시간이 큰 도움이 되었지요.

## 콘티 짜기

콘티란 무엇일까요. 보통 '그림대본'이라고 하는데 만화에서는 칸을 나누고 대사를 배치해 놓은 설계도 같은 겁니다. 이렇게 만든 콘티를 보고, 만화를 그리는 겁니다. 그러므로 콘티를 잘 짜려면 칸과 칸 사이의 연결에 대해 빠삭해야 합니다. 어떤 이들의 의견에 따르면, 만화에서 제일 중요한 핵심 부분이라고도 할 수 있죠. 그런데 만화 콘티에 대해 전문적으로 가르치는 강좌는 따로 없는 것 같습니다.

언젠가 제 만화에 대해 대담을 해달라고 초청받은 적이 있어요. 독자들이 오겠지라고 생각하고 나갔는데, 실제로 오신 분들은 최근 데뷔한 작가들이었습니다. 자연스럽게 주제가 그분들의 관심사로 옮겨갔습니다. 신진작가들이 가장 관심 있어 한 주제는 무엇이었을까요? 아쉽게도 '김태권 작가의 작품 세계'나 자료 수집, 시나리오 쓰기도 아니었습니다. 바로 '콘티, 어떻게 짤 것인가'였습니다. '김 작가의 작품 세계' 이야기할 때는 다소 썰렁하더니, 콘티로 주제가 넘어가자 분위기가 후끈해지더군요. 결국 대답할 시간이 모자랄 정도로 질문이 쏟아져 나왔습니다. 콘티를 짜는 것은 그만큼 중요한 일이고, 누구나 콘티를 잘 짜고 싶지만, 콘티 짜기에 대해 설명한 책은 놀랄 만큼 드뭅니다.

칸과 칸 사이의 연결에 대해 고찰한 책은 있습니다. 스콧 맥클라우드는 『만화의 이해』라는 책에서 만화를 '연속예술(시퀀셜 아트, sequential art)'로 규정합니다. 여기 두 장의 그림이 있습니다. 첫째 그림에는 험상궂은 남자가 도끼를 들고 서 있습니다. 그 남자 앞에는 겁에 질린 사람이 보입니다. 두 번째 그림에는 밤의 도시 풍경이 그려져 있습니다. 그 위에 굵은 글씨로 "으아악"이라고 써 있지요. 두 장의 그림은 별개입니다. 그러나 그 두 장의 그림을 엮으면 만화가 됩니다. 이야기가 생겨나지요. 어떤 이야기인가요? 무시무시한 도끼 살인입니다. 그런데 그림에는 어느 쪽에도 살인 장면은 없습니다. 이것이 만화의 기적이지요. 살인은 어디에서 일어날까요? 첫 번째 그림에서? 아니면 두 번째 그림에서? 맥클라우드는 "살인은 칸과 칸 사이의 빈 공간에서 일어났다"고 지적하고, 보이지 않는 살인을 상상한 독자야말로 살인의 공범이라 지목합니다. 『만화의 이해』 역시 만화책인데요, 굳이 만화가가 될 생각이 없으시더라도 꼭 한 번 읽어볼 만한 책입니다. 이외에도 『만화의 이해』에 자주 언급된 윌 아이스너가 쓴 『만화와 연속예술』이라는 책도 있습니다.

그러나 이 책들은 주로 이론에 가깝고, 실제 연습을 해야 합니다. 좋은 훈련 방법을 하나 소개하겠습니다. 저는 영화를 보고 시나리오를 베껴 쓰거나, 영화를 보면서 촬영 콘티를 그려보는 방법으로 영화 공부하는 방법을 차용해서 콘티 짜기를 훈련했습니다. 우선 좋아하는 만화를 고르세요. 그 만화를 보고 거꾸로 콘티를 베껴 그리는 겁니다. 이런 작가 저런 작가의 만화를 콘티로 만들다 보면 콘티 짜기의 원리가 몸에 익습니다.

## 이야기 짜기

이야기를 짜는 능력에는 두 가지가 있습니다. 플롯을 잘 짜는 능력과 대사를 잘 쓰는 능력입니다. 어느 쪽이나 문학의 영역에서 오랫동안 연구해 온 만큼, 인문학에서 도움 받을 부분 역시 많고 많지요. 학교 밖에서 교육 받을 기회도 많습니다. 저는 한겨레 시나리오 학교에서 심산 선생님의 수업을 몇 달 들으며 많은 걸 배웠습니다. 최근 몇 년 동안은 한 달에 한 번씩 선후배와 함께 플롯 공부하는 모임을 운영하고 있고요. 플롯 잘 짜는 방법에 대해선 책도 많이 나와 있습니다. 드라마 작법, 시나리오 작법, 소설 작법 등이 플롯에 관한 책입니다. 아리스토텔레스의 『시학』을 플롯 작법서로 읽기도 하더군요. 아무튼 이쪽으로는 이른바 '스토리공학'이라는 것이 정해져 있어서, 서점 몇 군데를 돌면 필요한 책들을 얻을 수 있습니다. 제가 봤던 책들 가운데 지난 10년 동안 으뜸은 로널드 B. 토비아스가 지은 『인간의 마음을 사로잡는 스무 가지 플롯』이란 책입니다. 한국어판 제목이 좀 지나치긴 하지만, 원래는 '스무 가지 주요 플롯' 정도의 온건한 제목이었답니다. 여러 문학작품과 영화의 중요한 플롯을 스무 가지 유형으로 추려 꼼꼼히 살펴보고 있습니다. 정리가 제일 잘 되어 있습니다. 영화 쪽에 많이 치우쳐 있긴 하지만 심산 선생님이 번역한 『시나리오 가이드』도 좋은데요. 더 깊이 들어가기를 원하신다면 강대진 선생님의 『신화와 영화』도 권하고 싶네요.

반면 대사를 잘 쓰는 방법은 그만큼 정리되어 있지 않습니다. 플롯은 보편성을 지향하고 대사는 개성을 지향하기 때문에 그럴 겁니다. 대사는 작가의 개성이 잘 드러나는 입말입니다. 결국 자기만의 '사전'을 만들어야겠지요. 플롯이나 대사에 있어서 해방 이후 고우영 선생만한 분이 없었을 겁니다. 플롯으로 치면, 요즘에는 역시 강풀 작가님이 최강이지요. 반면 대사는 작가의 개성을 따라 갑니다. 최규석 작가님처럼 진지한 대사를 잘 쓰면 〈100℃〉나 〈대한민국 원주민〉처럼 감동적인 작품이 나옵니다. 메가쇼킹 작가님처럼 재치 만점 독특한 대사를 쌓으면 〈탐구생활〉처럼 '염통이 쫄깃해지는' 걸작이 나옵니다. 대사는 자기만의 말을 만드는 것이 중요하기 때문에, 공부의 왕도가 없다고 하겠습니다. 평소에 주위 사람들의 입말을 관찰하고 문학작품을 많이 읽는 등 고리타분한 방법이 결국 가장 좋은 방법이라 하겠습니다. 어찌 됐든 문학의 영역에 겹쳐 있으니까요. 인문학적 교양이 매우 요긴한 분야입니다.

스토리만 전문적으로 쓰는 직종도 좋습니다. 외국에는 성공한 만화 스토리 작가가 꽤 있습니다. 〈아스테릭스〉 시리즈 같은 경우 글 작가와 그림 작가가 각각 유명합니다. 〈타짜〉, 〈사랑해〉, 〈오! 한강〉 등 스토리가 정말 좋은 김세영 선생님도 있지만, 우리 만화계에는 만화 스토리 작가는 아직 많지 않죠. 그런 점에서 어려운 점이 많지만 또 그런 만큼 장래가 유망하기도 하죠. 저도 호흡이 맞는 작가님이 좋은 스토리를 준다면, 정말 즐겁게 작업할 수 있을 것 같습니다.


## 콘텐츠 기획

콘텐츠 기획이란 만화를 그리기 전에 '어떤 만화를 그릴 것인가'를 결정하는 과정입니다. 어떤 의미에서 제일 중요한 부분이라 하겠습니다. 잘 나가는 만화는 입소문을 탄다고 합니다. 이런 식입니다.

"〈자학의 시〉 봤어?"

"음? 어떤 만화인데?"

"백수건달 남편이 날마다 밥상 뒤엎는데, 부인이 그런 남편을 사랑하는 내용의 일본만화야."

"에이, 기분 나쁜데. 그거 여성의 희생을 강요하는 남성중심주의 마초만화냐?"

"아니, 기분 나쁘지도 않고 결코 그런 내용도 아니라고. 그 부인의 관점에서 그렸거든. 무척 애틋하고 감동적이라니까."

"엥? 남편이 상 뒤엎는데 어떻게 부인의 관점에서 감동적일 수 있어?"

"한번 보라니까."

"음, 그거 궁금한데."

보시다시피 처음에는 기연가미연가했지만 대화 막판에 거의 설득이 돼버렸습니다. 아마 이 사람은 〈자학의 시〉를 읽게 될 겁니다(예, 사실 제 얘기였습니다).

만화가 입소문을 탄다고 할 때 그 입소문을 타는 주요부분이 바로 이 콘텐츠입니다. 말콤 글래드웰의 책 『티핑 포인트』에서는 '후크(hook)'라고 불렀지요. 뭐 굳이 말하자면 '매력 포인트'라는 말도 괜찮겠네요. 요컨대 만화가 널리 퍼지는 것은 그 만화의 매력 포인트가 (온라인에서건 오프라인에서건) 입소문이 나기 때문입니다. 그런데 그 매력 포인트는 작가가 기획을 해줘야 합니다. 그냥 마음 가는 대로 썼는데 걸작이 나왔다, 이건 다 거짓말입니다. 그 거짓말조차 기획됐을 가능성이 큽니다. "작가가 그냥 막 그렸는데 걸작이 된 거래"라며 입소문을 타게 하려는 '술책'이죠.

콘텐츠를 기획할 때는 이렇듯 독자의 반응을 예측해야 합니다. 어떤 의미에서는 새로운 독자층을 만드는 일이라고도 할 수 있겠어요. 또 콘텐츠를 기획할 때는 트렌드도 염두에 둬야 합니다. 출판 쪽에 도는 격언이 하나 있지요. "반 발만 앞서가라"라는 말이. 무슨 뜻일까요? 두 발을 앞서가면 아무도 이해해주지 않아 쫄딱 망하게 되고 한발 앞서가도 많은 사람들이 받아들이기 힘듭니다. 그렇다고 한발 늦으면 무시당하고 두 발 늦으면 비웃음을 삽니다. 그러므로 트렌드보다 반 발만 앞서가라는 것이지요.

말은 쉬우나 실제로는 어렵습니다. 시간이 한참 지나봐야 그게 반 발이었는지 한 발이었는지 알게 되니까요. 이른바 '감'이 중요한 부분입니다. 그러나 그 감은 키울 수 있습니다. 콘텐츠 기획의 감각 역시 그림·이야기·콘티처럼, 하면 할수록 늘고, 손을 떼면 바로 사라집니다. 감을 키우기 위해선 경험이 중요합니다. 평소에 이쪽 판에 경험 많은 분을 만나 자주 이야기를 들어야 합니다. 독자님도 만나 경청해야 합니다. 내 독자가 될 분도 만나고, 내 독자가 아닌 분도 만나서 말씀을 듣고 전체 그림을 그려야 합니다.

남의 말을 잘 듣는 능력이 중요한 분야랄까요. 결국 만화란 '소통'입니다. 작가로서 내 이야기를 하는 것도 중요하지만, 독자의 반응 역시 중요합니다. 어떤 식으로든 작가에게 영향을 줍니다. 창작이라는 소통은 느릿느릿하고 도도합니다. 탁탁 받아치는 대화가 아니지요. 사회의 이야기를 쭉 듣고 작가로서 발언하고 다시 독자 반응이라는 이야기를 듣는 과정이 바로 만화의 소통입니다. 발언 이전에 이야기를 충분히 듣는 과정, 그것이 바로 콘텐츠 기획이지요. 이런 점에서 인문학적 훈련이 빛을 발하는 분야라고 하겠습니다.

이상과 같이, 만화가가 되기 위해 필요한 능력들을 알아보았습니다. 콘텐츠 기획·이야기 짜기·콘티 짜기·그림 그리기의 네 가지 능력을 쌓아야 합니다. 이 네 가지를 다 완수해야 데뷔하는 건 아니고요. 이 네 가지를 익혀가는 과정에 데뷔를 하게 됩니다. 데뷔는 참 즐거운 일입니다. 단행본 데뷔를 하신다면, 출판사에 부탁하서서 인쇄소에 한번 가보세요. 자신의 첫 책이 전지 크기로 인쇄기에서 철컥철컥 펄럭펄럭 인쇄되어 나오는 걸 보는 기분은 이루 말할 수 없는 감동입니다.

## 만화가, 그의 건강관리와 재정관리

그러나 그 감동도 잠시, 만화가 생활은 고달픕니다. 마감에 쫓기지 않으면 돈에 쫓기고, 돈에 쫓기지 않으면 마감에 쫓깁니다. 돈과 마감에 동시에 쫓기기도 합니다. 만화가로 천년만년 활동하기 위해 필요한 것은 무엇보다도 자기관리입니다. 첫째로 재정을, 둘째로 건강을, 그리고 끝으로 자기 작품을 관리해야 합니다.

먼저 재정관리. 만화가의 주 수입원은 크게 세 가지입니다. 첫째 단행본 수입입니다. 단행본 수입은 다시 두 가지가 있는데 인세나 매절 수입입니다. 인세는 책을 팔 때마다 정가의 약 10%를 받는 겁니다(계약 조건에 따라 더 받기도 하고 덜 받기도 합니다). 책이 많이 팔리면 엄청 많이 벌지만 안 팔리면 의외로 수입이 적을 수도 있습니다. 정가의 10%니까 잘 계산해보세요. 매절은 초판 때 일정 액수를 한꺼번에 받는 겁니다. 한꺼번에 목돈을 받지만 더 팔리더라도 더 받지는 못합니다. 인세 혹은 매절 중 어떤 방식이 더 좋은지는 책이 얼마나 팔릴까에 따라 달라지지만 한국 도서시장이 생각보다 규모가 작다는 것만 염두에 두십시오. 저 개인적으로는 인세를 선호합니다. 책이 팔리는 한은 몇 년이고 조금씩 계속 수입이 들어오니까요.

둘째는 2차 가공물 수입입니다. 이른바 영화판권·드라마판권이 여기 해당합니다. 저는 아직 한 번도 영화판권을 팔아보지 못해서 잘 모릅니다. 농담이지만 김태권에서 김판권으로 이름을 바꿔볼까 생각도 해보았습니다. 하기야 『십자군 이야기』나 『르네상스 미술이야기』를 누가 한국에서 영화로 만들겠습니까. 만화가가 큰돈을 만질 기회는 이것이 유일합니다. 이것은 영화판이 만화판보다 규모가 크기 때문에 생기는 현상입니다. 거꾸로 만화시장이 생각보다 규모가 작다는 점을 말해주기도 하고요.

또 하나가 기고 수입입니다. 잡지 원고료나 신문 원고료가 여기 해당합니다. 만평기자로 근무하는 작가님은 월급의 형태로 받기도 합니다. 많은 매체가 폐간의 길을 걸어가서 기고 수입의 전망이 한때 매우 어두웠지만, 최근 포털에서 웹툰 서비스를 하면서 원고료를 주게 되어 반가운 일입니다. 다만, 이 수입은 연재를 하는 동안만 나옵니다. 연재가 끝나면 돈이 말라버리기 때문에, 위험한 면이 있습니다.

아무튼 이렇게 벌어들인 돈을, 잘 관리하셔야 합니다. 재테크를 하라는 말씀이 물론 아니고요. 만화가는 일감이 있다가 없다가 합니다. 대부분 수입이 불규칙하지요. 그래서 돈이 생길 때 쓰지 말고 일단 무조건 저축을 하라는 말씀을 드립니다. 돈도 돈이지만, 이렇게 해야 원치 않는 그림을 그리지 않고, 하고 싶은 작업을 골라서 할 수 있습니다.

그 다음 건강관리 이야기입니다. 사실 제가 이 말씀 드릴 처지는 아닙니다. 제 돈관리 성적은 아주 나쁘지는 않은데 건강관리는 형편없거든요. 만화가는 온갖 통증에 노출되어 있습니다. 특히 펜을 잡는 오른손은 여러 시간 동안 긴장하고 있어서 몹시 아픕니다. 손목도 아픕니다. 마감 시간에는 10시간 가까이 한 가지 자세로 꾸부정하게 앉아 있는 일이 많습니다. 만일 저더러 습작시절로 돌아가 무엇을 더 익히고 싶냐고 물으신다면, 콘티고 그림이고 다 떠나서, 헬스클럽부터 다니겠습니다. 불규칙한 수면과 불규칙한 식사습관도 문제입니다. 이걸 잘해야 작가로서 롱런할 텐데, 저는 잘 못해서 큰일입니다. 이번 작업만 마치면 생활습관과 건강부터 다시 관리해야겠습니다.

끝으로 작품관리가 중요합니다. 작가가 돈이니 건강이니 관리하는 목적은, 결국 자기 작품을 관리하기 위해서라고 생각합니다. 시장 용어로 하면 브랜드관리나 품질관리라고 할 수 있을까요. 아니, 그 이상인 것 같습니다. 작가가 죽으면 작품이 남습니다. 시간이 갈수록 작가의 생명은 사위어가고 작품목록은 불어납니다. 마침내 작가가 세상을 떠날 때, 작품목록만이 작가의 모든 것이 됩니다. 이것이 바로 추억으로서, 취미로서의 만화가 아니라 직업으로서의 만화입니다. 그런데 독자님이 읽어주지 않으면 작품목록은 아무 의미가 없습니다. 결국 미래의 독자님도 읽을 가치가 있는 작품을 만들어야 합니다. 허투루 만든 작품은 독자를 속일 뿐 아니라 작가 자신에게도 손해가 됩니다. 그런 의미에서 작품목록을 관리한다는 겁니다.

계속 작품을 그려 작품목록을 쌓아가려면 여러 가지가 필요합니다. 제 경우엔 공부가 아쉬웠어요. 저처럼 재치 없고 머리 안 좋은 사람은 머릿속에 많은 내용을 우겨넣어두는 것 말곤 방법이 없습니다. 그래서 몇 년 전 대학원으로 돌아왔습니다. 낮에는 학교에서 공부하고 밤에는 그림을 그리는 생활. 고되긴 해도 행복하군요. 사람은 왜 공부를 하는 걸까요? 에코를 어설프게 흉내 내자면, "사람은 원래 배우기를 좋아하는 동물"이라서 그렇겠지요. 아무튼 직업으로서의 만화를 계속 이어나가려면 인문학 공부만큼 좋은 방법도 흔치 않은 것 같습니다. 증명이요? 어렵네요. 외상으로 해주세요. 앞으로 제가 만화가로서의 삶을 통해 증명하면 되지 않을까요.

백 투 더 퓨처,
10년 후에서 바라보라

영문학을 전공한 출판인
조형준

1964년생. 영어영문학 전공. 서울대학교대학원 영어영문학 수료. 현 새물결출판사 주간

1989년 출판계에 입문

1993년 경제정의실천시민연합(경실련) 국제부 간사

1997년 환경운동연합 정책기획실 국장

2000~2005년 『세계의 문학』(민음사) 편집위원

2004년 '하늘에서 본 지구' 조직위원회

역서 움베르토 에코, 『포스트모던인가 새로운 중세인가』, 얀 아르튀스 베르트랑, 『하늘에서 본 지구』,

발터 벤야민 『아케이드 프로젝트』 등

내년이 걱정이고, 졸업 후가 걱정이다.
그런데 이런 저런 걱정들 가운데 10년 후에 대한 것도 포함되어 있는가?
내년이 되면 또 다시 그 다음 해가 찾아오고, 취업이 해결되면 이제는 퇴직이 찾아온다.
그런 식의 걱정은 사실 죽는 날까지 끝이 없다.
내년 걱정만 하면서 죽어갈 것인지, 10년 후를 준비하며 살아갈 것인지 잘 선택할 문제다.

대단히 어수선하고 정신 사납게 보이는 내 책상. 절대적인 숫자로 치자면 컴퓨터는 달랑 1대이니 책상 위에 어지럽게 흩어져 있는 각종 원고와 서류와 책 등의 숫자는 아연 내가 아날로그 시대 속에서 살고 있다는 것을 새삼 상기시켜준다. 그런데 아마 내가 누구이고 무슨 일을 하는지를 이 잡다한 물건들보다 더 잘 설명해줄 수 있는 것도 없을 것이다.

먼저 몇 가지 원고들. 책상의 좌측에는 10,000페이지에 달하는 『마하바라따』의 원고가 놓여 있다. 이 무지막지한 원고는 어떤 때는 과연 당신이 나를 감당할 수 있겠느냐는 듯이 위압적인 시선으로, 때로는 언제 출판해줄 것이냐고 보채는 듯한 눈길로 거의 1년 동안 나를 진득이 노려보고 있는 중이다. 이것은 대략 10여 년 전에 시작된 프로젝트로 앞으로도 약 20년은 얼추 걸려야 끝나는 대역사이다. 산스끄리뜨어로 쓰여진 대서사시이자 신화인 『마하바라따』는 인도의 가장 오래된 지혜의 보고이자 모든 상상력의 원천으로 불린다. 인도인들이 가히 "『마하바라따』 안에 있는 것은 이 세상에도 있고 『마하바라따』 안에 없는 것은 이 세상에도 없다"라는 자부심 어린 말로 자랑할 만한 책이다. 또 이 '세상의 모든 이야기', '인도의 모든 것'이라고 불릴 이유도 충분해 보인다.

하지만 동시에 내게 이 어마어마한 책은 '세상의 모든 고민'의 원천이기도 하다. 과연 이 바쁜 세상에 10,000페이지에 달하는 이 책 전체를 누가 소화할 수 있을까? 아니 보다 근본적으로 아직 불교 말고는 인도 문명이 수박 겉핥기식 으로밖에는 소개되지 않은 우리 형편에 인도라는 키워드가 '먹히기'는 할 것인 가? 아니 그런 거창한 고민 말고 아주 구체적으로 산스끄리뜨어 표기는 어떻게 해야 할까? 이러한 고민은 가지에 가지를 쳐 나는 어느새 평생 가보지도 않던 인도 식당을 들락거리고, 나긋나긋하고 금방이라도 도를 깨쳐 해탈을 시켜줄 듯한 명상서적들도 들쳐볼 지경이 되었다. 또 최근 BBC 방송에서 방영한 인도 특집 5부작 다큐멘터리도 구해 보았다. 그리고 인도 현지에서 사업을 펼치고 있는 현대자동차의 선배를 통해 '인문학–산업'의 협력 가능성도 타진해본다. 이 책은 인도인들의 정신적 지주로 유럽의 성경에 버금가는 책이니 말이다.

아무래도 이 책을 한국에 안착시킬 수 있는 승부처는 '이미지'들에 있다는 확신이 들었다. 그리하여 역자와 상의하고, 인터넷을 서핑하며 인도 전역의 힌두 사원과 인도 관련서들을 훑는다. 아니 역자 본인이 뛰어난 편집자이다. 10여년 전에 내가 인도를 방문했을 때 미리 인도의 힌두교와 불교 이미지들을 접할 수 있도록 차분하게 준비해주셨을 정도로 치밀한 분이니까 말이다. 또 이런 점에서 작년 도쿄 여행은 행운이었다. 우연히 들른 미술 전문 서점에서 너무나 멋진 인도 관련 화보집을 몇 권 손에 넣을 수 있었으니 말이다. 또 다른 행운은 역자의 조카가 델리 대학에 유학하고 있던 것. 게다가 이 조카가 방문한 바라나시 대학 박물관장이 친절하게도 인도 전역에 흩어져 있는 『마하바라따』 도상 관련 자료의 소재를 상세히 알려준 행운도 이어졌다.

그리하여 많은 비용이 들었지만 지금 내 방의 책장 하나를 가득 채울 정도의 도상 관련 자료를 모을 수 있었다.

하지만 문제가 여기서 끝나는 것은 아니니 이것이 바로 출판의 운명이라고나 할까? 10,000여 페이지를 몇 권으로 분권해야 할지, 판형과 크기는 어떻게 해야 할지, 디자인은 누구에게 부탁할지 등등 아직 가야 할 길이 구만리이다. 하지만 예컨대 신라시대에 경전을 가지러 '천축국', 즉 인도로 수천만 리 길을 마다하지 않았던 데 비하면 어쩌면 이것은 고행도 아니지 않을까?

하지만 막상 진짜 고행의 길은 따로 있으니 이 성스러운 책도 속스러운 세계에 들어가 '마케팅'이라는 연금술사의 손을 거치지 않으면 안 되는 것이 그것이다. 이 '자본의 길'은 책에게는 자칫하면 고행의 길을 넘어 죽음의 길이 되기가 십상이다. 이처럼 편집의 세계가 멀기만 하다면 마케팅의 세계는 아찔하기만 하다.

다시 말해 사람이 책을 만들고 책이 사람을 만든다지만 현실에서 사람과 책을 만드는 것은 엄연히 돈이다. 이러한 철의 법칙, 아니 황금의 법칙을 망각하고 무엇 하나 게을리 하는 순간 '도산'이라는 부메랑은 순식간에 날아올 것이다. 그러한 점에서 편집자는 항상 두 얼굴을 가진 아수라 백작 또는 양과 사자를 한 몸에 겸비하고 있는 마키아벨리의 '군주'와 비슷한 역설에 처해 있는 셈이다.

"모든 책은 자기 운명을 산다"라는 라틴어 경구가 있다. 마치 모든 사람이 어느 누구도 대신할 수 없는 자기만의 삶을 살듯이 책 또한 각자의 고유한 운명을 살아낸다는 말이다. 아마 우리 인간이 영위하는 여러 가지 것 중에서 사람과 마찬가지로 인생이라고 할 만한 어떤 것을 살아내는 것은 그리 많지 않을 것이다. 책은 아마 그러한 것 중에 첫손에 꼽힐 것이다. '책은 사람을 만들고 사람은 책을 만든다'는 말이 있는 것은 이 때문일 것이다. 하지만 자본주의 사회에서는 모든 성스러운 것은 속스러운 것이 되어야 하고 모든 속스러운 것은 성스러운 것으로 가장해야 한다. 아니 지금 한국 사회는 성과 속이 완전히 전도되어 그것을 부끄러워 하기는커녕 너무나 자연스럽게 살아가고 있다. 그것은 우리 출판계라고 예외일 리가 없다.

이처럼 꼬리에 꼬리를 물고 있는 두 과정을, 성과 속을 악순환이 아니라 선순환으로 만들려면 편집자는 파우스트와 메피스토텔레스의 역할을 동시에, 그것도 균형 있게 수행해야 한다. 또는 프로이트의 말을 빌리면 쾌락 원리와 죽음의 원리가 여당과 야당처럼 항상 절묘한 균형을 이루도록 해야 한다. 편집일은 이처럼 한쪽에는 일종의 문화나 정신 그리고 다른 한쪽에는 돈과 비지니스라는 아득한 심연 위에 걸쳐 있는 줄 위에서 펼치는 아슬아슬한 줄타기 같다.

그리하여 『마하바라따』라는 책의 고봉 옆에는 『모나리자 훔치기』라는 '새끈한' 번역 원고가 나의 눈길을 유혹하고, 나의 마음을 잔뜩 흥분시키고 있다. 20세기 초에 루브르 미술관에서 레오나르도의 『모나리자』가 도난당했던 사건을 계기로 미술, 욕망, 결여에 대해 대단히 묵직한 인문학적 주제를 발랄하게 펼쳐나가고 있다. 게다가 200페이지밖에 되지 않는다. 10,000페이지 대 200페이지! 카프카도 『모나리자』가 도난당하고 난 후의 '텅 빈 공간'을 구경하러 루브르에 들렀다고 하니 제법 판매가 괜찮을 것이라는 예감. 하지만 다시 바로 여기서부터 빨간불!!

책을 읽으면서도 항상 오탈자와 비문을 잡아내느라 막상 책 읽기의 즐거움을 누릴 수 없는 것이 우리 직업의 고질병이라면 동시에 끝없이 의심하고 세상을 믿지 말아야 하는 것은 또 다른 불치병에 가깝다. 이런 순간의 자기도취와 '거리감의 상실'이 수많은 책과 출판사의 운명을 가른 것은 출판의 역사를 잠깐만 보아도 금방 알 수 있다. 프랑코 모레티는 '세계 문학은 도살장'이라는 말로 문학의 정전(正典)화 과정을 요약했는데, 이 말은 출판의 역사에도 오롯이 해당되는 이야기이기도 하다. 얼마나 많은 책이 출판되자마자 독자 한 번 못 만나고 분쇄기라는 도살장으로 끌려가는가! 잠깐의 오판과 섣부른 욕심으로 타이타닉 호와 같은 재앙이 일어나고 뜻밖의 행운으로 '대박'의 드라마가 연출되는 것이야말로 출판의 이면의 역사라고까지 할 수 있을 것이다.

프랑스를 대표하는 천하의 출판인 갈리마르와 소설가 앙드레 지드도 마르셀 프루스트의 『잃어버린 시간을 찾아서』(1920년대에 출간된 이 책은 거의 1970년대 말까지 갈리마르 출판사를 먹여살려준다)를 퇴짜 놓는 초유의 실수를 저지르지 않았는가? 또 갈리마르의 천하앙숙인 그라세 또한 이 희대의 천재를 알아보지 못하고 정식 계약도 없이 '자비출판'을 요구하는 바람에 이 20세기 문학의 전설을 다시 고스란히 갈리마르에게 돌려주어야 하지 않았는가? 아마 이러한 이야기는 우리 출판계에서도 고스란히 해당될 것이다. 처음부터 어떤 책이 '베스트셀러'가 될 줄 아는 편집자는 하느님과 동급이고, 다른 출판사에서 퇴짜 맞지 않은 책은 베스트셀러가 될 수 없다는 속설 아닌 속설이 출판계에 떠도는 것은 이 때문일 것이다.

따라서 『모나리자 훔치기』에 대해서도 고민은 줄줄이 줄 사탕이다. 이 책을 교양서로 만들 것인가, 아니면 미술책으로 만들 것인가? 그러면 화보와 판형은? 문투는? 특히 부제는 무엇이라고 할까? 역자의 주는 어느 정도나 붙여야 할까? 지금 한창 열풍이 불고 있는 미술 열기에 대해 딴지걸기 식으로 도발적으로 이 책의 컨셉을 잡을까 아니면 '고급스럽게' 인문학 책의 외양을 띠도록 만들까? 즉 정면에서 '들이받을까' 아니면 은근슬쩍 편승할까? 아무튼 이 작은 책과 관련해서는 마치 미용실 원장처럼 책의 '화장'을 주로 고민해야 하니 『마하바라따』와는 완전히 딴판이다.

그리하여 이번에는 미술관 큐레이터로 일하고 있는 후배들에게 전화를 걸어 일단 책 내용과 관련된 몇 개의 '밑밥'을 던져 미술계의 동향을 체크한다. 오랜 시간 동안 수다를 가장한 정보 수집. 미술 공부에는 워낙 많은 시간이 드는데다 이 책은 전문 미술서가 아니라 철학과 정신분석의 프리즘을 통해 미술을 분석하는 책이니 '종합적인 판단'이 가장 중요할 터. 이러한 통화 중에 얻은 망외의 소득 하나. 그것은 이 〈모나리자〉가 2차 세계대전 이후 드골 정부의 앙드레 말로 문화부 장관에 의해 '문화의 나라 프랑스'라는 이데올로기를 전세계에 전파하는 데 핵심적인 역할을 했다는 사실이다.

사실 〈모나리자〉가 도난당하기 전만 해도 루브르를 대변하는 명화들은 전혀 다른 그림들이었기 때문이다. 너무나 흥미진진한 이야기여서 덜컥 〈모나리자〉의 '문화적 프로모션' 관련 책을 하나 더 계약해버렸다. 마치 이란성 쌍둥이처럼 두 책을 나란히 놓고 보면 우리 시대의 문화와 산업이 만나고 흩어지는 지점에 대한 좋은 성찰을 얻을 수 있는 동시에 새로운 시장도 창출할 수 있지 않을까? 청천하늘엔 잔별도 많고 우리네 가슴엔 수심도 많다지만 이 세상에는 참으로 책들도 많다.

새들도 하늘을 좌우의 날개로 날듯이 이처럼 한쪽으로는 히말라야의 고봉 같은 책을 오르면서도 다른 한쪽으로는 '모나리자'의 미용과 화장이 제대로 되었는지를 끊임없이 두 눈 부릅뜨고 살펴보아야 한다. 자칫 잘못해 한쪽으로 기울면 출판은 '배고픈 우아함'으로 전락하고 다른 한쪽으로 기울면 문화라는 '우아함을 가장한 장사'로 떨어지니 말이다.

그리고 나의 책상 우측에는 주로 미결정의 것들이 쌓여 있다. 정성을 가득 들여 투고된 원고이지만 과연 출간해야 할지를 결정해야 하는 문제작들, 올해 안에 언젠가 마무리를 지어야 하는 라캉의 『에크리』 같은 원고들, 그리고 역자와 필자를 찾아야 할 몇 가지 프로젝트들.

　　종종 좋은 원고만 갖고 씨름만 한다면 이 직업은 하늘 아래 몇 번째로 꼽을 수 있는 좋은 직업이라는 생각을 해보곤 한다. 하지만 내가 하는 일은 정작 원고에 손끝 하나 대지 못하게 하는 고집스런 필자와 과연 이것이 한 사람의 손으로 씌여진 것인가 할 정도로 놀라운 지식을 담고 있는 원고 사이에 끼어 있다. 그리하여 정말 다양한 프리즘의 사유가 벌이는 격전 속에서 알게 모르게 이루어지는 온갖 타협과 협상과 줄타기가 때로는 과도한 알코올로 때로는 환희로 나를 이끈다. 『에크리』를 교정볼 때는 하루에 3~4페이지밖에 보지 못하고 저녁 5시만 되어도 머리가 빠개질듯 어질어질했다. 그래서 거의 한 달 동안을 빠짐없이 7시경에 술을 딱 한 병 먹고 내내 숙면을 취했던 기억이 난다. 그래도 라캉의 문장을 읽는 것은 거의 인문학의 황홀경이어서 나는 거기에 '지적 오르가즘'이라는 이름을 붙였는데, 가히 그럴듯하지 않은가. 물론 지적 오르가즘의 정반대편에는 지적 임포텐스들도 있겠지만 다행히 그러한 필자나 저자를 그리 많이 만나지 않은 것은 나의 행복이며 행운이라면 큰 행운이다.

## 나는 어쩌다가 편집자가 되었는가?

촌구석 출신인 나는 고등학교에 입학할 때까지도 이 세상에 『성문종합영어』와 『수학의 정석』이라는 '공부의 신'이 존재하는지를 몰랐다. 대학에 입학할 때도 '경영학과' 등이 같은 대학 안에 왜 존재해야 하는지를 이해 못한 철부지에 가까웠다. 경영은 세상을 살면서 배우는 것이지 젊은 사람들이 경영 '학'을 배운다는 것이 어불성설처럼 보일 정도로 시야가 편협하고 세상 물정을 몰랐던 셈이다.

고등학교 때 가난한 집안 사정으로 학교의 도서관 사서 아르바이트를 하던 나는 공부보다는 도서관에 켜켜이 먼지를 뒤집어쓰고 있던 을유출판사나 삼성출판사의 '세계문학전집'을 읽는 일로 더 많은 시간을 보냈다. 아버님이 일찍 돌아가시는 바람에 일찍이 '실존주의자'가 된 나는 한 글자도 이해하지 못하면서 사르트르의 『존재와 무』를 읽어보려고 낑낑대곤 했는데, '존재와 무'라는 말은 집안의 가난과 아버지의 급작스런 사망으로 '슬픈 베르테르'였던 나의 청춘을 제법 무겁게 짓누르던 두 단어였기 때문이다. 하지만 무엇보다 고등학교 시절의 어두운 나의 청춘을 사로잡은 것은 단테와 셰익스피어였다. 그래서 나는 원래 외국어대학교에서 이탈리아 문학을 전공하려 했으나 고등학교에서 정책적으로 반대하는 바람에 차선책으로 서울대학교 인문대학에 입학해 셰익스피어를 공부하기로 했다. 하지만 맙소사, 막상 대학 2학년에 영문과에 진입하자 문학을 공부하러온 남학생은 나를 비롯해 극소수였던 것을 알고 얼마나 기겁했는지 지금도 기억에 선하다.

대학교에 입학하면서 나 자신에게 한 약속은 두 가지였는데, 먼저 대략 100여 권에 달하는 세계 명작을 읽는 것이 하나였고 이탈리아어를 포함해 외국어를 몇 가지 익히는 것이 다른 하나였다. 앞의 약속은 학교 도서관에서 아침 9시부터 저녁 6시까지 거의 1학년 내내 지켜지다가 최루탄의 하얀 연기 속으로 점점이 사라지기 시작했다. 지금도 『마의 산』을 읽던 지옥 같은 시간이, 그리고 『동물농장』과 『이반데니소비치의 하루』를 읽으면서 소설 속의 픽션과 5공화국 시절의 우리 현실이 하나도 다르지 않은 것을 느끼며 시대를 초월한 문학의 위대함에 전율하던 기억이 생생하다. 지금도 운동권 선배들이 강요하던 이념서적보다는 내가 읽은 100여 권의 문학 책에서 여러 가지 생각의 자양분을 길어 올리고 있는 나를 보고 깜짝 놀라곤 하는데, 나는 그것이 대학교에 들어가서 내가 가장 잘한 일 중의 하나라고 생각한다. 하지만 아쉬운 것은 아무런 멘토 없이 개인적으로 읽어댄 것이라 거기에 적지 않은 낭비가 있었던 것인데, 특히 그리스어를 배워 『일리아드』와 『오디세이아』를 '낭송'해보려고 하지 않은 것은 두고두고 후회막급이다. 약간 여담이지만 나는 '언어'야말로 인문학 공부의 가장 '실용적인 무기'이며 동시에 인문학 공부는 이 언어와 인간의 생각을 중심으로 돌고 있다고 생각한다. 그러고 보면 최근 대학교에서 이야기되는 '실용 영어' 논쟁은 얼마나 앞뒤가 전도된 논쟁인가.

외국어 공부와 관련해서는 예를 들어 불어를 공부하기 위해 남대문 인근의 알리앙스 프랑세에 다니던 기억이 선하다. 20명의 학생 중 남학생은 오직 나 하나에 여학생들은 당시 대학가에서는 거의 찾아볼 수 없는 치마를 입고 얼굴에는 화장까지 한 곤혹스런 분위기 속에서 공부해야 했던 당시의 모습이 지금도 눈앞에 떠오른다. 사실 내가 배우던 반은 '여자' 21명에 남자는 딱 나 한 명인 꼴이라고 해야 했는데, 불어를 가르치던 남선생도 거의 여성화되어 나에게 말을 걸 때마다 괜히 기분이 이상했다. 독일어는 고등학교 졸업 당시부터 상당히 익숙한 편이었는데, 괴테의 『파우스트』를 독일어로 읽은 것은 최고의 기쁨이었지만 대학 1학년 때 겨울방학 한 달 내내 원서로 읽은 아놀드 하우저의 『문학과 예술의 사회사』는 지금까지도 최악의 독서로 기억된다.

하지만 지금도 가장 후회되는 것은 앞서 말한 대로 그리스어나 라틴어를 배우지 않은 것인데, 이 두 언어를 모르고 서양의 인문학을 이해하려는 것은 한문 공부를 하지 않고 동양 문화 운운하는 것처럼 어불성설이라는 것을 깨달는 데 왜 그토록 오랜 시간이 걸렸을까?

이렇게 지난 일을 반추하고 보니 마치 출판계에 입문하기 위해 대학에 입학한 것처럼 이야기가 엮어져버렸는데, 당연히 사실은 이와는 전혀 다르다. '왜 사느냐고 물으면 그냥 웃지요'라는 말이 있듯이 어떻게 출판에 종사하게 되었느냐고 묻는다면 나도 그냥 '웃는다.' 그러면 나는 어쩌다가 편집자가 되었을까? 그것은 아주 간단한 계기 때문이었는데, 1989년에 내가 속해 있던 '조직'에서 나에게 그렇게 '명령'했기 때문이다. 하지만 그것은 출판사라기보다는 일종의 인쇄소 개념이었다. 당시는 1987년의 민주화운동부터 시작해 대중운동의 시대였기 때문에 유인물을 안정적으로 제작하고 인쇄할 수 있는 공간이 절대적으로 필요했다. 아마 그것이 나에게 출판사라는 역할이 주어지게 된 근본적인 동기가 아니었을까 하고 회고된다.

아마 내가 출판에 대해 근본적으로 다시 생각하게 된 것은 사회주의 개혁 노선을 따르던 우리 조직의 운동이 실패를 자인하고 시민운동으로 전향하던 시기였던 것 같다. 당시 나의 생각은 문화의 '혁명'이나 '개혁'보다는 일종의 두터움이나 뿌리 같은 것에 미쳤던 것 같다. 마침 신혼에 일종의 백수였던 내가 움베르토 에코의 책을 번역하게 된 것도 다 이러한 나의 마음의 파장과 연관되어 있었을 것이다. 실제로 내가 일종의 '전향'을 하게 된 일단의 계기는 에코의 『장미의 이름』이라는 소설에 있었다. 우연히 읽게 된 이 책에서 만나게 된 호르헤라는 수도사, 즉 진리는 엄숙한 것이며 웃음을 이 세상에서는 쫓아내야 한다는 주장은 멀리는 소련의 사회주의에서 그리고 가깝게는 우리 운동권에서 너무나 쉽게 찾아볼 수 있는 자화상이었기 때문이다. 지금도 함께 일했던 '동지들'에게 이 책을 권하며 '전향'이라는 고통스러운 과정을 달래주려 애쓰던 내게 '이 반동 같은 책을 읽어야 합니까'라고 외치던 한 노동자의 모습이 눈에 떠오를 듯하다. 따라서 이때 비로소 새물결출판사가 '인쇄소'가 아니라 문화의 두터움을 쌓는 문화의 공기(公器) 같은 것으로 새롭게 탄생한 실질적인 창립의 해라고도 할 수 있다.

그렇게 해서 낸 첫 번째 책이 움베르토 에코의 『포스트모던인가 새로운 중세인가』라는 책이었는데, 정말 아무 생각 없이 낸 이 책이 일종의 대박(?)을 냈다. 당시에는 사무실도 없이 아내가 집에서 편집해 낸 이 책은 지식계의 화제작 비슷한 것이 되었다. 지금도 기억나는 것이, 당시 경제정의실천시민연합(경실련)에서 눈코 뜰 새 없이 일하는 중에 『중앙일보』 문화부 기자가 대뜸 전화를 걸어와 "책은 문화부로 안 보내도 되나 보도 자료는 주어야 할 것 아니요"라고 항의를 했던 기억이 있다. 이에 대한 나의 대답은 지금도 이 기자와 우리 둘 사이에는 걸작으로 일종의 놀림감이 되고 있다. "보도 자료가 무엇인가요?"

이때 이번에 출판사와 관련해 내가 나 자신에게 한 약속은 '현대의 고전'을 새롭게 출판하자는 것이었다. 그리고 다른 하나는 내가 소위 운동판에 끌고 들어온 후배들이 자리 잡을 때까지는 사업을 성공적으로 이끌어 뒤를 대비하자는 것이었는데, 당시 나는 대기업에 다니는 후배까지 시민운동으로 끌어들이는 무모함을 아직 벗어나지 못한 터였다. 아무튼 이어지는 다른 에코 책의 승승장구까지 겹쳐 큰돈을 투자하지 않고도 출판사는 그럭저럭 운영되었다.

그리하여 나는 남는 돈으로 오랫동안 꿈꾸어왔던 책을 내보고 싶었는데, 그것의 기획 발상은 이러한 것이었다. 즉 지금까지 우리 사회는 '혁명과 민족과 민중'만 달달 외고 살아왔지만 이제는 개인과 나와 내면과 성(性) 등이 화제가 될 것이라는 감이 1990년대 초에 내가 가진 시대감이었는데, 다행히 크게 틀렸던 것처럼 보이지는 않는다. 그리하여 당시 단돈 500~1,000달러의 헐값에 앤서니 기든스의 『현대 사회의 성사랑에로티시즘』, 울리히 벡의 『위험 사회』,

피에르 부르디외의 『구별짓기』, 라캉의 『에크리』, 들뢰즈의 『천 개의 고원』 등 서구의 현대적 고전들의 저작권을 계약할 수 있었다. 하지만 책 욕심은 끝없는 것이 나의 고질적인 버릇이라 이러한 기획은 장장 5,000페이지에 이르는 『여성의 역사』와 『사생활의 역사』를 기획하는 데까지 이르고 말았다.

당시 이러한 책들을 기획하면서 세웠던 원칙은 이러했다. 먼저 10년 후를 역산해서 책을 기획하자. 즉 눈앞의 흐름에 연연하면서 따라가기보다는 크게 10년 후의 화두를 잡아 시대의 흐름을 끌어나가자. 이것은 당시 1990년대 후반에 우리 출판사에서 시작된 '문화 총서' 등의 영향으로 온갖 문화서가 유행처럼 쏟아져 나왔지만 우리는 거의 그러한 종류의 책은 내지 않고 『여성의 역사』, 『구별짓기』 등을 내는 것에 주력했던 데서도 확인될 수 있을 것 같다. 두 번째로는 다른 출판사에서 내는 저자나 책은 출판하지 않는다는 것이다. 이것은 한국 출판의 떼거리주의에 대한 나의 환멸감 때문이기도 했지만 공짜 편승을 질색하는 나의 결벽주의 탓이기도 했다. 얼핏 헤아려보면 지금까지 새물결출판사와 함께 일했던 저자나 역자는 100여 명 되는 것처럼 보이는데, 대부분이 막 귀국하거나 박사학위 중이었던 분들이 지금은 얼추 60~70%가 대학교수로 자리 잡은 것을 보아도 우리의 생각이 그리 편벽되지 않은 것이 반증된 셈이 아닐까 하는 생각이 든다.

하지만 이렇게 1990년대를 정리해보니 그것은 한편으로는 정말 '무한도전' 같은 무모한 만용이 아니었을까 하는 생각이 절로 든다. 정말 돈은 하나도 생각하지 않고, 사업 전망은 염두에 두지 않고 저 아지랑이처럼 휘발되어 버린 1980년대와는 다른 '단단한 무엇인가'를 만들자는 욕심이 앞섰으니 이 얼마나 무모한 만용이란 말인가? 그것은 남이 하지 않는 일을 도맡아 '사서 고생을 한 꼴'이 되어버린 셈이기도 했다. 하지만 그러한 고생을 나 혼자만 했으면 그만이지만 수많은 역자와 저자들에게도 고통과 고생을 떠맡긴 꼴이 되었으니 이 무슨 막짓이란 말인가? 다행히 나의 열정을 이해해주는 분들이야 큰 문제가 없었지만 어찌 세상이 내 맘 같으랴. 그리하여 이 시기에는 동시에 우리 출판사에 대해 일부 악소문이 퍼지기도 했는데, 어찌하랴 그것을, 내 스스로 자초한 업보인 것을.

나는 소위 학벌 때문에도 곤욕 아닌 곤욕을 치른 적이 제법 있다. 우연인지 필연인지 소위 신문사 문화부에는 항상 지인들이 있었고, 어떤 때는 지나치게 많았다. 때문에 책 홍보와 관련해 '로비 운운'하며 괜한 소문에 시달릴 때마다 나는 항상 '편집자는 책으로 말한다'는 나의 직업윤리가 흐트러지지 않도록 마음속으로 단도리를 하곤 했다. 그리고 나는 저자나 역자 또한 '원고로 말한다'는 원칙을 지켜주기를 청하곤 했다. 하지만 이러한 일종의 신사협정을 지키기가 얼마나 어려운가? 우리의 지식인 사회가 학연, 지연 등으로 얼마나 복잡하게 얽혀 있는지는 굳이 설명할 필요가 없지 않을까?

나의 이러한 엄격주의는 수많은 '사고'를 양산하기도 했는데, 예를 들어 『천 개의 고원』이 그렇다. 하지만 지금도 우리와 분쟁을 빚은 원고를 들여다보면서는 그때의 결정은 번복될 수 없는 원칙임을 확인하곤 한다. 왜냐하면 책은 책이라는 상품을 출판하는 것이 아니라 하나의 인격을 출판하는 것이기 때문이다.


## 세상을 편집하자, 10년 후의 관점에서

다시 『사생활의 역사』 작업일지를 보니 장장 1월 1일부터 1월 30일까지 새벽

2~3시에 직원들을 퇴근시켰던 기록이 그대로 남아 있다. 우리 아이들도 출판사 마룻바닥에 재우고 밤을 새기가 다반사였던 기억이 생생하다. 이외에도 이 5권의 시리즈는 가장 많은 출간의 비밀을 감추고 있는 책인데, 아무튼 출간되자마자 장안의 화제가 되었다. 몇몇 출판사 사장님은 자랑스럽다는 전화를 주셨고, 후일 파리의 원출판사에서는 전 세계 20여 개 번역본 중 한국판이 최고라는 극찬에 대접이 제법 융숭했던 기억이 떠오른다. 그리고 이 책이 출간되자마자 요청하지 않았는데도 에이전시들에서 『강간의 역사』, 『화장실의 역사』 등 온갖 '○○○역사' 책을 10여 권 보낸 것을 보고 '아, 우리가 새로운 출판의 장을 열었구나'하는 실감이 났다. 우리는 더 이상 그러한 종류의 책을 내지 않았지만 이후 출판계에서 몇 년간 이런 종류의 책이 봇물처럼 쏟아져 나왔던 기억이 지금도 역력하다.

5,000여 페이지에 달하는 이 책의 완간과 함께 내가 1990년대 초에 기획한 책은 얼추 다 출간한 셈이고, 또 시대의 흐름과도 행복하게 조우할 수 있었다. 하지만 이처럼 '새로운 물결'을 끌고 가면서 역자들과의 원만한 관계라는 문제는 여전히 과제로 남기도 했다. 나는 기본적으로 무슨 일을 하면 사업가와는 전혀 어울리지 않게 '동지'라는 관점에서 작업을 하는데, 그것은 종종 오해와 갈등을 불러일으키기도 했다. 이것은 나도 충분히 자인하면서도 아직 완전히 고치지 못한 고질병이다. 즉 '돈'을 맞추어 주어야 하는데, '마음'이 맞아야 일을 하는 나의 방식은 이 얼마나 고리타분한가? 하지만 인도에서 유학한 『마하바라따』 역자 선생님은 나의 이 '맘' 때문에 수년 후에 귀국해서도 바로 우리 출판사를 찾아주시고 몸이 많이 아팠던 내 아내를 인도 의사이던 남편 분이 고쳐주시는 은혜를 베푼 적이 있다는 말로 나의 구식 스타일에 대한 알리바이를 대신할 수 있을까?

2000년대 초반 이처럼 인문사회분야의 '현대의 고전'을 마무리 지은 나의 꿈은 세계문학전집을 새롭게 내는 것과 인문학의 새로운 저자들을 발굴하는 것이었다. 전자와 관련해서는 원대한 꿈이 있었던 반면 후자와 관련해서는 시계가 그리 맑지는 않은 상태였다. 세계문학과 관련해서는 세계문학계의 숨은 진주를 발굴하고, 가능하면 원어에서 아름다운 한글로 번역하여 새로운 고전 텍스트를 만들자는 생각이었다. 무질의『특성 없는 남자』, 디노 부차티, 마리오 바르가스 요사,『황금전설』, 인도의 대서사시『마하바라따』와『라마야나』,『일리아드』,『오디세이아』등 어느 것 하나 쉬운 것이 없었다. 하지만 당시 세계는 '글로벌'화되어 가는 마당에 우리의 문학적 상상력은 너무 '민족적'이고 또 이야기 중심이라는 생각이 강했던 것 같다.

　　새로운 인문학과 관련해서는 외국에서 공부하는 후배들과의 접촉을 늘리는 우회적인 방법을 택했다. 벤야민, 아감벤, 바디우를 우리가 발굴할 수 있었던 것은 순전히 눈 밝은 후배들 덕분이라고 해도 과언이 아니다. 사실 모든 사업은 '사람 사업'인데, 출판업만큼 거의 모든 것이 사람에 달려 있는 일도 없을 것이다.

　　하지만 위의 두 기획은 내가 2004년에 저지른 초대형 쓰나미급 사건에 의해 거의 5년이나 지체되고 말았다. 나는 조금은 뜬금없이 프랑스의 세계적인 항공사진작가 얀 아르튀스-베르트랑의『하늘에서 본 지구』라는 책을 번역 출판했는데, 이 책의 성공에 이어『하늘에서 본 한국』을 추진하느라 출판사의 모든 재정과 에너지가 탈진되어 버렸던 것이다.

　　나의 마지막 운동 경력은 1997년 환경운동연합에 후배들과 함께 들어간 것이었는데, 나는 그것을 '운동'이라기보다는 '마지막 봉사'라고 생각하고 있었다. 출판사도 순항 중이었고, 학생운동을 하던 후배들에게 시민운동을 강조한 바도 있으니 후배들에 대한 빚을 갚아야 한다며 혼자 생각한 대단한 자승자 박이었다. 나는 이미 1993년에 경실련에 들어가면서부터는 '정치'는 다시는 하지 않기로 단단히 결심해둔 바 있었지만 아무튼 나의 세치 혀로 인생을 바꾼 사람들과 함께 한다는 것은 사람 사는 도리요, 최소한의 '정치적' 도의라고 생각했기 때문이다.

하지만 당시 최전성기에 있던 환경운동연합에서의 경험은 '낮의 운동과 밤의 정치'를 오가야 하는 대단히 고단한 것이었다. 아무튼 『하늘에서 본 한국』은 이때의 쓰라린 경험을 반성적으로 되갚기 위한 것인 동시에 '운동'과 '예술', 인문학과 미래의 인류의 새로운 삶이라는 거창한 삶의 새로운 결합을 시험해보기 위한 야심작이었다. 그런데 우연히도 나는 환경운동연합에 근무할 당시 프랑스의 위대한 영웅 자크 이브 쿠스토를 초청하는 사업을 진행한 바 있는데, 20세기의 프랑스의 3대 영웅 중의 하나인 쿠스토는 오리발부터 아쿠아 렁까지 바다와 관련된 모든 것을 발명하고 세계 곳곳의 심해를 인류 최초로 탐험한 위대한 영웅이었다. 아무튼 프랑스의 해양 탐험가에 이어 이번에는 하늘을 나는 예술가와 일을 하게 되었으니 역시 나의 생각은 이 땅 위에 굳건히 발딛고 있지 않은 몽상가와 대책없는 영혼 쪽에 가깝기는 가까운 모양이다.

하지만 '하늘에서 본 한국' 작업은 지금까지 나의 경험 세계인 출판을 완전히 벗어난 것이었다. 그리고 국가 기관 전체(북한과 유엔군 포함)와 세계적인 작가를 동시에 상대해야 하는 전인미답의 작업이었다. 지금도 DMZ 촬영을 위해 6개월 여 동안 국방부 주위를 맴돌던 일만 생각하면 눈물이 그렁해지고, 파리에서는 BBC 방송국 기자들이 당장 북한대사관을 가자고 해서 난감해하던 일이, 그리고 판문점에서는 꿈에도 생각 못했던 미군 장성들의 헬기를 타고 사진을 촬영할 수 있었던 행운 등이 주마등처럼 스쳐지나간다. 하지만 다른 모든 부서는

UNEP의 명예홍보대사로 활동하고 있는 작가의 작업에 전폭적인 지지를 보내준 반면 막상 이 작업의 주무 부서일 수도 있었던 문화관광부의 고위직 담당자들은 마치 무슨 구걸이라도 하러 간 듯이 대하는 태도는 내게 카프카의 위대함과 함께 우리 문화의 두터움과 뿌리에 대한 최초의 고민으로 나를 되돌려 놓고 말았다.


## Back to the Future?


그리하여 몸과 마음이 모두 대단히 피폐해진 나는 처음으로 2009년 중순에 출판에 대해 회의가 밀려오는 것을 어쩔 수 없었다. 심지어 '쓰레기더미에 무슨 장미가 피냐?'는 1950년대의 외국 기자의 조소가 정말 남의 이야기가 아니라는 생각까지 들었다. 심지어 벤야민의 『아케이드 프로젝트』를 힘들게 번역해냈더니 동일한 저자의 책을 내는 모출판사가 '저작권을 훔쳐갔다'는 비방까지 일삼는 데서는 무한의 절망을 느꼈다. 실상 그들은 저작권도 맺지 않고 책을 내면서 말이다. 그래서 나는 미약하지만 지금까지의 이 정도의 기여와 봉사로 충분하다는 생각과 함께 외국 유학을 강권하는 지인들의 재촉에 아마 이 '바닥'으로 다시는 돌아오지 않으리라는 생각을 곱씹고 있었다.

하지만 이런 절망감에서 다시 출판계로 발길을 돌리게 해준 것은 스탠포드 대학에 있는 프랑코 모레티 선생이었다. 선생은 내가 한창 『하늘에서 본 한국』을 진행 중일 때도 움베르토 에코 선생이 전 세계 출판인들을 대상으로 하는 은퇴 기념 석사 과정 수업에 유학할 것을 강권해주셨다. 영어로 강의를 하고 학비도 거의 없으며, 에코와는 절친이니 세계의 친구들을 사귀어보라고 따뜻하게 배려해주셨지만 나는 도저히 한국에서 발을 뺄 수 없었다.

그러다 2009년 9월, 2004년에 스탠포드 대학의 소설연구센터의 학술회의에 초청해주신 후 5년 만에 다시 선생을 만나 뵙게 되었다. 선생은 주로 당신이 작업 중인 2권의 책에 대해 들려주시며 벤야민에 대해 이것저것 물어오셨다. 한 서너 시간 이야기하던 중에 나는 내가 과연 벤야민을 알고 있기나 한 것이었나 하는 느낌이 들었고 과연 대가란 명불허전이라는 생각이 들었다. 선생의 집을 나와 공항으로 가면서 마치 벤야민을 갖고 충분히 한 권의 책을 쓸 수 있겠구나 하는 만용이 들었을 정도로 소중한 만남이었다.

하지만 내가 샌프란시스코에서 귀국하면서 다시 출판으로 돌아오기로 한 것은 선생의 쓸쓸함과 넉넉함이 애잔히 다가왔기 때문이다. 즉 선생과 이야기 중에 모레티는 2011년에 출간될 2권의 책은 아마 이탈리아에서는 출간하지 않게 될 것이라고 쓸쓸하게 운을 떼었다. 마땅한 번역자가 없는데, 엉터리 책은 내고 싶지 않다는 것이었다. 놀라운 이야기였다. 나는 선생의 이 말에 U튜브에서 본 선생의 동생 난니 모레티 감독의 절규, 즉 이탈리아에는 아무런 희망도 없다는 절규를 겹쳐들었다. 일종의 환영 같았다. 그리고 문득 이런 생각이 떠올랐다. 오늘날의 인문학은 바로 그러한 자리에 서 있으며, 바로 거기가 우리의 출발점이지 않을까 하는.

두 번째로, 선생과의 만남은 10여 년이 넘었는데, 우리 둘의 만남은 주로 선생이 10여 년 동안 편집한 5권의 『소설』 시리즈를 주제로 한 것이었다. 그런데 나는 이 귀중한 만남의 계기가 되었던 이 책의 출간을 차일피일 미루고 세상에 실망만 하고 있는 것이 아닌가?

돌이켜보면 나의 출판 인생은 우정과 우의 속에서 이루어져왔다고 할 수 있다. 돈만 보고 저 엄청난 '뚱뚱보 책'들을 냈다면 회사 몇 개를 말아먹고도 남았을 것이다(한때 출판계의 3대 비밀 중의 하나로 '새물결출판사가 망하지 않는 이유'가 있었다고 한다). 그래도 '조 모'가 저런 엉뚱한 짓을 하고 있다니, 때로는 딱해서 때로는 갸륵해서 십시일반으로 '우정 출연'해준 덕분에 이만큼이나 큰 욕보지 않고 출판사를 이끌어오지 않았는가? 이것이 나의 회심(回心)의 일단인데, 아마 모레티의 4,000페이지짜리 『소설』과 『마하바라따』가 완성될 때까지는 변심될 수 없을 것이다.

나이 든 사람들은 오직 'Back to the Past'만을, 젊은이들은 'Go the Future'만 이야기하겠지만 나는 'Back to the Future'라는 관점에서 출판을 해온 것 같다. 이러한 역설, 줄타기, 불균형 속에서 출판을 해오면서 운명적으로 나는 매번 내가 펴내는 책들은 '대박'이나 큰돈과는 거리가 멀다는 사실을 확인한다. 다만 이런 책들마저 없다면 우리네 인생살이가 너무나 쓸쓸하지 않을까 하는 자기위안적 질문을 던지며 다시 한 번 그저 웃는다. 그리하여 20여 년의 시간이 지난 지금 마치 선문답처럼 다시 이런 화두 앞에 서 있는 거울 속의 나의 얼굴은 나에게 이렇게 묻는 듯하다. "대체 이게 다 뭐꼬?"

느리게 가는 것이
더 빠를 수 있다

국사학과를 나온 국사편찬위원회 편사연구사
김대호

1973년생. 국사학 전공. 서울대학교 인문대학 국사학과 박사과정 수료. 현 국사편찬위원회 편사연구사
2003~2006년 서울대학교 국사학과 조교
논문 「1910~1920년대 조선총독부의 조선신궁(朝鮮神宮) 건립과 운영」,
「일제강점 이후 경복궁의 훼철(毁撤)과 '활용(活用)'(1910~현재)」
함께 쓴 책 『일본의 식민지 지배와 식민지적 근대』, 『서울대학교 경제문고 해제』

4년 동안 다닐 대학에 들어오기 위해 우리는 10년 이상의 시간을 투자한다.
하지만 평생 동안 할 일에 대해서는 얼마나 투자를 하고 있을까?
인문학을 배워서 어떻게 먹고살 것이냐고 묻는 사람이 많다.
그럼 이렇게 되물어라. 한번 배운 것으로 평생 먹고살 수 있는 것은 무엇이 있냐고.
차근차근 준비해나가는 삶이 낭비 같다는 생각이 든다면, 인문대에 들어온 것을 심각하게 고민해라.
하지만 그 고민 끝에 다른 어떤 분야에 가게 되더라도 상황은 비슷할 것이다.

안녕하십니까. 저는 국사편찬위원회 편사연구사 김대호입니다. 국사편찬위원회라는 명칭은 아마 국사교과서에서 보았을 것입니다. 요즘에는 한국사능력검정시험 때문에 더 알려졌을 수도 있겠네요. 여러분들이 아는 국사교과서 편찬이나 한국사능력검정시험과 같은 업무는 국사편찬위원회에서 하는 여러 업무 중의 일부분입니다. 국사편찬위원회는 사료의 수집, 편찬과 한국사의 보급을 주관하는 국가기관입니다. 학예연구사라는 말은 들어보신 분들도 있겠지만 편사연구사라는 말은 처음 들어보셨으리라 생각합니다. 편사연구사는 국사편찬위원회에만 있는 연구직 공무원입니다.

저는 국사편찬위원회의 업무 중 한국사 정보화 사업을 맡고 있습니다. 여러분들이 웹에서 한국사를 쉽게 접할 수 있게 하는 사업입니다. 인터넷으로 조선왕조실록 검색할 수 있는 것 아시죠? 이런 사이트도 역사 정보화의 결실입니다. 저는 특히 한국역사 분야 종합정보센터의 업무를 담당하며 한국역사정보통합시스템(www.koreanhistory.or.kr), 한국사데이터베이스(db.history.go.kr)의 콘텐츠를 구축하고 관리하고 있습니다. 한국역사정보통합시스템은 역사 관련 기관들이 뜻을 모아 만든 검색포털사이트입니다. 한국사데이터베이스는 국사편찬위원회에서 만든 다양한 역사 관련 기초 자료를 제공하는 사이트입니다.

저는 인문대학 국사학과를 나와서 계속 역사를 연구하다 보니 어느새 국사편찬위원회까지 오게 되었습니다. 국사편찬위원회 연구사는 생전 들어보기도 힘든 특수한 직업인 건 분명합니다. 따라서 저는 역사전공자로서 국사편찬위원회에 들어가는 과정이 아니라 대학에서 역사를 배운 인문학도의 입장에서 말씀을 드리고자 합니다.

예부터 문사철(文史哲)이라고 하여 문학, 역사, 철학을 하나로 묶는 전통적인 사고가 있었습니다. 현재는 각각 분과학문으로 떨어져 있지만 인문학적 관점에서는 서로 떨어지기 힘든 불가분의 관계이며 뭐가 우선이라고 할 수 없습니다. 다만 역사학을 전공한 제 개인적인 경험 근저에는 이러한 인문학의 정신이 녹아 있다고 믿고 있습니다.


## 대학시절의 답사동아리 '길밟기'

대학생활 중 가장 기억에 남은 활동은 동아리 활동이었습니다. 당시 동아리 경험은 인문학이라는 끝없이 깊고 넓은 바다에 조금 발을 들이게 된 중요한 계기였습니다. 중고등학교 시절부터 역사에 대한 막연한 호기심이 존재했습니다. 그 자체로 흥미로울뿐더러 세상의 미래와 인간의 삶에 대한 본질적인 답을 줄 것 같다는 생각을 가지고 있었습니다. 더불어 숨겨진 비밀을 찾아 모험을 떠나는 인디애나 존스를 기대했던 것 같습니다. 물론 국사학과에 막상 들어오니 주로 문헌을 통해 연구하더군요.

역사학 계열은 흔히 정기적으로 답사를 떠납니다. 봄가을로 떠나는 답사는 사학과 학생들에게는 기대되는 행사입니다. 새로운 후배들, 말로만 듣던 전설의 선배들, 멀게만 느껴졌던 교수님, 조교형, 대학원 TA형, 그리고 좋은 친구들과 짧지만 강한 스파크를 일으키며 서로를 알아가는 기회이기도 합니다. 문헌으로만 접한 지역에 가서 실제 유물과 역사적 지식을 결합시키며 생생한 역사현장을 느낄 수 있는 학습의 연장선이기도 합니다. 그래서 우리는 이 답사들을 흔히 '학술'답사라고 불렀는데 사전적 의미의 '학술(學術)'이 아니라 '배움(學)'과 '술(酒)'이 결합된 즐거운 경험이었습니다.

답사는 중요한 행사였지만 제가 대학에 들어갔을 당시에는 답사를 준비하는 특정한 모임은 없었습니다. 답사가 다가오면 교수회의에서 답사지역을 결정하고 조교형들, 주로 대학원을 준비하는 사람을 중심으로 답사에 관심 있는 학생들을 모아 팀을 꾸려 답사를 준비했습니다. 이른바 답사준비위원회라고 하고 우리는 흔히 '답준위'라고 줄여서 불렀습니다. 그리고 저를 포함한 친구들 역시 입학한 해에 답사에 대한 설렘으로 답준위에서 작은 일거리를 맡아 답사에 참가했습니다. 그때 처음 간 코스가 광주, 강진, 해남, 영암, 나주 등이었습니다. 주제는 5·18 민주화운동과 사회변동기의 불교계 동향이었습니다. 지금 생각해도 어려운 주제입니다.

그때 처음 간 답사는 너무나 신선하고 벅찬 감동을 주었습니다. 더구나 당시 베스트셀러가 된 유홍준의 『나의 문화유산답사기』의 코스와 우리가 간 코스가 동일했다는 점은 우리를 더욱 흥분되게 하였습니다. 유홍준이 서문에 써서 당시 인구에 회자되던 "아는 만큼 보이고 보이는 만큼 사랑한다"라는 말을 무슨 유행가 가사처럼 계속 되뇌였습니다. 이제는 이 말의 전거인 정조 대의 문장가 유한준의 "사랑하면 알게 되고 알면 보이나니 그때에 보이는 것은 전과 같지 않으리라"는 말이 더 귓가에 맴돕니다. 사실 유홍준은 애정과 지식의 순서를 원문과 다르게 해석했습니다. 이게 우연인지 아니면 의도했던 것인지 모르지만 오히려 사랑, 애정, 즐거움, 기쁨의 가치를 강조했다는 점에서 점점 더 마음에 듭니다.

당시 유홍준의 답사기는 어렵고 멀게만 느껴지던 답사를 누구라도 마음만 먹으면 즐길 수 있는 수준으로 대중화시킨 것이었습니다. 생활 수준의 향상, 자동차의 보급 등으로 더 높은 문화를 향유하고자 하는 시대적 욕구와 저자의 탁월한 지적 감각이 절묘하게 결합된 것 같습니다.

그 책을 읽으며 우리도 이런 답사를 하고 또 이 정도의 답사기를 쓰고 싶다는 욕망을 가지게 되었습니다. 이는 한 개인의 생각이 아니라 역사에 관심 있던 사람들을 휩쓸었던 광풍과도 같은 것이었습니다. 학과의 정기적인 답사 외에 답사 자체를 목적으로 하는 동아리를 만들자는 논의가 본격화되고 또 많은 사람이 적극 동참하여 답사 동아리가 만들어졌습니다. 답사 동아리 이름은 '길밟기'였습니다. 그리고 미리 사전 답사를 해서 답사 코스를 알려주는 임무를 맡은 사람을 '길눈이'라고 하였습니다. 요즘 식으로 말하면 네비게이션 역할을 했다고 보면 됩니다. 그러고 보니 네이게이션을 길눈이라고 해도 되겠다는 생각이 불쑥 떠오릅니다.

당시 길눈이를 한 친구들은 정말 많은 고생을 했습니다. 다 같이 모여서 주요 유적지를 정리하고 또 지도를 통해서 예상 코스를 정했습니다. 물론 교통지도에도 유적지는 잘 나오지 않은 것이 많아서 지도 가게에서 산 대형 지도로 위치를 점검했습니다. 길눈이를 맡은 친구들은 그 계획이 실제 가능한지 사전 답사를 해야 했습니다. 재정도 넉넉지 않아 짧은 시간에 대중교통을 이용해서 다녀와야 했습니다. 그리고 유물들이 대부분 교통편이 좋지 않고 그 위치도 모호한 곳에 많이 있어 대중교통으로 가기 힘든 경우에는 도보나 히치하이킹으로 코스를 점검해야 했습니다. 더구나 답사 기간 중에는 술을 먹거나 노는 것도 제한을 받았습니다. 지금 생각해보면 이런 고생을 왜 했을까 하는 생각도 들지만 길눈이를 맡는다는 것은 당시 대단한 신뢰와 자부심을 상징하는 것이었습니다. 저도 하고 싶었지만 워낙 길눈이 어두워 결국 정기답사 길눈이는 하지 못하고 가까운 근교의 짧은 일정의 답사에서 사전답사만 다녀왔습니다. 어둑해지는 저녁노을, 구멍가게 평상에 걸터앉아 때때로 오지 않는 막차를 기다리며 들던 막걸리 한잔, 그리고 아줌마가 같이 먹으라고 주신 두부와 김치, 그리고 같이 갔던 친구가 지금도 생생히 떠오릅니다. 힘든 일을 너무나 즐겁게 한 친구들이 지금도 고맙습니다.

　길밟기는 우리 스스로 답사를 즐기기 위해 만든 동아리였습니다. 학과 답사는 우리 동아리의 수준을 점검하고 그 성취를 밖에 알리고 또 봉사하기 위한 것이었습니다. 길밟기에서는 수시로 일일답사, 1박2일 답사를 하였습니다. 내실 있는 답사를 위해 각자 관심 있는 주제를 연구하여 정리하고 서로 세미나를 통해 지식을 공유하고 때로는 공개 발표회를 갖기도 했습니다. 지금은 웹에서 쉽게 접할 수 있는 지식도 당시로서는 상당한 발품을 팔아야 얻을 수 있는 것이었습니다. 너무나 즐겁고 소중한 시간이었습니다. 그때의 친구들이 지금도 가장 친한 사람들이고 그 친구들의 상당수가 계속 역사 연구를 하고 있고, 또 그 연구가 당시 그들이 관심을 가졌던 대상이라는 것은 당연한 귀결이 아닐까 하는 생각이 듭니다.

# 느림과 두터움의 인문학

그 이후 저는 어느덧 역사 연구를 삶의 목표로 삼게 되었습니다. 그러면서 점차 역사를 포함한 인문학에 대한 중요성과 필요성을 더욱 절실히 느끼게 되었습니다. 인문학의 가치가 인간으로서 살아가는 가장 기본적인 것에 맞닿아 있다는 생각이 듭니다. 인간의 자유, 이상, 가치를 추구하며 현재를 이해하고 미래를 꿈꾸는 열망, 그것이 바로 인문학의 또 다른 이름은 아닌가 하는 생각이 듭니다. 특히 역사 속에서 인간에 대한 믿음과 희망을 발견할 수 있다고 믿습니다. 예전에는 역사를 단지 과거에 있었던 인간 행동의 기록으로만 바라보았습니다. 그런데 점차 역사를 보는 눈은 자신의 자화상이라는 생각이 듭니다. 자신의 가치관에 대한 솔직한 고백이며 미래에 대한 희망을 과거에 투영하는 것입니다. 우리가 역사에서 계속 주시하고 드러내야 하는 것은 세상에서 사라지기를 거부하는, 인간으로서 지녀야 할 가치라고 믿습니다. 그런 점에서 인문학은 배울수록 더 배울 것이 많아지는 다함이 없는 학문입니다.

올해 국사편찬위원회 정옥자 위원장께서 삶에서 이성과 감성의 조화가 필요하다고 말씀하셨습니다. 그 말을 듣고 인문학이야말로 이성과 감성의 조화가 어우러지는 학문이라는 생각이 들었습니다. 그렇다면 이성과 감성이 조화된 학문인 인문학은 과연 세상에서 어떤 의미일까 궁금합니다. 다른 학문에 비해 인문학은 정말 배움의 속도가 더딘 학문입니다. 저는 인문학의 가장 단점이라고 할 수 있는 이 점이 사람들이 놓치기 쉬운 가장 큰 장점이라고 생각합니다. 여러분께 드리고 싶은 말은 세상이 가볍고 빨리 돌아갈수록 여러분의 가치는 느림과 시간의 두터움에서 찾아야 한다는 것입니다. 계속 공부를 하다 보면 정말 내공이 대단한 사람이 있다는 것을 느끼게 됩니다. 그리고 남에게 주워들은 지식과 순간적인 재치, 그리고 침묵으로 연명하는 사람도 있습니다. 이 둘의 차이는 바로 공든 시간의 차이에서 발생한다는 것을 점차 알게 됩니다. 현재처럼 정보의 습득이 쉬운 세상일수록 도리어 지식의 깊이는 얕아지기 쉽습니다. 천박해진다고 하는 말이 맞을 수도 있습니다. 전문가일수록 정보의 소유를 넘어서 정보의 본질에 즉각적으로 다가갈 수 있는 능력, 즉 통찰력이 필요합니다. 정보화 시대야말로 장인정신이 필요한 시기입니다. 그러나 이를 습득하는 방식은 한두 가지 비전의 전승이나 단순 반복을 통해 기예를 닦는 과거의 방식과는 다릅니다.

그러나 변하지 않는 것이 있습니다. 바로 시간의 두터움, 그 무거움입니다. 비록 정보화 시대가 진행될수록 덧없는 균등함의 가벼움이 세상을 지배해 가지만 그만큼 조금씩 쌓여간 지식의 무게감과 존재감은 가치를 더해갑니다. 인터넷의 시대, 모든 지식이 검색 클릭 한 번으로 다 나오는 것 같습니다. 그러나 정보의 숫자가 무한히 증대할수록 도리어 아무것도 알 수 없는 무(無)의 시대와 마찬가지가 될 뿐입니다. 음식으로 비유하면 모든 재료가 들어갔는데도 맛이 없는 요리와 같다고 할 수 있습니다. 맛의 차이는 오랜 경험 속에서 자연스레 나오는 손맛입니다. 이는 기본적인 훈련을 거치고 오랜 시간 그것을 체화해야 나오는 초감각입니다.


## 초감각 익히기와 〈매일신보〉 전문 읽기

저는 역사 전공이니 역사를 예로 들겠습니다. 역사학에서도 손맛, 즉 내공은 존재합니다. 조선시대 연구자는 실록을 읽지만 저와 같은 일제시대를 전공하고 있는 연구자는 신문을 많이 읽습니다. 주로 〈동아일보〉, 〈조선일보〉와 같은 한국인이 발행한 신문자료를 봅니다. 이 신문들은 1920~30년대에 발행되고 여러 차례 폐간, 압수를 당해 중간에 빈 시기도 많고 또 기사량도 모자란 점이 있어 아쉬움이 있습니다. 이런 한계는 있지만 일제하 한국인의 목소리를 그나마 들을 수 있다는 점에서 우선적으로 이용되고 있습니다. 여기에 최근 들어 많이 이용되는 신문으로 〈매일신보〉가 있습니다.

〈매일신보〉는 조선총독부에서 발행한 신문이라는 한계는 있지만 일제시대 내내 발행되고 또 기사의 내용도 풍부하다는 장점이 있습니다. 일제시대 지배 정책을 연구하는 사람이라면 꼭 살펴봐야 하는 신문입니다. 그래서 일제시대 연구자는 〈동아일보〉, 〈조선일보〉, 〈매일신보〉 전체 읽기에 도전하곤 합니다. 이 세 신문을 다 읽은 사람은 제 생각에는 아마 없으리라 생각됩니다. 대부분 특정 시기, 특정 주제를 중심으로 읽어보는 데 그칠 뿐입니다.

더구나 〈매일신보〉는 난공불락에 가깝습니다. 우선 발행시기도 길 뿐더러 분량도 많습니다. 대략 일제시대 35년 치를 다 읽으려면 한 달에 1년 치씩 읽는다 하더라도 35개월이 걸립니다. 즉 대략 3년이 걸리는 일입니다. 좀 더 구체적으로 보면 1주일에 석 달 치씩 읽어야 하는데 이는 대략 이틀에 한 달 치를 읽어야 한다는 계산이 나옵니다. 이는 하루 종일 신문만 읽을 때 가능한 얘기고 현실적으로 하루에 1주일 치를 읽는 것도 불가능하다고 할 수 있습니다. 다른 일과 병행할 경우 최소 5~6년을 쉬지 않고 해야 하는 작업이며, 그 성과도 그 투입된 시간에 비하면 미미할지도 모릅니다. 그래서 저도 계속 읽어야지 하면서 차일피일 미루곤 했습니다. 대부분의 연구자들도 자신이 필요한 시기에서 필요한 기사만 찾아서 읽을 뿐입니다. 그나마 정말 의지력 있는 사람이 대략 십 년 치 정도를 읽다 포기하곤 합니다. 앞으로 갈 길이 너무나 멀기 때문입니다.

이렇게 어렵고도 힘든 과제라고 길게 설명한 건 이를 실현한 사람을 직접 보았기 때문입니다. 제가 개인적으로 굉장히 존경하는 선배이기도 합니다. 그 선배는 그 무게감에 지치지 않기 위해 신문을 뒤 시기부터 거꾸로 읽어갔습니다. 그리고 그동안 도서관에서만 읽어야 한다는 선입견을 깨고 신문의 영인본을 거금을 들여 구입해서 집에 두었습니다. 선배도 경제적으로 그리 넉넉한 상황은 아니었지만 자신의 목표를 가족들에게 설득할 수 있는 강한 의지와 신뢰관계가 존재했습니다. 누구나 생각할 수 있지만 결코 생각지 못한 방향전환이었습니다. 가까이에 신문을 두고 정해진 양을 꾸준히 읽되 뒤에서부터 중요한 사건이 어떻게 점차 드러나는가를 바라보며 읽는 것은 초점을 분산시키지 않고 과도한 정신력의 소비를 막을 수 있었습니다. 결국 4년 이상이 걸려 〈매일신보〉를 다 읽어냈습니다.

앞서 긴 시간이 소요된다고 했지만 이는 결국 시간이 걸리더라도 도달할 수 있다는 말의 다른 표현이기도 한 것입니다. 이른바 초감각, 즉 육감(sixth sense)이 만들어지는 데 이 정도 시간이 드는 건 당연하지 않을까 하는 생각이 듭니다. 달마가 면벽 9년을 해서 깨달음을 얻고 우스갯소리지만 보통 도사들이 오대산에서 10년, 지리산에서 20년, 계룡산에서 30년, 합쳐서 한 갑자쯤 도를 닦았다고 하는 것을 보면 4~5년의 노고는 해볼 만한 도전인 것 같다는 생각이 듭니다. 처음 가는 길이 막연하고 두렵지만 결국 누군가가 다가갈 길입니다. 그 길이 두려울수록 그 이익과 성취감은 크다는 것을 꼭 명심하시길 바랍니다.

물론 한 해 계획은 고사하고 반 년, 한 달 계획을 계속 꾸준히 하는 것도 너무나 어려운 일로 여겨질지 모릅니다. 그래서 한두 달에 집중에서 이룰 수 있는 것을 찾고 그 기간에 이루지 못하면 자신의 적성이 아니라고 생각하는 경우도 많을 것 같습니다. 그런데 자신이 한두 달에 이룰 수 있는 것이면 다른 사람도 한두 달에 이룰 수 있다는 것을 생각해야 합니다. 비록 집중력의 차이는 존재할지 모르지만 그래 봤자 그 정도는 조금 더 시간을 투자하면 채울 수 있습니다. 여러분에게 몇 년 동안 꾸준히 무엇을 한다는 게 마치 젊음을 낭비하는 것처럼 여겨질지 모르지만 투자하는 시간이 긴 것일수록 빨리 시작하는 게 유리하고 그것은 여러분들의 평생을 지킬 수 있는 유일무이한 자산이자 무기가 될 수 있다는 것을 생각해야 합니다.

## 숙성의 시간

인문학만큼 숙성의 시간이 오래 걸리지만 그만큼 가치가 커지는 분야도 없을 것 같습니다. 아무거나 오래 둔다고 다 숙성되는 것이 아닙니다. 오래 놔두면 썩어버리는 것도 있습니다. 그리고 싱싱할수록 가치가 있는 것이 있습니다. 인문학은 간장이나 된장과 같습니다. 10년 묵은 간장이 100만 원, 50년 묵은 간장은 1000만 원, 100년 묵은 간장은 1억 원 하는 식으로 시간이 지날수록 그 가치는 급격히 증가합니다. 인간의 수명이 길어질수록 젊어서 운 좋게 한탕하지 못할 바에는 숙성의 기간을 거쳐야 전성기가 되는 인문학의 강점이 부각됩니다. 숙성의 가치는 시간의 제곱에 비례한다고 감히 말할 수 있습니다.

그런데 이런 숙성의 가치는 실제로 겉으로 잘 드러나지 않아 우리를 너무나 힘들게 합니다. 세월만큼 비교할 수 없는 가치를 생성시키는 것은 없다는 것은 분명한 진리입니다. 그런데 그 가치는 투입하는 만큼 증가하는 직선이 아니라 도리어 어느 순간까지는 지독하리만큼 상승하지 않는 계단형에 가깝다고 할 수 있습니다. 이것이 우리를 지치게 하고 두렵게 만듭니다. 시간이란 다시 돌아오지 않기 때문입니다. 믿음을 갖고 새로운 단계로 변할 때까지 계속 열정을 가지고 에너지를 투입해야 비로소 가치를 지니게 됩니다. 투입되는 에너지가 크고 기간이 길수록 가치는 급격히 상승하고 남들과 차별화됩니다.

창의력이 주목받는 시대입니다. 마치 남과 다른 생각을 하는 게 창의력인 것처럼 말해집니다. 차이의 창의력은 진정한 것이라고 하기 힘듭니다. 진정한 창의력은 깊은 성찰 속에서 나오는 깨달음과 같은 것이겠죠. 아마 이런 경험이 많았으리라 생각합니다. 중고등학교 시절 너무나 어려웠던 책을 시간이 지나서 다시 보니 너무나 쉬웠던 적 말입니다. 시간이 해결해 준 것일까요? 아닙니다. 시간 자체가 해결해준 것이 아니라 우리가 알게 모르게 겪은 그동안의 경험과 지식 때문입니다. 그런 점에서 우리가 좀 더 올바른 방향에 시간을 투자해야 더 많은 것을 얻을 수 있습니다.

인문학만큼 올바른 방향을 제시하는 좋은 배움이 없는 것 같습니다. 지나서 생각하면 목표를 좀 더 빨리 달성할 수 있는 방법이 눈에 보입니다. 그런 시행착오를 제외한 직선코스가 그려지는 듯합니다. 그런데 이것이야말로 오만이고 망상일 때가 많습니다. 인문학에서는 시행착오와 그 속에서 벌이는 고민이 바로 그의 능력을 본질적으로 키우는 경우가 어느 배움보다 많다고 할 수 있습니다. 인문학에서 중요한 것은 질러가는 것이 아니라 그 방향이 올바른가 하는 것입니다.

인문학에서 얻는 가장 올바른 방향이란 지금 생각해보니 배움의 '즐거움', '기쁨'이라고 할 수 있을 것 같습니다. 필드상을 받은 수학자 히로나카 헤이스케가 쓴 『학문의 즐거움』을 읽었을 때 제가 평소에 갖고 있던 생각이 너무나 잘 표현되어 있어서 기뻤습니다. 인문학이 오랜 숙성의 과정 속에서 썩지 않게 하는 요소가 바로 즐거움입니다. 이 부분을 놓쳐서는 결코 안 된다고 생각합니다. 그 즐거움은 숙성의 기간과 노고를 행복하게 만듭니다. 그리고 모든 것을 감사하게 만듭니다. 목표를 향해 꾸준히 나아가다 보면 당연히 발생할 수밖에 없는 시행착오야말로 통찰의 힘을 키웁니다. 그것이 바로 창의력이 만들어지는 지점이라고 믿습니다.

지금까지 말씀드린 인문학의 가능성과 중요성은 제 자그마한 개인적 깨달음의 결실입니다. 어느 순간 필연으로 다가온 연구자로서의 길은 결코 쉽지 않았습니다. 각종 아르바이트와 강사와 같은 비정규적인 수입으로 생계를 유지하면서 막막한 앞길에 점차 자신에 대해 회의하게 되고 이는 스스로를 좀먹어 갔습니다. 이런 모습은 어려운 길을 같이해준 가족들에게도 괴로움이었습니다. 계속 추락해가는 나를 바라볼수록 절망은 깊어갔습니다. 너무나 답답했습니다. 그 절망에서 벗어나게 된 것은 정말 작은 생각의 전환이었습니다. 내가 떨어지고 있던 것이 아니라 바로 바닥에 있다는 자각이었습니다. 별 것 아닌 깨달음이었지만 그 순간 너무나 마음이 편해졌습니다. 도대체 내가 무엇을 가진 게 있다고 두려워하랴. 그리고 현재 내 모습은 바로 내가 좋아서 택한 것이고 그에 대한 어려움, 비난, 부끄러움 등은 모두 당연히 내가 짊어져야 한다는 것이었습니다. 그리고 그 어려움, 시행착오가 바로 나를 더 풍성하게 해줄 원천이라는 믿음이었습니다. 그 어려움을 같이한 주위 분들에게 감사의 마음을 갖게 되었습니다.

그러면서 어느 덧 내가 처음에 이 길을 택하게 된 이유인 학문의 즐거움, 즉 가장 큰 존재 가치를 부정하고 있던 것을 깨달았습니다. 저는 예전에 도저히 풀리지 않던 문제에 대해 하루 종일 그 생각에 파묻혀 지내다가 어느 날 꿈에서 모든 것이 모순 없이 자연스럽게 논리가 이어지는 경험을 한 적이 있습니다. 케쿨레가 육각형의 벤젠 화학식의 단초를 꿈에서 얻었다는 일화나 탁본한 비문을 도처에 걸어 놓고 마멸된 글자를 생각하며 계속 바라보다 보니 갑자기 어느 순간 완전한 비문이 눈에 보였다는 어느 원로 교수님의 일화도 실제인지는 모르지만 저는 그럴 수도 있다고 생각합니다. 모든 안개가 걷히며 세상이 밝게 보이는 유레카의 즐거움, 기쁨을 다시 회복하는 게 바로 새로운 시작의 첫걸음임을 절실히 깨달았습니다. 학문의 즐거움은 말초적인 것이 아닙니다. 도리어 오랜 시간이 걸리고 괴롭기도 하지만 그 속에서 얻는 기쁨과 행복은 그만큼 크다는 것을 경험하고 믿어야 합니다.

그런 점에서 비록 인문학을 전문적으로 연구하지는 않아도 인문학도인 여러분은 누구보다 정말 행복한 삶을 시작할 수 있는 밑천을 가지고 있습니다. 저는 여러분께서 나이가 먹어도 즐길 수 있는 즐거운 취미를 일찍부터 기르길 바랍니다. 누차 말하지만 그것이 이왕이면 오랜 시간이 지날수록 더 즐겁고 가치를 가질 수 있는 것이었으면 합니다. 저는 최근 처와 함께 고전 읽기를 계획하고 있습니다. 제 처는 엔지니어 출신입니다. 처에게 진정한 즐거움을 느끼기 위해서는 10년은 계속해야 할 거라고 말했습니다. 처도 동의하더군요. 그런데 제 생각보다 의외의 반응이 나왔습니다. 지겹다고 할 줄 알았더니 책들을 조금만 참고 읽다 보면 너무나 재미있는데 왜 안 읽었는지 모르겠다고 합니다.

우리가 삶을 살아가며 인간을 생각하고 미래를 꿈꾸며 지혜로워지는 것이 바로 인문학이고 인문학이 특정 전공자의 소유가 아니라 모든 이의 것이라는 것을 제가 건방지게 잠시 잊고 있었던 겁니다. 요즘은 주로 제 전공도 있고 하니 앞으로 함께 가야 할 길의 준비운동 삼아 가볍게 한국 근대 소설을 주로 권하고 있습니다. 저는 관련된 주변 정보, 그림, 사진 등을 제공하고 물어보는 것에 답하거나 가끔 배경 설명을 해주기도 합니다. 읽는 내용 자체에는 간섭을 하지 않습니다. 다만 그 책의 내용이 무엇이었는지는 생각해 보라고 말합니다.

자신이 읽은 책 권수를 자랑할 것도 아니고 숙제도 아니고 남에게 과시하려고 하는 것도 아닙니다. 재미있어서, 자신을 위해서 읽는 것입니다. 그저 자신이 좋아서 하는 것입니다. 그러니 최소한 읽었는지도 모르면 안 되겠죠. 그리고 가능하면 자주 반복해보라고 얘기합니다. 고전이 흥미로운 게 자주 보면 볼수록 자주 생각하면 할수록 거기서 얻는 것은 눈덩이처럼 불어납니다. 물론 아직은 고전이라고 하기는 뭐하지만 그 안에서 기쁨을 느끼는 것을 보며 얼마 안 있어 아내가 저보다 근대 소설을 더 깊이 있게 소화하여 더 전문가가 될 것 같다는 생각이 듭니다.

더 먼 곳으로 갈 수 있는, 평생을 즐길 수 있는 취미를 갖는 것이 나를 더욱 행복하게 하리라는 믿음을 가지고 있습니다. 모든 것에는 때가 있다는 말이 있습니다. 이 말은 그때가 아니면 안 된다는 것이라기보다는 그때에 가장 잘 된다는 것으로 이해하셔야 할 겁니다. 가능하면 대학시절에 시도하십시오. 여러분은 숙성하기에 너무나 좋은 시기입니다. 뒤로 미룰수록 도달하는 시간은 미룬 시간의 배 이상으로 오래 걸립니다. 시간이 걸려도 할 건 해야 하고 또 언젠가는 도착하겠지만 늦게 시작할수록 그 기쁨을 누리는 시간이 너무나 짧아진다는 것이 안타까울 뿐입니다.

여러분이 사회에 나가게 되면 때때로 사람들의 인문학도에 대한 미세한 선입견을 느낄 겁니다. 세상 물정 모르는 고리타분하고 이상한 사람처럼 보는 경우도 있고, 별 쓸데없는 전공을 했다고 보거나 낮은 점수 때문에 간 것은 아닌가 하는 시각도 있을 겁니다. 그런 시선의 심층으로 들어가면 공통된 인식을 만날 때가 많습니다. 인문학을 전공하는 사람은 더 도덕적으로 순수하기를 바라는 마음입니다. 물론 실제로도 그런 경향이 강하며 또 그래야 한다고 저는 생각합니다. 어려운 길이지만 또 그만큼 자부심이 있는 길입니다. 인문학의 길에 들어선 여러분들이야말로 희망입니다. 때론 어려움이 있을지라도 가장 바른 길로 가고 있다는 믿음을 갖고 즐거운 마음으로 멀리 바라보며 계속 꾸준히 나아가길 바랍니다.

# 도움이
# 되지 않는 것은 없다

동양사학을 공부한 통상전문외교관
이미연

1968년생. 동양사학과 졸업. 미국 조지타운대학 외교학 석사. 현 외교통상부 다자통상협력과장
1993년 외무고시 합격(27기)
2002~2005년 주제네바 대표부 1등서기관
2005~2007년 주라오스 대사관 참사관
2008~2009년 외교통상부 FTA 정책기획과장

후회와 기회는 한 글자 차이다.
그래서 어떤 사람은 평생 후회를 하지만
어떤 사람은 평생 기회를 잡는다.
세상에 후회되지 않는 것이 없듯이 기회 아닌 것도 없기 때문이다.
인문학 공부 하는 것을 후회할 것인지
기회로 삼을 것인지는 나에게 달려 있다.

인문학도가 된 여러분에게 우선 축하인사를 전합니다. 대학에 들어오면서부터 확실한 인생의 목표를 갖고 있는 사람은 행복합니다. 흔들림 없이 그 목표를 위해 착실히 준비할 수 있으니까요. 그렇지만 인생의 목표를 세우지 못한 사람도 행복합니다. 삶이란 무엇인지, 내 인생의 존재 이유는 무엇인지, 어떻게 살아갈 것인지, 목표를 어디에 두어야 할 것인지, 그 해답을 얻기 위해 고민하고 방황하면서 여러 가지 가능성을 추구할 수 있기 때문이지요. 그래서 구체적인 목표와 희망을 가지고 들어오신 여러분이나 점수에 맞추어 얼떨결에 들어오신 분들 모두에게 축하를 드립니다.

## 나를 겸허하게 만든 동양사

제가 동양사학과에 진학한 이유는 지금 생각해보면 유치합니다. 만화가가 되고 싶었는데, 동양사학과의 공부가 스토리 전개에 도움이 될 것 같았거든요. 또 역사가 좋아서 대학에 가면 역사책을 실컷 읽고 싶었고, 외교학과에 지원해 외교관이 되기를 원하셨던 외교학과 출신 아버지에 대한 반항도 좀 있었던 것 같구요. 이런저런 이유들 중에서도 동양사를 선택한 것은 더 큰 아시아 대륙이라는 시간적 공간에서 우리나라를 보고 싶다는 그럴듯하고 막연한 생각 때문이었습니다.

결과적으로 대학전공은 제 직업 선택과는 동떨어진 것이었지만, 나름 고심하여 내린 합리적 선택의 결과였습니다. 그리고 저의 대학교 생활은 동양의 역사와 위인들 속에서 현재의 나와 우리의 존재 의미를 찾아보고자 노력했던 시간이라는 점에서 값진 추억으로 남아 있습니다.

동양사학은 중국 고대문명을 기원으로 아시아 전역에 확산된 아시아문화의 전파과정을 배우고 그 속에서 한국의 존재를 배울 수 있도록 해주었습니다. 비록 모범생은 아니었고 학점도 그다지 좋지는 않았지만, 어디서도 쉽게 접할 수 없는 동양사 강의는 우물 안 개구리 같은 저를 겸허하게 만들었던 것 같습니다. 마오쩌둥의 '대장정'을 읽으면서 짜릿한 감동을 느꼈던 것이 바로 엊그제 같네요. 저는 이런 이야기를 읽으면 아직도 머릿속에는 만화로 표현된 장면이 연상된답니다.


## 묵직한 캠퍼스

동시에 교실 밖 대학 캠퍼스는 저에게 대한민국의 현실을 바라보게 했습니다. 외교관이신 아버지를 따라 외국에서 살면서 80년대 한국의 현실에 대해 완전히 무지했던 저에게 한국의 현대사는 믿기지 않는 충격으로 다가왔습니다. 80년대 후반기 대한민국의 대학은 우아하게 학문을 논하는 상아탑이기를 거부했습니다. 선배들은 우리들에게 끊임없이 사회 부조리에 저항해야 한다고 대학 지식인들의 의무를 강조했지요. 하지만 '인간이란 무엇인가', '사회란 무엇인가'에 대해 도식적인 유물론 이상의 조언을 해주지 못한 것 같습니다. 사실 잘해봐야 1~2학년 많은 선배들이 우리들보다 무엇을 얼마나 더 많이 알았겠습니까.

그러던 중 동생 친구 소개로 2학년부터 학교에서 대학신문사 기자 생활을 하게 된 것은 또 다른 소중한 경험으로 남아 있습니다. 대학신문사 활동은 현재를 바라보고는 있으나, 현재 바깥에 있는 기자로서 사회에 대한 진지한 고민을 할 수 있는 기회를 주었습니다. 또 쟁쟁한 선배, 동기들 사이에서 제 생각은 물론이고 글 솜씨가 얼마나 형편없는지도 깨닫게 해주었습니다. (당시 인내심을 갖고 편집 수정을 해준 동료와 선배들에게 감사하다고 말하고 싶네요.) 그러고 보니 거기서 지금의 남편도 만나게 되었군요.

## 고독했지만 즐거웠던 행군, 외무고시

대학의 보호막을 벗어나 사회에 진출할 때 갖는 막연한 불안감은 보편적 현상인가 봅니다. 그래서 미국 대학에서도 4학년생은 Senior Blue라고 불리죠? 방황을 많이 하며 대학원 진학문제를 두고 고민하던 중에 아버지는 4년간의 침묵(?)을 깨고 다시 외무고시를 준비해보라고 권유하셨습니다. 당시 주임 교수님께서 제게 대학원 진학보다 사회진출을 추천하신 것도 사실 결정적으로 대학원 진학을 포기하게 만들었습니다. 그때는 내가 능력이 없나 보다 하며 서운했는데, 교수님들은 제자들이 역사학자로서 사는 것보다 사회 곳곳에 퍼져 훌륭한 사회인으로 살아가는 것을 자랑스러워 하신다는 것을 나중에 알게 되었습니다. 그렇다면 좀 일찍부터 말씀해주셨으면 좋았을 텐데 말이죠. 그때는 직업 진로 상담 같은 것이 없었으니까요.

그래서 저는 3년간의 고독한 행군을 시작한 것입니다. 대학 4년 동안 학과 수업은 제가 좋아한 역사와 미술사에만 열중하고, 대학신문 문화부에서 기자로 3학기를 내내 바쳤으니, 외무고시 준비를 위해 정치, 경제, 법 등 사회과학 공부를 기초부터 시작해야 했습니다. 인문학이 기초학문이라면 이들 사회과학은 응용학문이라고 할 수 있습니다. 그런 이유로 고시공부는 저에게 인간과 사회를 다른 각도에서 이해할 수 있는 기회를 주었다고 할 수 있습니다. (국제)정치학이나 (국제)경제학 이론 역시 당대의 인간과 사회에 대한 이해와 사상에서 발전하였고, 그 올바른 이해 없는 사회과학은 사상누각에 불과하며 인간 파괴적인 사상과 조직을 낳는다고 생각합니다.

경제학을 공부하면서 물질적 삶에 대한 사람의 인식과 사회구조의 변화를 역사적 관점에서 짚어보기도 하고, 정치학과 정치철학을 공부하면서 철학적 사고의 발전과정도 함께 공부했습니다. 영어공부를 할 때에는 읽고 싶었던 인문학 책들을 원서로 골라 읽기도 했죠. 또 제2외국어로 중국어를 선택하여 공부할 때에도 루쉰 등 중국 근대문학작가의 단편소설을 읽었습니다. 그래서 이 3년의 고시공부 기간을 낭비한 시간이 아니라 다양한 책을 통해 세상을 간접적으로 경험한 소중한 시기로 만들고자 했습니다. 물론 지금의 학생들처럼 인문·사회과학 분야를 복수로 전공했더라면 시간을 단축했을 수도 있었겠지만, 하나님은 각 사람의 분량에 맞게 기회를 주신다고 생각합니다. 솔직히 대학생의 생활로 다시 돌아간다고 해도 더 잘했을 것 같지는 않네요. 이 책의 또 다른 필자이자 제 동기인 최영인 PD가 신입생 때 저에게 밝힌 대학생활 3대 목표 '동아리 활동 열심히', '연애도 열심히', '공부도 열심히'라는 기준에서 봐도 크게 부족하진 않는 셈이죠. 돌이켜보면 대학신문 기자 생활도 해보고, 대학에서 지금의 남편도 만나고, 하고 싶었던 공부도 했으니, 고시공부 늦게 했다고 후회할 것은 없습니다.

## 인문학적 소양 + 사회과학적 지식 = 외교관

제가 생각하는 이상적 외교관 상은 인문학적 소양과 사회과학적 지식 모두를 갖춘 사람입니다. 외교부에서 일하는 외교통상직 공무원은 그 출신 배경들이 다양합니다. 물론, 정치외교, 법, 경제학을 공부한 고시합격생들이 다수를 차지하는 것을 보면 고시공부에 있어서 사회과학 전공의 중요성을 간과할 수는 없습니다. 일찍부터 진로를 선택하고 고시공부를 시작하는 과 분위기도 영향을 미치는 것 같습니다. 전문 외교관을 처음 배출하기 시작한 영국에서는 과거에 역사학이 외교관이 되기 위한 기본 소양이었다고 하지만, 지금은 외교 분야도 전문화되고 있으며, 국제법과 국제통상의 중요성이 더욱 커지고 있어 국제법, 통상법 전공자의 역할이 커지는 현실을 간과하기 어렵기도 하구요.

그러나 무엇보다 외교관에게 중요한 무기는 언어입니다. 그래서 영어 외에도 중국어, 불어, 러시아어, 아랍어 등 여타 제2외국어 실력을 갖추는 것이 중요합니다. 더욱이 최근 추세는 제2외국어 능력을 해외공관 배치에서 중요하게 고려하고 있기 때문에 일찍부터 어학을 전공하여 기초실력을 갖고 있는 사람에게 유리합니다. 사실, 저로서도 외무고시에 합격하는 데 영어가 득점 요인으로 작용했습니다. 다른 한편 제2외국어로 점수를 짜게 주는 중국어를 선택한 것은 고시공부를 1년 더 하게 한 주요 원인이 되긴 했지만요.

반면에 역사·철학을 전공한 외교관은 아쉽게도 많지 않습니다. 외교통상부 내 사학과 선후배를 모아보면 손꼽을 정도인데, 이것은 어학에서 한 수 떨어지고 또 필요한 사회과학 과목 이수도 한발 늦기 때문인 것 같습니다만, 더 큰 요인은 역사·철학 전공자들이 공무원이 되는 것에 큰 관심이 없어서 그런지도 모르겠네요.


## 동양사를 전공한 통상전문외교관

저는 1993년 봄 외교부에 들어온 이래 통상 분야에서 줄곧 근무하고 있습니다. 첫 근무과인 통상2과(미국, 캐나다 등 북미지역 국가와의 양자통상업무 관할)에서 3년 동안 근무하고 연수를 갔다 온 후에는 세계무역기구과에서 근무하였고, 그 인연으로 2002년부터 2005년까지 3년간 제네바대표부에서 근무하면서 WTO 업무를 담당하였습니다. 이어 순환보직 원칙에 따라 라오스에서 2년 동안 참사관으로 정무, 통상, 문화를 담당한 후 2007년 귀국해서 FTA정책기획과장을 거쳐 지금은 다자통상협력과장으로 서비스, 지재권, 정부조달과 관련한 국제협상을 총괄하고 있습니다.

외무고시에 합격한 직후에 〈주간조선〉과 가진 인터뷰에서는 동양사 전공과 중국어 실력을 살려 동북아 지역 전문가가 되고 싶다고 자신 있게 이야기했는데, 엉뚱하게 통상을 하게 되었습니다. 그것도 너무나 단순한 이유로요. 여성이었던 칼라 힐스가 미국 통상협상대표로 한국에 와서 남성으로만 구성된 한국 통상대표단을 제압하고 시장개방을 강요한 것이 무척 인상적이었기 때문인데요, 당시 과장님도 미국 등을 상대로 협상을 할 때 필요한 영문 발언요지나 제안서 번역 때문에 저의 지원을 흔쾌히 받아주셨습니다. 이것이 당시 외교부에서는 비주류 '이과계열'로 통하던 통상 분야에서 홍일점으로 근무하게 된 계기가 되었습니다.

경제통상 외교는 1997년 IMF 위기 이후 그 중요성이 더욱 커져서 외교부는 외교통상부로 조직이 확대되면서 통상교섭본부가 별도로 생겨 경제통상협상을 총괄하기에 이르렀습니다. 그리고 지금은 조직이 더욱 확대되어 OECD, 기후변화총회, G20정상회담 등 경제 관련 국제회의와 항공, 해운, 에너지, 투자협정 등 경제 관련 협정체결 업무를 맡고 있는 국제경제국 / EU, 미국, 중국, 일본 등 주요국과의 양자 간 통상현안을 담당하는 지역통상국 / WTO, APEC 등 통상분야의 국제기구와 그 관련 협상을 담당하는 다자통상국 / 각종 FTA협상을 담당하는 FTA정책국과 교섭국이 있습니다. 지금은 외무고시 합격자의 절반 이상이 여성인데, 통상 분야는 과장과 차석 자리 빼고는 여직원이 압도적으로 많은 상황이니, 지난 15년간 엄청난 변화가 있었던 셈이죠. 통상 분야에는 외무고시합격자 외에도 행정고시 통상직도 함께 배치되며, 전문계약직도 채용합니다. 고시에 합격한 사람들에게는 대학교 학부 전공은 큰 문제가 되지 않습니다.

물론 외교통상부가 경제통상 분야만 있는 것은 아닙니다. 조약과 국제협약을 담당하는 조약국, 해외교민 보호를 맡고 있는 재외동포영사국, 각국과의 양자외교업무를 담당하는 지역국들(북미국, 중남미국, 중동아프리카국, 유럽국, 동북아국, 남아시아태평양국)과 개도국 지원업무를 담당하는 개발협력국, UN, 인권 등을 담당하는 국제기구국 등 다양한 분야가 있어서 자기의 관심과 전공을 살릴 수 있는 분야는 많습니다.

## 외교관의 일과 생활

외교관이라는 직업은 세월을 지루하지 않게 빨리 살아갈 수 있는 직업이라고 누가 그러더군요. 해외에서 5년간 근무를 하고 돌아오니 벌써 나이가 마흔이 되어 있으니까요.

제네바에서의 근무는 다자 통상협상의 중심지에서 지식과 경험을 더욱 확대할 수 있는 기회였습니다. 특히 서비스협상을 담당하면서 WTO 금융서비스 위원회 의장을 1년 동안 맡은 것은 지금 제가 APEC 서비스그룹 의장으로 활동할 수 있는 토대를 마련해주었습니다. 150여 개 국가가 모인 다자회의에서 우리나라를 대표하여 발언하거나 회의를 주재한 것도 자랑스러운 일이었지만, 눈 쌓인 몽블랑을 바라보며 출퇴근하고, 휴가기간 중 알프스 산맥의 파란 하늘을 바라보면서 스키를 탈 수 있었던 기회는 살아 있음에 행복함을 느끼게 해준 보너스였죠.

국가공무원에게 요구되는 지식은 외무고시를 준비하는 과정에서 요구되는 기초지식도 있지만 업무를 맡아서 열심히 공부하고 경험을 쌓아 얻는 전문지식도 있습니다. 그러나 그보다 앞서 외교관은 건전한 상식과 판단력, 외국어 소통능력과 상대방에 대한 배려, 외국인과도 깊은 우정을 맺을 수 있는 사교성, 자기가 주재하는 나라의 문화, 역사에 대한 호기심, 애정과 관심을 가지고 있어야 합니다. 특히 해외 공관에서 근무를 할 때에는 정무, 경제, 문화, 영사

업무는 물론 대사관의 살림도 살피는 등 전천후로 뛰어야 할 때가 많기 때문이지요.

　라오스 근무도 인상적이었습니다. WTO DDA협상에 몰두했던 제네바를 떠나 라오스에 설레는 마음으로 부임했습니다. 어려서 아버지를 따라 아프리카 코트디부아르에서도 살아보았기에 험지의 생활이 두렵지는 않았습니다. 라오스 시내는 60년대 우리나라의 지방 읍을 연상시켰습니다. 자전거, 3륜차, 승용차, 트럭이 함께 섞여서 다니는데, 포장은 제대로 되어 있지 않고 신호등도 없는 도로에는 흙먼지가 풀풀 날렸으니까요. 라오스는 쿠바, 북한, 베트남, 중국 등과 함께 사회주의 국가로 국가 재정의 80%를 해외원조로 지탱하고 있는 상태였습니다. 하지만 국가적으로 이렇게 가난함에도 불구하고 라오스 사람들은 대부분 성격이 온화합니다. 우리나라는 라오스와 1995년 국교를 수립하고 1997년부터 공관을 설립하였는데, 제가 도착했을 때에는 ASEAN 정상회담을 무사히 치른 후였고, 당시 노무현 대통령이 처음으로 국빈 자격으로 라오스를 방문한 후라 우리나라에 대한 우호적인 분위기가 커져 있었지요. 그래서 한국을 대표하여 외교관으로 해외에서 근무한다는 자랑스러움을 다시 한 번 느낄 수 있었습니다. 또 외국에 나오면 모두 다 애국자가 된다고 하지 않습니까.

　제가 라오스 공관에서 근무한 2년은 개발, 문화외교, 탈북자문제로 정리할 수 있을 것 같습니다. 라오스에서 개발과 해외원조에 대해, 특히 다른 선진국들과 일본, 중국 등은 해외원조 정책을 어떻게 추진하는지 보면서, 이제 막 시작된 우리나라의 원조정책은 어떻게 추진되어야 할 것인지를 고민하는 값진 기회를 얻을 수 있었죠. 둘째는 문화공연의 외교적 영향력에 대해 실감한 것입니다. 저는 라오스에서 처음으로 한국의 JUMP 공연, 가수 강타의 방문, 태권도 시범단의 공연 등을 주선하였는데 다양한 문화를 접할 기회가 없는 라오스인들의 열렬한 환영을 받았습니다. 특히 강타의 노래와 춤은 이후 라오스 청소년들의 길거리 댄스(?)에 지대한 영향을 미쳤답니다. 또 중국과 국경을 접하고 있는 라오스는 탈북자들의 비밀 탈출 루트로 이용되고 있었는데, 이 때문에 동분서주하던 일도 생생히 기억납니다.

## 외교와 국제기구

제네바와 라오스에서 근무하면서 저는 국제기구에 파견을 나와 근무하는 우리나라 공무원 외에도 개인적으로 뜻을 가지고 국제기구에서 근무하고 있는 사람들을 만날 수 있는 기회를 갖게 되었습니다. 제네바는 세계무역기구(WTO)나 국제노동기구(ILO) 외에도 UN 산하 전문기구가 집중적으로 위치하고 있어 소위 국제공무원이 제일 많이 근무하는 곳입니다.

국제기구 공무원이 되기 위해서는 개별적으로 UN 채용시험을 보거나, 각국 정부의 지원으로 JPO(Junior Professional Officer)로 2년간 파견되어 근무하다가 능력을 인정받아 채용되는 경우, 공무원으로 국제기구에 파견되어 근무하는 경우 등 다양합니다. 그러나 오랜 역사를 갖고 있는 국제기구에서 후발주자인 우리나라 사람이 고위 관리자 과정 이상으로 승진한 경우가 많지 않은 것이 현실입니다. 국제기구도 물론 조직사회라 국장, 총장 등과 같은 고위급과의 인맥도 중요합니다. 그러나 젊어서부터 현장사무소에서 근무한 경험을 축적하고 전문성을 인정받는 것도 매우 중요합니다. WHO 사무총장을 지낸 이종욱 박사가 그런 사례입니다. 국제기구도 워낙 전문화되어 있다 보니 각 국제기구별로 필요한 언어능력, 학력과 전문지식, 경험 등을 미리 확인하고 준비하는 것이 중요하다고 생각합니다. (관련사항은 www.mofat.go.kr/unrecruit, http://cafe.daum.net/unitednations 참고.)

라오스에서 근무하는 동안 UNDP, WHO, FAO 등 국제기구에서 개도국 지원업무를 위해 지역사무소 대표나 프로젝트 담당관으로 파견되어 온 우리나라 사람들을 만났을 때는 무척 자랑스럽고 기뻤습니다. 개도국이라도 수도에서 근무하면 조금 편하기는 한데, 프로젝트 수행을 위해 험지에서 가족들과 함께 고생하는 것을 보면서, 이들의 도전의식과 헌신에 존경을 표하지 않을 수 없었거든요.

## 외교관 그리고 여성

지금은 여성이 외무고시 합격자의 절반을 넘을 뿐만 아니라 국제기구 진출을 위해 외교통상부에서 매년 선발하는 JPO도 여성들이 압도적으로 많아 여성의 국제무대로의 진출이 매우 두드러집니다. 여성들이 적극적이고 일도 꼼꼼하게 한다는 이야기들을 많이 합니다만, 여성들에게는 앞으로 외교관 생활을 하거나 국제기구에서 일하는 데 있어 남성들보다도 더 많은 고민과 부담을 갖게 될 수 있다는 점을 꼭 이야기하고 싶습니다.

끝까지 화려한 싱글로 살 것이라면 자기계발의 기회는 많을 것이지만, 일단 결혼하고 아이를 갖고 가정을 꾸리다 보면, 남자보다도 가사 업무에 대해 더 많은 시간적, 정신적 부담을 안고 일해야 한다는 것입니다. 해외근무를 하게 되어도 아빠와 헤어져 엄마 혼자 싱글맘으로 아이들을 맡아 키우게 되지요. 그래서 더 많은 희생이 따르는 것 같습니다. 자녀들을 엄마가 데리고 갈 수밖에 없는데, 당연히 교육에 대한 정보력은 떨어질 수밖에 없습니다.

그렇지만 저는 아이들을 외국에서 다양한 사람들과 만나게 하면서 그들의 문화를 접하고 이해하면서 이 세상을 다 품을 수 있는 넉넉한 마음을 갖는 인간으로 키우고 싶습니다. 그렇게 하여 앞으로 살아가는데, 내 삶의 이익과 편리보다는 사회에 기여할 수 있는 마음가짐을 갖게 하고 싶습니다. 이것이 인문학도의 책임 아닐까요?

며칠 전 고등학교 3학년 때의 담임선생님을 만나게 되었습니다. 고등학교를 졸업하고 20년도 더 지난 후의 첫 만남이었습니다. 지금은 교육과학기술부 국장님으로 계시면서 고등학교 교육개편을 맡고 계시더군요. 그런데 선생님께서 저 보고, "만화가가 되고 싶어 동양사학과 간다고 하지 않았니" 하면서 물으시는 겁니다. 그것도 너무 진지하게. 그래서 "대학교 가보니까 생각한 것과는 조금 다르더라구요. 그래도 저 지금도 만화 열심히 봐요. 만화영화도 열심히 보고요"라고 좀 궁색하게 대답했습니다. 그러고는 제 아들의 진로에 대해 상담을 드렸습니다. 제 아들이 영화감독을 하고 싶어하는데, 철학 공부를 먼저 하고 싶다고 하거든요. 제자의 아들 진로상담에 대해 선생님은 이렇게 답변해 주셨습니다.

"대학 전공은 자기가 정말 좋아하는 것을 해야 해. 나도 지금까지 내 고등학교 은사님이 하신 말씀을 기억하고 있지. 인생을 60년으로 보면, 앞 30년은 열심히 공부하고 그 다음 30년은 사회를 위해 봉사를 해야 하는데, 내가 사회를 위해 봉사하게 될 30년 기간 중에 어떤 것이 필요하게 될지를 누가 알겠나. 그러니까 대학교 다니면서 자기가 정말 좋아하는 것을 해야 한다."

선생님과 헤어져 사무실로 돌아오면서, 다시 한 번 그 말씀을 새겨보았습니다. '좋아하는 것을 한다.' 대학교에 다니면서 정말 자기가 좋아하는 분야를 파고들어 공부하고, 그 분야에서 최고가 될 수 있기를 바랍니다. 그리고 나 자신을 되돌아보면서 깊이 사색할 수 있는 기회를 갖기 바랍니다. 그러면 앞으로 내가 살아갈 길을 찾을 수 있을 것입니다. 그 길이 처음 생각하고 계획했던 길이 아니더라도, 좋아하는 일을 발견하면 되지 않을까요? 저도 만화가의 꿈은 은퇴 후로 미루어야 할 것 같네요. 지금 제가 좋아하는 일을 하고 있으니까요.

네 안의 목소리에
귀를 기울여라

영문학을 전공한 소설가
김경욱

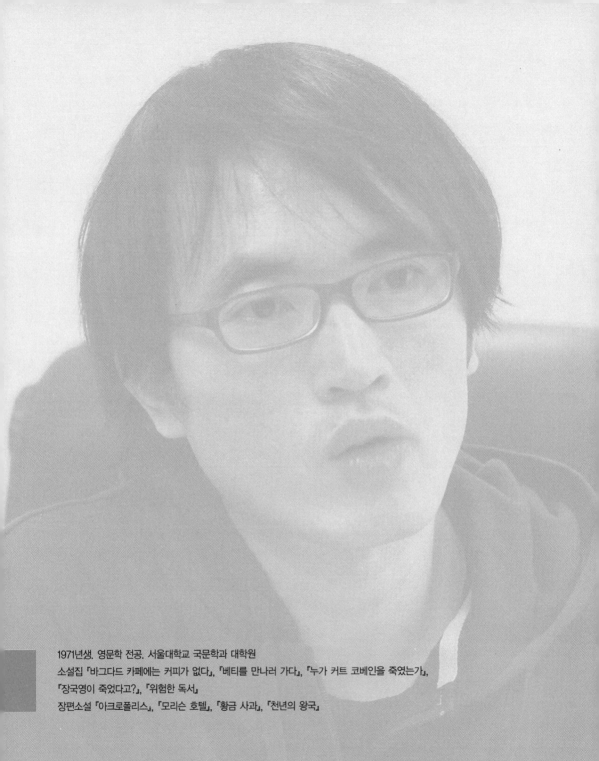

1971년생. 영문학 전공. 서울대학교 국문학과 대학원
소설집 『바그다드 카페에는 커피가 없다』, 『베티를 만나러 가다』, 『누가 커트 코베인을 죽였는가』,
『장국영이 죽었다고?』, 『위험한 독서』
장편소설 『아크로폴리스』, 『모리슨 호텔』, 『황금 사과』, 『천년의 왕국』

상황에 자신을 맞추다 보면 어느 순간 자신은 사라지고 상황만 남게 된다.
상황이 바뀌면 또 자신을 버리고 상황에 맞는 다른 사람이 되어야 하기 때문이다.
그래서 지금 상황에 안정되고 지금 상황에 좋은 직업을 찾을 게 아니라
평생 나를 기쁘게 할 일을 찾는 것이 중요하다.
인생은 길고 상황은 늘 바뀌게 마련이지만
긴 인생 후회만 하면서 살 수는 없으니까 말이다

# 대학생 때 데뷔한 소설가 김경욱

Q: 소개를 부탁드리겠습니다.

A: 저는 93년에 『작가세계』를 통해서 데뷔한 소설가입니다. 90학번이니까 아직 학교 다니고 있을 때죠. 그리고 지금까지 책을 아홉 권 냈습니다. 장편소설 네 권, 창작집 다섯 권 이렇게 소설책 아홉 권을 냈고, 지금도 열심히 쓰고 있습니다. 올해 상반기에 인터넷 서점에 장편소설을 연재했는데요, 퇴고를 해서 내년 봄쯤에 책으로 묶어 낼 예정입니다. 또 다른 단편집도 내년에 나올 것 같습니다.

Q: 누군가가 김경욱 씨를 소설 기계라고 표현해주셨던데 정말 많이 쓰시네요. 작가님은 대학생일 때 소설가로 데뷔를 하셨습니다. 첫 작품이 「아웃사이더」라는 소설로 기억하는데요. 언제부터 소설가가 되려고 결심을 하신 건

가요?

A: 대학에 입학하기 전까지는 글을 써본 적이 없어요. 대학교 들어올 때에도 특별히 작가가 되어야겠다는 포부나 계획이 있었던 건 아닙니다. 그렇다고 전공에 매진했던 것도 아니죠. 전공공부를 잘 따라가지 못했던 것 같아요. 도서관에 가서 주로 소설책들이나 문학잡지를 혼자서 읽었어요.

　　그냥 문학에 좀 관심이 있었지만, 작가가 되어야겠다는 생각은 없었죠. 책 읽는 것을 좋아했고, 혼자서 그냥 글을 쓰다 보니까 그렇게 되었습니다. 92년 가을부터 갑자기 글을 쓰게 되었어요.

Q: '갑자기'라는 말씀이 인상적이네요. 그럼 첫 소설로 등단을 하신 건가요?

A: 아니요. 그때 처음 썼던 거는 다른 소설이었고, 「아웃사이더」는 이듬해에 쓴 소설입니다. 93년에 써서, 같은 해 데뷔를 했죠. 처음에는 그냥 아무 글이나 썼어요. 그냥 머릿속에 생각나는 대로, 마음속에 떠오르는 대로. 그러다가 뭔가 이야기로 만들어내고 싶다는 생각이 들어서 썼고, 써놓고는 이게 과연 소설인가라는 의문이 들어서, 선생님이나 친구들에게 읽어달라고 보여주고 그랬습니다.

　　사실 글을 쓰기 시작하고 나서 굉장히 빨리 데뷔한 편입니다. 92년부터 쓰기 시작했는데 93년에 데뷔를 했으니까요. 그래서 습작을 많이 못해봤구요.

Q: 「아웃사이더」는 등단하시려고 발표한 것은 아니군요.

A: 예. 등단을 염두에 두고 쓴 건 아니죠. 마음이 무겁고 제 안에서 뭔가 끓어 넘치는 듯한 느낌이 있었습니다. 그러면 그걸 좀 퍼내줘야 되잖아요. 그런

기분으로 썼어요. 그리고 글을 쓰고 나니까 이게 과연 소설의 꼴을 갖췄을까 하는 호기심이 생겨서 투고를 해본 거죠. 전문가들의 평을 한번 들어보고 싶다는 기분에. 그때까지만 해도 작가가 꼭 되어야 한다, 이십대 때 꼭 등단을 해야 한다는 생각은 없었어요. 그냥 쓰고 있었던 거예요. 쓰지 않으면 너무 힘들어서. 신기하게 글을 쓰면 마음이 평화로워져요. 지금도 글을 쓰고 있을 때 제일 마음이 편해요.

## 소설가가 되는 길

Q: 등단에 대해 궁금하네요. 소설을 계속 쓰려면 등단을 해야 하잖아요. 그런데 등단하려면 어떤 길들이 있는지요.

A: 각종 공모에 투고해서 당선되면 공식적으로 등단하게 됩니다. 공모는 문예지에서 주관하는 것과 신문사에서 주관하는 것이 있습니다. 예전에는 주로 단편 공모가 많았는데 요즘은 점차 장편 공모도 늘고 있는 추세입니다.

　　신춘문예든 잡지를 통한 등단이든 큰 차이는 없습니다. 차이라면 문예지 같은 경우는 문예지 출신 작가가 되기 때문에 계속 그 문예지에 발표할 기회가 주어져요. 그런데 신문 신춘문예 같은 경우는 신문에다 단편소설을 발표할 수는 없거든요. 신춘문예로 등단을 해도 계속 발표하는 지면은 문예 잡지예요. 그런 차이점은 있죠.

Q: 등단을 하고 나면 작가로 인정을 받고 글도 청탁받게 되는 것이군요.

A: 청탁이 들어오는 경우도 있고, 청탁을 잘 못 받는 경우도 있습니다. 저는 작

가가 되려고 하는 학생들에게 늘 이런 얘기를 하는데요, "등단을 한다고 해서 다 끝나는 게 아니다. 결국엔 평생 글을 쓴다고 생각을 한다면 등단은 하나의 과정일 뿐이다. 그러니까 빨리 등단해야 한다고 서두를 필요도 없다. 평생 글을 쓰겠다는 열정과 확신이 있어야 된다"라고 말해줍니다. 그래서 평생을 써야겠다고 생각을 하면 등단을 해도 늘 문학청년의 자세로, 작가 지망생의 자세로 자신을 채찍질하고 있어야 되는 것이죠. 그리고 그 절박한 마음으로 글을 써야 합니다. 그렇게 쓰면 결국은 읽는 사람들이 알거든요. 평생 글을 쓰겠다고 생각하면 그때그때 상황에 따라서 일희일비하면 안 되겠죠.

Q: 등단하고 나서도 다른 일을 하는 사람들도 많다는 이야기를 들은 적이 있습니다.

A: 그렇죠. 예를 들어서 데뷔를 했는데 기대했던 것만큼 조명을 못 받거나, 청탁을 못 받거나, 힘든 시기가 올 것 아니에요? 그러면 회의를 갖고 다른 길을 알아보고 하는데, 힘들다고 하더라도 포기하지 않고 준비하고 있으면 기회는 올 거예요. 자꾸 상황의 논리에 자기를 맞추다 보면 결국 자기 자신은 사라져버리고 상황만 남게 되는 거죠. 상황이 바뀌면 또 자기 자신은 다른 사람이 되어야 하고 그런 거니까. 하지만 결국 상황이란 것은 바뀌기 마련이거든요. 중요한 것은 자기 자신이 흔들리지 않는 것, 자기 자신이 어떤 사람인지를 스스로 잘 아는 것. 이게 중요한 거죠.

Q: 소설을 쓰고 계시면서 동시에 한국예술종합학교 서사창작과에서 강의를 하시잖아요. 두 가지 일을 동시에 하시는 특별한 이유가 있는지 여쭤보고

싶네요.

A: 글쎄요. 제가 강의를 한 지는 꽤 오래됐어요. 대학원 박사 과정에 있으면서부터 강의를 다니기 시작했으니까, 강의를 한 지는 10년이 넘었고 기회가 생겨서 한두 번 하다 보니까 운이 좋아 전임도 된 것이죠. 경제적인 이유도 있습니다. 일단 원고료만 가지고는 힘드니까요.

Q: 비록 유사한 분야의 두 가지 일을 하는 셈이긴 하지만 그래도 두 가지 일을 하시는 것인데요. 다른 일을 하면서 소설을 쓰는 것에 대해서 어떻게 생각하시는지. 진로를 고민하는 데 있어 말씀하신 대로 경제적인 면도 생각하지 않을 수 없을 것 같아서요.

A: 그건 상관없습니다. 결국 글이건 그림이건 음악이건 궁극적으로는 자기를 표현하는 거잖아요. 자기 표현의 한 방식이니까. 글이 편한 사람은 글을 쓰는 거고, 이미지가 편한 사람은 그림을 그리는 거고, 소리가 편한 사람은 음악을 하는 건데, 자기를 표현하는 것은 좋다고 생각해요. 가급적이면 조금 더 창의적인 방식으로 자기를 표현할 수 있는 기회가 많이 생기면 좋죠. 삶이 조금 더 풍요로워질 테니까요.

다른 일을 하면 아무래도 그것만 하는 것보다는 시간도 많이 뺏기겠지만 결국은 선택의 문제 아니겠어요? 다른 일을 하지 않으면 또 잃는 부분이 생기잖아요. 근데 그 잃는 것과 그걸 하지 않았을 때 얻을 수 있는 것, 이런 것들을 생각해서 결국은 자기가 선택을 하는 거죠. 정답은 없어요. 결국은 다 자기가 선택을 하는 문제이기 때문에.

## 소설가라는 직업

Q: 예전에는 글을 쓰고자 하는 인문대생들이 많았다고 들었는데 요즈음은 소설가를 직업으로 하려는 사람은 별로 없는 것 같습니다.

A: 제가 강의를 하는 한국예술종합학교에는 글을 쓰려는 학생들이 많습니다. 아무래도 글을 쓰고 싶어서, 작가가 되고 싶어서 온 학생들이니까 그렇겠죠. 요즘도 글을 쓰려는 사람들은 많은 것 같아요. 투고작의 수나 글쓰기 관련 학과에 지원하는 학생들 수를 보면, 자기표현에 대한 열망은 예전보다 더 강해지는 게 아닌가 싶어요. 인터넷처럼 자기를 표현할 수 있는 공간이 많다 보니까, 자기 표현의 욕망이 좀 더 커진 것 같습니다.

Q: 하지만 소설가라는 일, 문학을 직업으로 삼겠다는 사람이 주변에 거의 없는 것 같습니다. 그런 맥락에서 직업으로서 소설가에 대한 전망이 어떻다고 생각하시나요?

A: 글쎄요. 확실한 것은 이야기에 대한 수요가 늘고 있다는 사실입니다. 매체가 늘어날수록 이야기에 대한 수요는 커질테니, 상상력을 통해서 이야기를 만드는 것에 흥미가 있으신 분들은 충분히 도전해볼 만한 일인 것 같아요. 그리고 무엇보다도, 그 일에서 즐거움을 느껴야 됩니다. 경제적인 보상이나 여러 가지 조건을 떠나서 일 자체가 즐거워야죠. 좋아서 하면 누가 말려도 하지 않겠어요?

저 같은 경우도 어느 순간 보니까 작가가 되어 있었죠. 여러 가지 직업들 중에 '소설가라는 직업을 택해야겠다'라고 해서 택한 것이 아니고 어느 순간 제가 작가라고 불리고 있었습니다. 말하자면, 정말 자기도 모르게 이미 그 일을 하고 있었던 것이고, 의식적으로 선택했다기보다는 마음이 그쪽으로 갔으니까 그것을 하게 된 것이죠.

인생은 생각보다 길어요. 평생 질리지 않고 할 수 있는 일을 찾는 것은 가장 큰 행복이고 행운이라고 생각합니다. 정말 많은 노력을 쏟아서 얻은 직업이지만 회의를 가지고 사는 분들도 계시잖아요. '이게 정말 내 일인가, 이 일을 내가 해야 되는가. 평생 할 수 있는 일인가', 이런 고민을 하는 분들이 생각보다 많습니다.

이런 고민을 하게 되는 이유는 직업, 일을 너무 계산적으로 선택했기 때문일 수 있습니다. 주로 상황과 조건을 계산해서 선택한 경우 상황과 조건이 바뀌면 그 계산이란 것도 바뀌는 거잖아요. 계산에 따라 인생 계획을 세우기보다는 자신의 마음을 읽는 게 더 바람직한 것 같아요. '나 자신이 뭘 하고 싶어 하는가, 그리고 뭘 할 때 가장 기쁜가'를 살펴보는 것이죠. 그래서 자기 마음을 읽는 게 필요합니다. 겉으로 보기에는 안정적으로 보이는데 공허함을 호소하고, 새로운 운명을 개척해보고 싶어 하는 분들이 적지 않은 걸 보면 여러분들 나이 때 선택이 굉장히 중요하다고 생각합니다.

시대 분위기라는 건 유행이 바뀌듯이 바뀌게 마련입니다. 지금 유망한 직종이 다음엔 또 달라질 수도 있는 것이죠. 중요한 것은 다른 사람들이 그럴듯하게 생각하는 직업이 아니라 자기 자신을 기쁘게 하는 일을 찾는 것이죠.

## 무엇을 할 것인가를 고민하기 전에
## 내가 누구인가에 대한 고민이 먼저다

Q: 많은 학생들이 자기가 좋아하는 게 무엇인지 잘 모르더라고요.

A: 보통 대학교에 들어오기까지 12년 동안 학교를 다닙니다. 그리고 대학을 4년 다닌다고 하면 16년이지만 휴학하고 어쩌고 하면 20년 가까이 학교를 다니는 셈입니다. 하지만 학교에서 배우는 것은 도구적인 것들이어서 궁극적인 어떤 것을 배우기는 힘들 것 같다는 생각이 듭니다. 궁극적인 것들은 자기 스스로 발견해야겠죠. '나는 누군가, 나는 어떤 사람인가, 나는 뭐에 소질이 있고 뭘 할 때 기쁜가' 이런 걸 발견해야 하는 거예요. 그래서 여러 가지를 해보잖아요. 미술도 해보고 음악도 해보고 체육도 해보고. 그런 걸 통해서 자기를 발견해야 합니다. 학교에서는 이런 작업에 도움을 주어야죠.

그런데 '나'에 대해 발견할 수 있도록 도움을 주어야 할 학교가 오히려 목적이 되어버렸습니다. 이를테면 미술시간, 음악시간, 체육시간이 있으면 이걸 통해서 점수를 따야 되고 좋은 점수를 따서 진학하는 게 목적이 돼버린 거죠. 미술시간을 통해 나에게 어떤 미술적인 재능과 관심이 있는가를 발견해야 하는데 오히려 그런 것들을 잃어버리는 것이죠. 주객이 전도된 겁니다. 제 경험에 비추어도, 제가 그렇게 학교를 오래 다녔는데, 뭘 잘하는지, 어떤 사람인지 아무도 얘기해주지 않더라고요.

그래서 방황을 굉장히 많이 했던 것 같습니다. 그리고 그 방황의 끝에서 어느 날 펜과 노트를 사가지고 뭔가를 끄적거리고 있었던 것이죠. 내가 누구이고 무엇을 해야 하는가라는 질문에 답해줄 수 있는 사람은 이 세상에 자기 자신밖에 없는 것 같아요. 그래서 자기 자신의 목소리에 귀를 기울이

여야 합니다.

그날, 노트와 펜을 사서 뭔가를 끄적거리게 된 것은 스스로가 답을 찾아준 거라고 생각을 해요. 그래서 무엇을 해야 될지 모르고 방황하는 학생들을 보면 이야기를 합니다. "답은 이미 네 안에 있다. 그 목소리는 얘기를 하고 있지만 아직 딴 곳에 정신이 팔려서 듣지 못하고 있는 것일 뿐이다. 그래서 딴 데 팔린 정신을 불러서, 네 안의 목소리를 듣게 해라." 답을 빨리 듣는 사람도 있을 테고 늦게 듣는 사람도 있을 테죠. 자꾸 딴 데서, 바깥에서 답을 찾으려고 방황할수록 시간이 더 오래 걸릴 겁니다.

## 남들도 잘하는 것을 조금 더 잘하는 것과 나만 잘할 수 있는 것을 매우 잘하는 것

Q: 상황과 조건에 휩쓸리는 것은 이미 일반적인 것 같습니다. 다들 경영학과 경제학을 필수로 들으려고 하고, 학점도 지나치다 싶을 정도로 챙기는 편이니까요. 모든 것을 다 잘해야 한다는 강박도 있는 것 같습니다.

A: 모든 것을 두루두루 잘하는 사람보다 한 가지를 잘하는 사람, 한 가지에 특별히 관심이 있는 사람이 창의적인 결과물을 내놓고 좀 더 창의적인 삶을 살 가능성이 높아요. 그런데 지금은 모두가 비슷한 것들을 두루두루 다 잘하잖아요. 토익은 다들 팔백, 구백 넘어가고, 검색 자격증을 따고 이른바 스펙을 엄청나게 끌어올립니다. 그런데 이런 비슷한 것을 두루두루 잘하는 능력이 실제 하는 일에서 필요한가, 활용을 하는가, 그건 좀 의심스럽거든요. 그런데도 입학해서 졸업하는 날까지 모두가 비슷한 것들을 잘하려고,

스펙을 관리하는 것을 보면 한편으로는 대단해 보이지만, 다른 한편으로는 안쓰러워 보이는 게 사실입니다.

대학시절은 꽃다운 나이잖아요. 인생의 황금기인데 20대 초반에, 한창 감수성이 예민해서 뭔가 세계에 대해서 질문하고 많은 것들을 자기 것으로 만들어야 할 나이인데, 똑같은 공부만 하고 있으니까 안타깝죠.


## 소설, 여행, 대중문화 그리고 소설가

Q : 소설가라는 직업에 대해 좀 더 자세히 말씀해주시죠. 소설을 쓰실 때 모티프 같은 건 어디서 얻으시나요?

A : 글이라는 건 결국은 쓰는 사람이 어떻게 사는지를 반영하는 것 같아요. 제가 20대 때는 음악과 영화에 심취해 있었어요. 그래서 그때 쓴 글에는 음악이나 영화 얘기가 많이 나왔던 것 같아요. 그쪽에서 영감을 많이 얻었던 거죠. 요즘은 예전에 비해서 음악도 덜 듣고 극장에도 덜 가게 되는데, 그 대신에 책을 더 가까이 하게 되고 책을 읽으면서 아이디어도 많이 얻습니다. 그러고 보니 가장 최근에 나온 단편집 제목이 〈위험한 독서〉네요. 여하튼 책을 많이 읽을수록 글쓰는 데는 도움이 되는 것 같아요. 그러니까 글을 쓰기 위해서는 먼저 많이 읽어야 될 것 같아요.

Q : 좋은 글을 쓰고, 소설가를 직업으로 삼으려면 책 이외의 경험이라는 것도 중요할 것 같다는 생각이 듭니다. 그런데 학교를 다니는 것은 어쨌건 일상적인 일이고 그렇게 되면 평범하고 일반적인 사고를 하게 되는 것은 아닐

까도 생각해봅니다.

A: 경험이 문제라면, 저도 평범하게 중고등학교 졸업하고 대학에 왔기 때문에, 드라마틱한 경험이랄 게 없잖아요? 그래서 책을 많이 다양하게 읽는 것은 부족한 직접경험을 보완한다는 측면에서 도움이 됩니다. 그리고 경험을 통해서 쓸 수 있는 글이 있고, 상상력이나 감수성으로 쓸 수 있는 글이 있는 것 같아요.

스무 살은 경험이 부족하지만 한창 감수성이 예민하기 때문에 그맘 때 쓸 수 있는 글이 있습니다. 그리고 나이를 먹어감에 따라 경험이 축적되어서 쓸 수 있는 글도 있구요. 그러니까 그때그때마다 자기가 쓸 수 있는 글을 써보는 게 중요합니다.

경험이란 건 세월이 흐르면, 세월의 무게가 쌓이면 자연스럽게 얻어지는 것이기 때문에 그때 가서 그 경험을 바탕으로, 좋은 글을 쓰면 되잖아요? 지금은 또 지금 쓸 수 있는 글이란 게 있을 테니까.

Q: 이번에 동인문학상 수상 인터뷰 기사에 "대중문화는 작가가 읽어야 할 가장 중요한 텍스트다"라고 말씀하신 것을 보았습니다.

A: 소설은 결국 당대에 대한 해석이고, 그 해석을 바탕으로 질문을 던지는 장르라고 생각해요. 그런데 제가 살고 있는 이 시대의 욕망이 집결한 곳이 대중문화라는 장이예요. 그래서 관심 있게 그런 것들을 읽습니다. 어떤 대중문화적인 현상이 생기면, 예를 들면 '미니홈피나 블로그는 사람들에게 무슨 의미일까', '왜 이 시대에는 많은 사람들이 여기에 열광할까'를 읽어보려는 것이죠. 거기에 담긴 이 시대만이 가진 욕망이 있을 거라고 생각하고 그걸 궁리해서 소설을 쓰려고 합니다.

Q: 만약에 다시 대학시절로 돌아가신다면 무엇을 해보고 싶으신가요?

A: 여행을 많이 해보고 싶어요. 여행이란 걸 거의 안 해봤거든요. 어렸을 때 읽은 책을 나중에 나이 먹어서 다시 읽으면 다른 느낌으로 다가옵니다. 한 권을 두 번 읽는 게 아니라 두 권의 책을 읽은 것이죠. 여행도 마찬가지로 같은 곳이라도 이십대의 젊은 시절에 가는 것과 나이 먹어서 가는 것은 다르다고 생각합니다. 두 군데를 간 것이죠. 그 장소가 중요한 게 아니라, 그 장소를 접하고 느끼는 저 자신이 중요하다고 생각해요.

그런 의미에서 만약 이십대 때 한창 감수성이 예민하던 그 시기에 뭔가 낯선 곳, 새로운 장소를 많이 다녔으면 지금의 저는 또 달라졌겠죠.

Q: 그럼 지금 문학가의 꿈을 키우고 있는 후배들에게 꼭 해봤으면 좋겠다고 추천하시는 것은 여행인가요?

A: 예. 여행과 연애.


## 매일매일 글을 쓴다

Q: 글을 쓰는 것, 소설을 쓰는 것도 직업이라는 관점에서 본다면 일상적이어야 할 것입니다. 그런데 작가들은 밤에만 글을 쓴다든지, 기행에 가까운 특수한 상황을 만들어 글을 쓴다는 선입견도 있는 것 같습니다. 작업은 어떻게 하시나요?

A: 글은 가급적이면 낮에 쓰려고 그래요. 소설쓰기는 육체적 노동에 가깝거든요. 벽돌을 하나하나 차곡차곡 쌓아 올리는 것 같은 작업이기 때문에 체력

이 뒷받침되어야 해요.

Q: 그러면 조금조금씩 살을 붙여서 쓰시는 건가요?

A: 예. 하루에 몇 매씩 양을 정해놓고 쓰죠. 보통 단편소설 100매짜리 한 편은 구상하고 뭐 이런 시간을 빼면, 정말 물리적으로 초고를 쓰는 데 일주일에 서 열흘 정도 걸리더라고요. 그러니까 하루에 10매 정도 쓰죠. 글을 쓰다가 차 마시며 쉬고, 다시 쓰고 이렇게 하면 대략 한나절 정도 걸리죠. 매일매일 쓰는 게 중요해요.

Q: 주로 단편을 쓰시는 것 같은데 특별한 이유가 있나요?

A: 단편을 주로 쓰는 것 같지는 않습니다. 책으로 보면, 장편도 네 권, 창작집도 다섯 권이고 이번에 연재한 것도 내면 장편도 다섯 권이 되잖아요. 균형이 맞춰지는 것이겠죠. 저는 주로 그 리듬으로 써온 것 같아요. 창작집, 단편집이 한 권 나오면 그 다음에는 장편소설 나오고, 다시 창작집 나오고 그런 리듬으로 썼습니다.

　하지만 전체적으로 단편 위주로 굴러가는 측면이 없는 것은 아닙니다. 문학잡지들 같은 경우 여러 사람들의 글을 실으려다 보니 아무래도 장편보단 단편을 많이 싣겠죠. 그리고 수상집, 앤솔러지 같은 경우도 여러 작가들의 글을 동시에 다 실어야 하니까 단편들만 묶고. 그러다 보니까 작가들이 단편 청탁을 더 많이 받아요. 그런 구조적인 측면 때문에 단편이 더 많이 생산되는데, 요즘은 장편들을 실어주는 매체들이 많이 생겼어요. 인터넷 서점이나 블로그, 웹진 이런 것들이 생겨서 장편이 많이 활성화되고 있어요.

Q: 장편소설과 단편소설은 창작에 있어 다른 점이 많을 것 같은데요. 어떻게 집필을 하시는지.

A: 장편하고 단편은 다른 양식이라고 생각해요. 장편이 건축적인 양식, 설계도를 가지고 쌓아 올리는 양식이라면, 단편은 시적인 양식이죠. 그래서 장편에서 중요한 것은 플롯, 장편의 부피를 지탱할 수 있는 주제, 이런 것들이 중요하고 단편의 경우, 한순간을 통해서, 일부분을 통해서 삶의 핵심을 보여줄 수 있는 날카로움, 통찰, 이런 게 많이 필요한 것 같아요.

Q: 글을 쓰실 때, 어떻게 써야겠다고 정해놓고 쓰시는 건가요? 예를 들면 시나리오 같은 걸 미리 써놓은 다음에 거기에 살을 붙이시는지, 아니면 써나가면서 즉흥적으로 이어나가시는지 궁금합니다.

A: 단편이든 장편이든 대개는 기본적인 줄거리를 잡고 시작합니다. 캐릭터도 생각해둬야죠. 특히 단편 같은 경우는 응집된 힘 같은 게 필요하거든요. 그렇지 않으면 이야기가 삼천포로 빠져요. 자꾸 불필요한 것들이 들어오게 되고. 그래서 자기가 하려는 이야기가 뭔지를, 그걸 한 문장으로 정리할 수 있다면 그 한 문장을 늘 생각하고 있어야 돼요. 모든 문장을 쓸 때 그 한 문장을 떠올리면서 쓰면 구심력이 생겨 꽉 짜인 이야기가 만들어질 수 있죠. 그래서 저 같은 경우는 키워드나 아니면 그 글을 창작하게 만든 최초의 씨앗 같은 거 있잖아요, 창작의 씨앗, 그런 걸 한 문장으로 요약해서 책상맡에 붙여놓고 쓰죠.

남들과 다른 길을 간다고 불안해하지 말 것,
그 길이 남들은 못 느끼는 행복을 찾을 수 있는
후회 없는 선택일 수 있으니까

Q: 마지막으로, 인문대 학우들에게 해주고 싶은 말씀이 있다면.

A: 늘 지나간 세월은 돌이켜보면 아쉬움이 남잖아요? 그래서 여러분들이 지금 어떻게 살더라도 돌아보면 결국 후회나 아쉬움이 남을 텐데, 그렇더라도 그 후회나 아쉬움을 줄일 수는 있을 것 같아요. 그래서 제가 아까도 말씀드렸듯이 가장 중요한 것은 자기 자신을 찾는 것, 자기 자신이 어떤 사람이고 무엇을 할 때 기쁜가, 이것을 찾는 것이죠. 사실 이건 평생의 화두거든요. 그런데 한 살이라도 젊고 감수성이 예민하고 뭔가 많은 것들을 준비할 수 있을 때 그 질문에 대한 답을 찾으면 좋을 것 같아요. 그렇지 않으면 자꾸 다른 사람의 의견을 따라가게 되고, 다른 사람들이 좋아하는 것, 다른 사람들이 하는 것들을 따라 하게 되는 거죠. 그래야지 안심이 되니까. 혼자만 떨어져 있는 것 같으면 불안하잖아요. 하지만 자기가 어떤 사람인지 안다면 설령 자기가 가려는 방향이 다른 사람들과, 다수의 방향과 다르더라도 불안하지는 않겠죠. 자신감은 결국 자기를 아는 것에서 출발하는 것 같아요.

남의 눈으로 보지 말고
내 눈으로 직접 봐라

독문학을 전공한 공인회계사
박준형

1979년생. 독어독문학과 전공. 공인회계사. 현 한국수출보험공사 영업전략부 근무
2005~2007년 안진회계법인

자신이 무엇을 하고 싶어 하는지, 내가 무엇을 잘하는지를 불행하지만 찾지 못할 수도 있다.
아니 정확하게 말해 그것을 찾는 노력을 해야 하는 시기를 놓칠 수도 있다.
그런 경우 우리는 너무도 쉽게 다른 사람의 눈에 나를 맞춘다.
하지만 조건만 보고 선택한 일은 결국 후회하게 마련이다.
내가 무엇을 하고 싶어 하는지, 잘하는지 찾을 수 있는 기회를 놓쳤다면,
적어도 나에게 정말 어울리지 않는 일은 어떤 것인지 구체적으로 확인해야 한다.

안녕하세요. 저는 독어독문학과 98학번 졸업생 박준형입니다. 공인회계사 시험에 합격하여 회계법인에 잠깐 몸담았다가 현재 한국수출보험공사에 재직하고 있습니다. 깜빡하고 졸업신청을 하지 않아 졸업도 못할 뻔했던 게 엊그제 같은데 벌써 4년 전 일이네요. 이 글을 읽고 계신 많은 분들이 새로운 시작을 앞두고 4년 전 저처럼 미래에 대한 불안과 기대를 동시에 갖고 계실 줄로 생각합니다. 아마도 이 책에 글을 쓰신 분들 중 제가 가장 연륜이 적을 수도 있겠지만 제 작은 경험이 여러분들의 결정에 조금이라도 도움이 되기를 바라며 글을 시작합니다.


## 정말 하고 싶은 일을 찾지 못했다

아마도 많은 인문대생이 그렇듯이 저에게도 진로 선택에 있어 가장 어려웠던

문제는 평생 업으로 삼아도 좋을 만큼 딱히 하고 싶은 일이 없었다는 것이었습니다. 주변을 보면 좋아하는 일을 찾아 일찌감치 제 갈 길을 결정한 사람들도 있었습니다. 먹을 것 아끼고 입을 것 아껴서 뮤지컬 보러 다니던 사람, 주식에 미쳐 수천만 원 까먹은 사람, 드럼에 빠져 멀쩡히 다니던 학교 때려치운 사람. 잘되고 못되고를 떠나 적어도 출발점에 서는 데에는 주저함이 없었던 사람들이었죠. 반면에 저는 인생을 걸고 하고 싶은 일은 학창시절에 찾지 못했습니다. 찾지 못했다는 표현은 적절치 않을 수 있겠네요. 지금 생각해 보면 찾으려는 노력이 충분하지 않았던 것 같습니다. 나라는 사람이 누구인지, 나는 무엇을 좋아하고 무엇을 싫어하는지, 나는 어떤 상황에서 가장 흥이 나는지, 나는 독불장군 스타일인지 팀플레이어인지 등등 스스로에 대한 탐구를 하며 보낼 수 있었던 인생의 가장 소중한 시간을 흘려보냈던 것이죠.

평계 없는 무덤 없다고 나름의 이유가 없지는 않았습니다. 대학교 1, 2학년 때에는 고등학교 때 열심히 공부했으니까, 또 복학생 되면 바쁘니까 지금 놀아야 된다는 생각으로 하루하루를 보냈습니다. 진로에 대한 진지한 고민은 별로 하지 않았습니다. 일단 군대라는 유예기간이 있었기 때문에, 별다른 고민 없이, 수업은 듣는 둥 마는 둥, 공부는 대충 했습니다. 그렇게 2년을 보내고 나니 어느새 어색해진 짧은 머리를 하고 입영열차에 앉아 있더군요. 카투사였기 때문에 나름 편한 곳에 배치 받았는데도 군생활은 역시 힘들었습니다. 욕도 먹고 짬밥도 먹고 하다 보니 어느덧 계급은 높아지고 시간적 여유가 생기니까 덜컥 진로에 대한 고민이 시작되었습니다.

'앞으로 뭐 해서 먹고살아야 하나', '친구 아무개는 이번에 행시를 최연소로 붙었다던데 행시나 해볼까', '돈도 많이 주고 자기 시간도 충분히 가질 수 있는 직업이 없을까', '내 적성에 딱 맞는 일은 어디 없나.' 질문은 꼬리에 꼬리를 물고 이어지는데 딱히 답은 나오지 않고, 물음은 공상으로 끝나기 일쑤였습니다. 그때 방을 같이 쓰던 경영학 전공 후임병이 공인회계사 공부를 하고 있는 게 눈에 띄어서 곁눈질도 좀 해보다가 공인회계사 시험에 관심을 갖게 되었습니다.

무엇을 하고 싶은지 스스로 확신이 부족하다 보니 직무보다는 조건을 더 따지게 되더라구요. 요모조모 따져본 결과 돈을 다루는 직업이니 나중에 돈도 많이 벌 것 같고, '사'자 들어가는 직업이니 어디 가서 폼도 날 것 같고, 요새 일반 회사 들어가면 구조조정이다 뭐다 정년 보장도 안 되는데 전문직이니 자기 능력만 있으면 천년만년 해먹을 수 있을 것도 같고, 하다못해 공부하다가 시험에 못 붙더라도 재무제표 보는 법은 익혔으니 취직하는 데 도움은 되겠다는 생각이 들었습니다. 우선 간을 보려고 시험 삼아 회계원리 강의를 들었는데 차변 대변 맞추는 게 신기하고 재밌어서 제대 후에 본격적으로 시작하게 되었고, 조상님이 도우셨는지 졸업하기 전에 합격할 수 있었습니다.


## 조건만 보고 일을 선택하면 후회하게 된다


졸업과 동시에 회계법인에 입사하여 일하게 되었습니다. 남들이 부러워하는 좋은 회사였지요. 2년 넘게 시험을 준비했기 때문에 기대도 크고 각오도 남달랐습니다. 보란 듯이 성공해서 파트너 회계사가 되겠다는 꿈도 있었고요. 그런데 결국 일 년 반 만에 퇴사하게 되었습니다. 제게 맞지 않는 곳임을 깨닫게 되었던 것이죠. 매일의 회사 업무가 생각과 달랐습니다. 과중한 업무량, 잦은 술자리, 부족한 수면시간 때문에 건강은 차츰 나빠지고, 소중한 사람들에게도 점차 소홀해졌습니다. 부모님께 괜한 신경질을 부리기도 하고 여자 친구와 사이도 나빠져갔습니다. 무엇보다 막상 필드에서 부딪혀 보니 업무도 적성에 맞지 않았습니다. 회계사는 기본적으로 숫자에 예민한 감각이 있어야 하는데, 슬프게도 제겐 그게 없었어요. 일이 도전으로, 성취로, 보람으로 이어지지 못하고 부담으로, 스트레스로 느껴졌습니다. 결국 이래서는 안 되겠다 싶어서 사직서를 제출했습니다.

이제 와서 돌이켜 생각해보면 공인회계사 시험을 준비할 때 직무 그 자체보다 부수적인 것들에 관심이 더 많았던 듯싶습니다. 염불보다 잿밥에만 관심이 있었죠. 연봉은 얼마나 되는지, 사회적 인식은 어느 정도인지, 결혼정보회사 듀오에서는 몇 등급으로 매겨주는지를 열심히 따져보았습니다. 물론 직업적 성취가 가져올 유형 무형의 보상은 진로 선택에 있어 아주 중요한 부분입니다. 좋은 애인 노릇 하려면 데이트 비용도 대야 하고, 좋은 부모 노릇 하려면 영어 유치원 학원비도 대야 하고, 게다가 요즈음 집값은 좀 비싼 게 아니니까요.

하지만 그와 동시에 염두에 두어야 할 사실은 한번 선택한 직업은 나의 생활, 삶, 세계가 된다는 것입니다. 처지에 따라 다르긴 하지만 우리는 일주일에 적어도 40시간, 많으면 100시간 이상씩 일해야 합니다. 먹고 자고 텔레비전 보는 시간 빼고는 대부분의 삶을 투자해야만 하는 것이죠. 그런데 그 일이 하나도 즐겁지 않다고 상상해보세요. 인생의 대부분의 시간이 즐겁지 않은 것과 다를 바 없습니다.

제가 처음 진로를 결심했을 때는 이런 방향에서 접근하지 못했습니다. 실제로 회계사로서 실무를 접하게 되었을 때 어떤 일을 하게 되는지, 또 그것이 정말 내가 열정을 가지고 할 수 있는 일인지 생각해보는 노력이 부족했다는 뜻입니다. 합격만 하면 모든 것이 술술 풀릴 것이라고 여기고 정말 이 일이 나에게 맞는 일인지 자문하는 노력은 소홀히 했던 것이죠.

　　지금도 많은 분들이 피상적인 정보만을 가지고 진로를 설계하고 계시지 않을까 염려되네요. 직업을 선택하실 때는 취업 관련 사이트에서 쉽게 확인할 수 있는 내용만 가지고 판단하지 마시고, 실제 그 분야에 종사하고 있는 선배나 사람들을 찾아가서 물어보거나 인턴십을 통해 미리 체험해보고 본인에게 맞는 일인지 확인해보는 것이 좋겠습니다. 이런 것 등을 적극적으로 이용해서 미리 직업세계를 살펴보세요. 겉에서 보는 것과 실제로 안에서 경험하는 것과는 전혀 별개의 일일 수 있으니까요. 이 직업은 주로 어떤 일을 하게 되는데, 이런 점이 본인의 개성과 잘 맞는지 맞지 않는지 생각해보시길 바랍니다.

## 일을 찾기 위해서는 구체적인 탐색이 필요하다

퇴사하고 실업자 신세가 되고 나니 또다시 진로에 대해 고민하지 않을 수 없었습니다. '공부를 다시 해볼까', '작은 회계법인으로 옮겨 볼까', '여태까지 감사만 해봤으니 세무 쪽 일을 해볼까' 이런저런 생각을 많이 하다가 금융공기업에 취업하기로 마음을 먹게 되었습니다. 회계법인을 나오게 된 주요 원인 중 하나가 지나치게 힘든 근무 여건이었던 터라 조금은 일하는 데 여유 있는 곳이 좋겠다 싶었구요. 급여 수준이나 복지도 나쁘지 않은 것 같았구요. 또 공기업이면 아무래도 사회에 기여할 수 있으니까 보람도 느낄 수 있을 것 같았습니다. 근무여건이라는 측면에서만 보면 만족스러운 수준이라는 결론을 내리게 되었습니다.

　　금융공기업으로 방향을 정한 뒤 때마침 현재 근무하는 회사에서 취업공고가 났습니다. 같은 실수를 반복하고 싶지는 않아서 공사에 근무하는 지인에게 입사 후 구체적으로 어떤 일을 하게 되는지 물어볼 수 있었습니다. 대화 끝에 보증, 보험, 파생상품, 프로젝트 파이낸싱을 아우르는 공사의 다양한 업무영역에 매력을 느끼게 되었습니다. 또 업무상 필수적으로 재무제표 분석과 신용 분석 등을 거치게 되는데, 이 과정에서 회계사로서 전문지식을 활용할 수 있다는 말에 더욱 확신을 얻어 공채에 지원하게 되었고, 입사전형을 거쳐 최종 합격하게 되었습니다.

한마디 덧붙이자면 최근 언론 보도 등으로 인해 금융공기업에 대해 잘못된 인식을 가지고 있는 경우를 이따금 보게 됩니다. 급여는 높고 일은 별로 없다는 것이지요. 그야말로 소위 말하는 '신의 직장' 아니냐고 묻는 분들도 있습니다. 하지만 제가 경험한 현실은 좀 다릅니다. 일반 사기업에 비해 안정성이 높은 것은 사실이나 시중 은행 등 금융권에 비해 급여는 낮은 수준입니다. 특히 작년에 신입사원 연봉을 대대적으로 삭감한 일도 있고, 급여 인상률도 정부의 가이드라인에 맞추어 물가상승률에도 미치지 못하는 경우도 많습니다. 일부 칼퇴근하는 부서도 있지만, 일 년 내내 야근하는 부서도 많습니다. 게다가 근무여건은 지속적으로 나빠지고 있는 중이구요. 단순히 웰빙 생활만을 꿈꾸고 지원하셨다가는 후회할지도 모릅니다.

## 금융공기업을 생각하는 후배들에게

금융공기업 입사를 희망하는 분들에게 제가 경험한 채용절차에 대해 몇 가지 알려드리겠습니다. 금융공기업 입사 전형은 회사에 따라 다르지만 대부분 서류심사, 전공필기시험, 논술, 면접으로 이루어집니다. 금융공기업의 경우 서류 심사의 벽은 상대적으로 높지 않은 것으로 알고 있습니다. 나이, 성별, 출신학교, 학력, 전공 등에 차별을 두고 있지 않으므로 일반 사기업에 비해서는 서류 통과가 더 쉬운 것 같습니다. 다만, 자기소개서는 향후 면접 등에서 폭넓게 활용될 수 있으니 성의 있게 잘 써두어야 합니다. 전공필기시험은 직렬에 따라 경제, 경영, 법, 이공계 등으로 나뉩니다. 객관성과 공정성을 중시하는 금융공기업 전형은 면접 비중이 높은 일반 기업과는 달리 필기시험 비중이 상당히 높습니다. 따라서 필기시험을 꼼꼼하게 준비해야 합격 가능성을 높일 수 있는데, 전공 공부 외에 따로 시험을 준비해야 하는 인문학 전공자 입장에서는 사실 쉬운 일은 아닙니다. 시험의 범위가 타과생이 대학 4년 동안 배운 전공 지식이므로 공부할 분량이 상당히 많습니다. 만약 금융공기업 입사를 희망하신다면 이런 점을 감안해서 관련 수업을 수강하는 등의 방법으로 미리 준비해야 합니다. 복수전공이나 부전공을 활용하는 방법도 있고요. 전공공부와 병행하기 쉽지 않은 일이지만 많은 인문학 전공자들이 이러한 핸디캡을 극복하고 합격하고 있으므로 뜻이 있는 분들은 도전해볼 만하다고 생각됩니다.

논술은 대개 전공 논술과 일반 논술로 나뉘어 출제되는데요, 주제가 천차만별이어서 짧은 시간 내에 대비하기는 어렵습니다. 다만 평소 신문 등을 꾸준히 읽고 주요 이슈들에 대해 자신의 생각을 정리하고, 이를 논리적이고 설득력 있게 풀어내는 훈련을 한다면 어렵지 않을 것이라 생각됩니다.

면접은 보통 실무진 면접과 임원 면접으로 나뉘는데, 형식은 점점 다양해지고 있습니다. 프레젠테이션을 하는 곳도 있고, 다른 지원자들과 토론하는 형식으로 면접을 보는 곳도 있고, 1박 2일로 면접을 보는 곳도 있습니다. 면접에서는 면접관의 질문에 대한 답변 내용도 중요하지만, 이에 못지않게 답변하는 태도가 중요하다고 합니다. 조직 생활이라는 것이 결국 사람들이 모여 부가가치를 만들어내는 것이고, 사람과 사람의 만남에서 가장 중요한 것은 커뮤니케이션 능력이므로 지원자의 태도를 눈여겨볼 수밖에 없겠지요. 잘 모르는 내용을 물어봐도 당황하지 않고 아는 범위 내에서 자신감 있게 대답한다면 좋은 결과를 얻으리라 생각합니다.

금융공기업은 대부분 같은 날 필기시험을 치르기 때문에 여러 곳에 원서를 넣어 서류 전형에 합격했더라도 한 곳을 선택해서 시험을 볼 수밖에 없습니다. 금융공기업에도 여러 회사들이 있고 각 회사마다 다루는 업무가 다르기 때문에 충분한 시간을 두고 자신에게 가장 적합한 회사를 찾아보는 일이 선행되어야 할 것입니다.

일단 취업이라는 높은 산을 넘고 회사에 들어오면 학부시절 무엇을 전공했는지는 별로 의미가 없습니다. 전공은 일 년에 한두 차례 열리는 동문회에서나 확인해볼까, 궁금해하는 사람도 물어보는 사람도 없습니다. 다행인지 불행인지 대한민국의 평범한 학사 학위 소지자에게 대단한 전문지식을 기대하지 않기 때문입니다. 사견입니다만 그럼에도 불구하고 채용 시에 경제학과, 경영학과 등 상대 출신을 선호하는 이유는 첫째로 신입사원에 대한 교육비용이 적게 들고, 둘째로 이들 학과 출신이 상대적으로 친기업적인 마인드를 가지고 있기 때문이 아닐까 합니다. 기업이 부담해야 할 교육비용을 대학으로, 신입사원 개개인으로 전가시키는 것만 같아 씁쓸하네요.

## 인문학과 실무능력의 관계에 대한 냉철하고 쓴 충고

입사 후에는 당연히 출신 성분보다는 본인의 업무처리능력이 중요합니다. 사회는 냉정하지만 그만큼 솔직한 곳이기도 해서 일 잘하면 일 잘하는 사람, 일 못하면 일 못하는 사람으로 평가받게 되니까요. 이런 평가는 그 사람이 눈이 쳐졌는지 째졌는지, 인문대 출신인지 상대 출신인지와는 무관합니다. 다만 능력이라는 것이 온전히 개인의 재능과 노력에만 달린 것이 아니고 그가 받은 교육과도 밀접한 연관이 있을진대, 우리가 사랑하는 인문학이라는 학문이 실무능력을 배양하는 데 얼마나 도움이 되는가 하는 점은 여전히 궁금합니다. 아니 도움이 되기는 하는 걸까요? 다른 학문들처럼 돈 버는 방법이나 실용적 기술을 가르쳐주지는 않으니까요. 제 주장을 하면 아무도 믿어주지 않을 것 같아 다른 분들의 입을 빌려 얘기해보려 합니다.

피터 린치(Peter Lynch)라는 펀드 매니저가 있습니다. 44년생이니 우리 나이로 올해 예순일곱 되겠네요. 린치는 피델리티 인베스트먼트(Fidelity Investments)라는 투자회사에서 1977년부터 마젤란펀드를 운용하기 시작해 13년 동안 2000만 달러 규모의 펀드를 660배나 불어난 132억 달러로 성장시켰습니다. 투자자들은 이 기간에 투자자금의 28배, 연평균 30%의 수익을 거둔 셈이죠. 1977년에 이 펀드에 1억 원만 투자했더라도 1990년에는 28억 원 정도 챙겨서 은퇴할 수 있었을 것입니다. 이 수익률은 아직까지도 월스트리트의 레전드로 남아 있습니다. 이 분이 쓴 책『전설로 떠나는 월가의 영웅』(One Up On Wallstreet)에 아래와 같은 내용을 남겼습니다.

"보스턴 대학에서 나는 역사학, 심리학, 정치학, 형이상학, 고대희랍철학, 논리학, 종교학, 인지학 등의 인문계열 공부에 주로 관심을 쏟았다.”

“지금 대학시절을 돌이켜보니, 역사나 철학을 공부하는 것이 통계학 따위를 공부하는 것보다 주식에 대한 준비과정으로 훨씬 나았음이 명백해진다. 주식투자는 과학이 아니라 예술이며, 모든 것을 계량화시키도록 훈련된 사람들은 상당한 불리함을 갖고 출발한다고 말할 수 있다.”

이 밖에도 조금만 찾아보더라도 실용적인 측면에서 인문학의 효용에 대한 언급은 곳곳에서 발견할 수 있습니다. 세계적인 경영학자 피터 드러커는 “경영학은 인문학이다. 경영학은 공동의 목표를 위해 사람을 통합하는 학문으로, 결국 사람에 대한 학문이다”라고 말했구요. 빌 게이츠 마이크로소프트 전 회장도 “오늘의 나를 있게 한 것은 동네의 작은 공공 도서관이었다. 인문학 없이는 나도, 컴퓨터도 있을 수 없다”고 이야기한 바 있습니다. 스티브 잡스 애플 CEO 역시 “소크라테스와 점심 식사를 할 수 있다면 회사의 모든 것을 걸겠다”고 말할 정도로 인문학에 애착을 보였습니다.

물론 단기적인 관점으로만 본다면 인문학은 그다지 실용적인 학문은 아닙니다. 여러분이 인문학을 전공한다면 회사생활을 하면서 전공시간에 배웠던 내용을 직접적으로 써먹을 일은 아마 없을 겁니다. 제가 회사에서 은퇴하는 그날까지 기안문에 18세기 독일문학을 언급할 일은 없다는 것을 장담할 수 있습니다. 하지만 조금 긴 시각으로 보면 어떨까요. 인문학은 전복적인 상상력과 논리의 엄정함을 모두 요구하는 학문입니다. 학부 때 저를 가르치셨던 은사님은 수업시간에 이런 말씀을 하셨습니다. “테제는 급진적이어도 좋다. 단 이를 뒷받침하는 근거는 합리적이어야 한다.” 제 느낌대로 풀어본다면 기존의 틀에

얽매이지 않는 자유로운 영혼으로 사고하되, 그 두 발은 현실에 굳게 근거하고 있어야 한다는 말씀인 듯 싶습니다. 그런데 이러한 태도야말로 급변하는 현실에 대처하기 위해 꼭 필요한 자세가 아닌가 싶습니다.

현실은 변화무쌍합니다. 현재의 성공이 미래로 이어지리라는 보장은 어디에도 없습니다. 휴대폰에 밀려 삐삐는 사라졌고, MP3플레이어에 밀려 CD플레이어는 이제 조용히 퇴장을 준비하고 있습니다. 이처럼 변화하는 현실에 대응하기 위해서는 기존 게임의 룰에 매몰되지 않고 독립적으로 사고하려는 노력이 필요합니다. 물론 이 과정에서 항상 본인의 논거가 정당한지 검증해보는 수고가 필요하겠지요. 정당한 논거에 근거하지 않는 자유로운 사고는 백일몽에 불과하니까요.

사람의 능력은 다양한 측면에서 정의될 수 있겠지만, 높은 자리로 올라갈수록 중요한 능력은 사람을 관리하는 능력이라고 생각합니다. 여러 사람을 효과적으로 관리하기 위해서는 실무를 많이 아는 것도 중요하지만, 무엇보다도 타인에 대한 감수성이 뛰어나야 할 것 같아요. 기본적으로 상하관계란 의사소통이 원활하지 않기 마련이어서 오해가 생기기 쉽고 불만이 발생하게 되는데, 이를 미연에 방지하고 갈등을 해소하기 위해서는 다른 사람을 헤아리고 배려하는 마음이 필요하기 때문입니다. 인문학적인 소양을 통해 타인에 대한 감수성을 배양할 수 있다고 하면 너무 앞선 주장일까요.

학부시절에 교양수업에서 『젊은 베르테르의 슬픔』에 대해 다뤘던 기억이 납니다. 괴테가 그 시절에 이 작품을 썼을 때는 이에 공감한 청년들의 자살이 유행처럼 번져서 사회문제가 되었을 정도라고 하던데, 사실 요즘 읽어보면 옛날 글이어서 좀 지루한 면이 많죠. 교수님도 학생들의 마음을 눈치 채셨는지 이런 말씀을 해주셨습니다. "이 글이 좀 지루하게 느껴지는 사람도 있을 것이다. 이 작품을 소설로만 읽으려 하면 그런 반응을 보일 수도 있다. 하지만 정말 베르테르의 입장이 되어서, 그가 처한 상황과 처지와 감정을 느껴보려 한다면 이 작품을 통해 전혀 다른 감동을 느낄 수 있을 것이다." 세월이 지나 수업시간에 배운 많은 내용은 잊혀졌지만, 텍스트를 죽은 활자로만 대하지 않고 자신의 마음으로 부딪혀보라는 교수님의 주문은 아직도 머릿속에 생생합니다. 시대와 장소를 뛰어넘어 다양한 인간 군상의 모습을 연구하는 인문학도의 자세를 간직한다면 조직생활에 꼭 필요한 커뮤니케이션 능력을 갖추기란 어렵지 않은 일일 것입니다.

지금까지 저는 인문학이 직업적 영역에서도 실용적일 수 있다고 설파했지만, 이런 것은 결국 부차적인 문제일 뿐이라고 생각합니다. 제가 생각하기에 우리가 인문학을 공부하는 궁극적인 이유는 첫째로 다른 사람은 어떻게 사나 궁금하기 때문이고, 둘째는 타인의 삶에 비추어 자신의 고민을 해결할 수 있는 실마리를 찾고 싶어서입니다. 우리 삶 자체가 수천 년간 반복되어온 인문학의 주제입니다. 회사가 강요하는 가치와 나의 가치가 충돌하면서 겪는 윤리적 딜레마는 철학이 되겠고요, 유사 이래로 자리는 부족하고 사람은 많기 마련이어서 조직정치의 미시사는 오늘도 회사 내에서 변주되고 있습니다. 어느 좋은 날 사무실은 시트콤처럼 느껴질 테지만, 아마 대부분의 회식 자리는 홍상수 영화처럼 진행될 겁니다. 온갖 인간 군상이 모여서 만들어내는 불협화음은 수많은 문학의 소재로 쓰이기에 적당합니다. 어제의 누군가는 오늘의 내가 하는 고민을 했고, 많은 경우에 그 해결책을 책으로 남겨 놓았습니다. 연예인은 고민이 생기면 무릎팍 도사를 찾지만, 인문학도는 책을 열어보는 법입니다.

지금까지 제가 졸업하고 사회생활 하면서 느낀 점을 두서없이 적어보았습니다. 말은 뱉기는 쉬운 것이라 저 자신도 지키지 못했던 많은 말들을 늘어놓아서 부끄러움을 느낍니다. 하지만 여러분들은 저와 같은 실수를 저지르지 않기를 바라는 마음에서 그리한 것이니 부디 이해해주시기 바랍니다. 여러분들의 건승을 기원합니다.

# 사람을 먼저 배워야,
# 사람을 도울 수 있다

스페인문학을 전공한 변호사
## 안 민

1972년생. 서어서문학 전공(법과대학 사법학과 부전공). 서울대학교 법과대학 제1기 금융법무과정 수료(2008).
현 법무법인 (유한)로고스 변호사
2002년 제44회 사법시험 합격
2005년 사법연수원 수료(제34기)

일은 남에게 도움을 주고, 다른 사람으로부터 도움을 받는 과정이다.
내가 지식이 있으면 그것으로 남을 돕고, 다른 사람이 가진 밥을 받는 것이 일이다.
하지만 남을 돕기 위해서는 남을 알아야 한다.
일을 하고 싶다면 사람을 돕고 싶다면, 먼저 사람을 배우고 인문학을 배워라.

2년 동안의 사법연수원 과정을 마치고 법무법인(흔히 '로펌'이라고 알려져 있지요)에서 변호사로 사회에 첫발을 내디딘 것이 엊그제 같은데 어느 새 6년이 되었습니다.

일반적으로 법조인(法曹人)이라고 하면 판사, 검사, 변호사 등 법률을 적용하는 직업을 가진 사람들을 말하는데, 이들을 가리키는 '법조 3륜(輪)'이라는 표현을 통해서 알 수 있듯이, 비록 다 같은 법조인이라고 하더라도 속해 있는 직역에 따라 맡은 업무와 요구되는 자질에 차이가 있습니다. 이하에서는 편의상 변호사 직역과 그 업무를 중심으로 경험한 것에 관해 말씀드리고자 합니다.

## 부와 명예의 대명사?
## 우리 사회의 전문직 가운데 하나인 변호사

종래 '변호사'는 의사와 더불어 경제적인 부와 사회적인 명예를 동시에 얻을 수 있는 대표적인 직업으로 인식되어 왔습니다. 그리고 상황이 많이 달라진 요즈음에도 여전히 그렇게 생각하고 계신 분들이 상당히 많은 것 같습니다. 여전히 전공과 상관없이 많은 분들이 사법시험을 준비하고 있고, 특히 새롭게 시행된 로스쿨에 다양한 연령층과 직업을 가진 분들이 대거 몰리고 있는 현상이 이를 잘 반영하고 있는 것 같습니다.

그러나 2008년에 이미 전국의 변호사 수가 1만 명을 넘어섰고, 매년 사법연수원에서 700명 정도의 변호사가 배출되고 있으며, 그에 따라 점차 치열해지는 경쟁 속에 변호사업계도 양극화가 진행되고 있습니다. 이러한 현상은 로스쿨에서 매년 2000명 이상의 변호사가 배출될 것으로 예상되는 2012년 이후에는 더욱 가속화될 것으로 보입니다. 따라서 변호사가 되면 당연히 경제적인 부가 보장될 것이라는 종래의 인식에도 이제는 변화가 필요하며, 직업으로서의 변호사를 바라보는 관점에도 역시 변화가 필요할 것 같습니다.

다만 비록 예전과는 상황이 많이 달라졌지만, 여전히 변호사란 직업이 가지는 공익성과 전문성을 인정해주시고 정중하게 대해주시는 분들이 많아 실제 업무 내·외적으로 감사함을 느낄 때가 많이 있습니다.

우리가 몸담고 있는 이 사회의 거의 대부분은 직·간접적으로 법에 의해 규율되거나 관련을 맺고 있습니다. 따라서 우리 사회에서 법률전문가인 변호사를 필요로 하는 분야도 상당히 넓습니다. 이제 변호사의 전통적인 업무라 할 수 있는 송무(소송업무) 영역 외에도 시야를 넓혀 새롭고 다양한 영역에 대한 도전이 필요한 시대입니다.


## 세상에는 어려운 사람, 억울한 사람, 약한 사람이 여전히 많다

변호사란 직업을 택한 이유나 동기는 변호사 수만큼이나 다양할 것입니다. 저의 경우는 꽤 어려서부터 변호사가 되겠다는 생각을 가지고 있었습니다. 대부분의 유년시절 장래 희망이 그렇듯, 제 경우도 당시 부모님이 가지고 계셨던 바람이 그대로 투영된 것이었습니다. 어려운 가정형편으로 인해 배움이 짧으셨던 아버지는 제가 어려서부터 기회 있을 때마다 "다른 사람을 도울 수 있는 사람이 되어야 한다"고 가르치셨고, 결코 넉넉한 형편이 아니었음에도 몸소 어려운 처지에 있는 사람들을 돕는 모습을 보여주시면서 어렵고, 억울한 사람을 도와줄 수 있는 변호사가 되기를 바라셨습니다. 변호사가 구체적으로 무슨 일을 하는지 제대로 알 리 없던 어린 저로서는 막연히 변호사가 되면 아버지 말씀처럼 '어려운 사람, 억울한 사람을 많이 도와줄 수 있겠구나'라는 생각을 하면서 '아무런 의심 없이' 변호사의 꿈을 가지게 되었던 것입니다.

그러다가 초등학교 4학년 때 결정적으로 꼭 변호사가 되겠다고 결심하게 된 계기가 있었습니다. 여느 때와 달리 몸을 가누지 못할 정도로 만취하신 아버지가 현관에 들어서자마자 저를 부르시더니 "민아, 커서 아빠처럼 억울한 일을 당한 사람들을 도울 수 있는 훌륭한 변호사가 되어야 한다"라고 당부하시면서 눈물을 흘리시던 모습을 지금도 잊을 수가 없습니다. 아버지가 우시는 모습을 본 것은 그때가 처음이었습니다(이후 아버지의 눈물을 한 번 더 보게 되었는데, 바로 몇 차례의 낙방 끝에 제가 사법시험에 합격한 날이었습니다). 당시 시내버스 운전기사로 일하셨던 아버지는 노동조합 활동에 적극 가담하였다는 이유로 그날 회사로부터 해고통지를 받으셨던 것입니다. 그 일을 계기로 저는 꼭 변호사가 되고야 말겠다는 의지를 다지게 되었습니다. 그런데 아무리 태어나 아버지 눈물을 처음 보았다 한들 기껏해야 초등학생에 불과한 어린아이의 결심이 얼마나 오래가겠습니까.

시간이 지나면서 변호사가 되겠다는 굳은 의지는 서서히 희미해져 갔고, 사춘기를 지나 머리가 굵어지면서 한동안 신학에 심취하여 신학대학 진학을 고집하다가 부모님과 갈등을 겪기도 하였습니다. 우여곡절 끝에 결국 법과대학에 지원하긴 하였으나 실패하고 2지망으로 인문대학에서 대학생으로서 가슴 설레는 첫발을 내딛게 되었습니다.

그 후 신입생 초기에 약간의 우려와 달리 앞으로 말씀드릴 내용처럼 문(文), 사(史), 철(哲)로 이루어진 인문학의 매력에 취해 행복한 대학시절을 보냈습니다. 돌아보면 이제까지의 삶 중에서 그때만큼 자유로운 영혼을 소유하였던 적도 없었던 것 같습니다 그러다가 국가의 부름을 받아 군에 입대하여 군복무를 마치고 복학하면서 본격적으로 졸업 후 진로에 대하여 고민하기 시작하였습니다.

당시 제가 가지고 있는 '직업'에 대한 생각은 단순히 경제적 삶을 영위하는 수단에 머물러서는 안 되고, 더 나아가 자아실현의 통로(通路)가 될 수 있어야 한다는 것이었습니다. 그런 이유로 제가 가진 장점과 가치관 그리고 신앙 등을 고려할 때 '과연 어떤 일에서 가장 큰 보람을 느낄 수 있을까?' 하는 점에 초점을 맞추었습니다. 물론 집안의 장남으로서 향후 부모님을 부양해야 하는 처지였기 때문에 경제적 안정이라는 현실적인 측면도 고려하였습니다. 비교적 차분하고 다른 사람의 말을 잘 들어주는 것을 좋아하고, 부모님으로부터 약자에 대한 배려를 가장 큰 미덕으로 여기는 가치관을 물려받은 저는 결국 유년시절 막연한 희망이었던 변호사가 되기로 결심하였습니다.

결과만 놓고 보면 먼 길을 돌아왔고, 그로 인한 고단함이 있었을지라도 인문학이란 우회로를 통과하면서 비로소 인간과 세계에 대한 인식의 지평이 넓어지고, 이해의 정도가 깊어지게 되었고, 그로 인해 더 구체적인 확신을 가지고 변호사의 길을 선택할 수 있었습니다. 돌이켜 보면 인문학이라는 우회로는 제게 있어 없어서는 안 될, '사람만이 희망'이라는 것을 깨닫게 해주고, '더디 가도 사람 생각'하게 하는 법을 가르쳐준 고마운 길이었다고 감히 자신 있게 말할 수 있습니다.


## 사람을 돕고 싶다면, 사람을 먼저 배워라

기대 반 우려 반으로 시작한 신입생 시절, 1000페이지가 넘는 두꺼운 하드커버로 된 전공서적을 들고 지나가는 다른 학과 학생들을 부러운 눈으로 바라보며 '적어도 대학공부라고 하면 전공서적이 저 정도는 돼야지' 하는 생각을 한 적이 있습니다. 특히 저처럼 외국 어문학(語文學) 전공자의 경우 낯선 문법과 어휘를 익히는 것이 우선이었기 때문에 당연히 학기 초부터 이에 집중할 수밖에 없었습니다. 그런데 도서관에서 두꺼운 전공서적을 쌓아 놓고 공부하고 있는 다른 학과 학생들 사이에서 200페이지가 채 못 되는 일반 소설책 두께 정도의 전공서적을 꺼내 놓고 고등학생처럼 연습장에 어휘를 반복해서 쓰면서 외우고 있노라면 '내가 대학공부를 하고 있는 것이 맞나?' 하는 생각에 왠지 초라하게 느껴지기까지 하였습니다. 단편적인 지식의 습득과 암기 위주의 입시교육에 길들어 있다 보니 어렵고, 복잡하고, 방대한 양의 지식 습득이 대학공부의 전부인 것처럼 생각하고 있었던 것입니다.

그런데 시간이 지나면서 그러한 시각이 변하기 시작했고, 사고의 외연도 조금씩 넓어지기 시작했습니다. 드디어 조금씩 인문학의 분위기를 느끼기 시작한 것입니다. 그러면서 차차 인문학의 매력에 빠져들게 되었습니다.

학창시절 제가 느낀 인문학의 가장 큰 매력은 자유로움을 포함하는 너그러움이었습니다. 인문학은 방대하고 복잡한 수식과 논리를 내세워 사람을 윽박지르거나 주눅 들게 하지도 않고, 미리 정해진 답을 강요하지도 않으며(어쩌면 정답 자체가 존재하지 않는다고 표현하는 것이 더 나을지도 모르겠습니다), 정오(正誤)의 이분법적 잣대를 들이대고 비난하지도 않습니다.

대신 인문학은 브레이크 없는 기관차처럼 방향을 잃고 무작정 앞으로만 내닫고 있는 사람들을 향해 바쁜 걸음을 잠시 멈추고 '어디를 향해 달려가고 있는지?', '왜 그곳을 향해 달려가고 있는지?'를 묻습니다. 인간이라면 한 번쯤은 고민해야 할 존재에 대한 보편적이고 근본적인 문제들에 대해 진지하게 고민해보라고 속삭입니다. 그리고 마치 어머니처럼 그러한 인간의 보편적이고 근본적인 문제들에 대한 답을 찾고자 하는 한계를 지닌 사람들의 다양한 의견을 경청해주고 격려해줍니다.

고작 학부에서 인문학을 전공한 것이 전부이고, 그나마도 부전공으로 법학 공부를 병행하느라 학부시절 인문학 공부에 전념한 것도 아닌 제가 감히 인문학에 대하여 이렇게 자유롭게 말할 수 있는 이유도, 저와 같은 자격미달인 사람의 어설픈 의견조차도 너그러이 포용해주는 인문학이라는 울타리 안에서 성장한 문(文), 사(史) 철(哲)의 후예라는 긍지가 있기 때문입니다.

다음으로 제가 느낀 인문학의 매력은 결코 가식적이거나 인위적이지 않은 살아 꿈틀대는 벌거벗음이었습니다. 적절한 비유인지 모르겠으나, 제가 느낀 인문학은 마치 한 끼 식사에 필요한 영양소와 칼로리 수치를 정확하게 계산하여 조리된 음식들로 구성된 잘 차려진 식탁을 제공하며 먹기를 강요하는 현대식 레스토랑이 아니라, 한쪽엔 가공되지 않은 다양한 채소들과 아직 살아 꿈틀거리는 생선이 놓여 있고, 다른 한쪽엔 약간의 습기를 머금은 막 쪼갠 장작더미가 쌓여 있어 아궁이에 불을 지피고 자신의 취향에 따라 직접 다양한 음식을 만들어 먹을 수 있도록 되어 있는 시골집 부엌과도 같습니다.

제가 느낀 인문학의 마지막 매력은 바로 겸손함이었습니다. 인문학은 궁극적으로 인간이란 존재 자체를 향하고 있기 때문에 인간을 관찰자로 소외시키지 않고, 주체로서 인간의 자리를 찾아주려고 애쓰는 겸손한 거울과도 같습니다. 그렇게 모순적이고 나약한 인간의 모습을 거울에 비춰줌으로써 사람들을 겸손하게 만듭니다.

돌이켜보면 학창시절 이처럼 매력적인 인문학을 접할 수 있었다는 것이 얼마나 큰 축복이었는지를 새삼 깨닫게 됩니다.


## 차가운 머리와 뜨거운 가슴을 가져야 하는 변호사

법조인이 되기 위해서는 먼저 현재의 법조인 선발제도에 대해서 알 필요가 있습니다. 현재 국내에서 법조인(판사, 검사, 변호사)이 되기 위해서는 사법시험에 합격한 후 2년 동안 사법연수원 과정을 수료하여야 합니다(군법무관 임용시험에 합격한 후 군법무관으로 10년 이상 근무를 한 경우에도 변호사 업무를 할 수 있습니다). 그런데 작년부터

'로스쿨'로 알려진 3년 과정의 법학전문대학원이 설치되어 시행에 들어감에 따라 로스쿨을 졸업하고 변호사자격시험을 통과할 경우에도 변호사 자격을 취득하게 됩니다. 첫 로스쿨 졸업자가 배출되는 2012년부터 사법시험이 폐지되는 2017년(사법시험 1차 응시는 2016년까지만 가능합니다)까지는 위와 같이 이원화된 법조인 선발제도가 유지되고, 그 이후의 법조인 선발은 로스쿨 졸업 후 변호사 자격시험 제도로 단일화될 예정입니다. 따라서 지금부터 2016년 사이에 법조인이 되기를 희망한다면 위와 같이 이원화된 선발제도 중 어느 쪽을 선택해야 할지를 먼저 결정해야 합니다.

변호사가 되는 것 못지않게 중요한 것이 바로 자신에게 변호사의 자질이 있는가를 냉정하게 판단하는 일입니다(청춘을 희생해가며 수년에 걸친 각고의 노력 끝에 변호사가 되었는데 막상 업무를 수행해보니 자신의 적성과 맞지 않는다면 문제가 심각하겠죠). 지금부터는 제가 변호사 업무를 수행하면서 직접 경험한 것과 동료, 선후배 변호사들이 경험한 것을 바탕으로 일반적으로 변호사에게 요구되는 자질에는 어떠한 것들이 있는지 말씀드리겠습니다.

변호사에게 요구되는 가장 중요한 자질은 바로 리걸 마인드(Legal mind)입니다. 리걸 마인드란 정리되지 않은 사실들을 파악하여 사실관계를 확정한 후 그러한 사실관계에 적절한 법률을 적용하여 결론을 도출해내는 일련의 법적 사고능력을 의미합니다. 그런데 이러한 리걸 마인드는 단기간에 길러지는 것이 아니라, 기본법에 대한 정확한 이해를 바탕으로 부단한 훈련을 통해 길러지게 됩니다. 과거 사법시험 합격자의 대부분이 법학전공자였던 시절에는 비법학전공자의 경우 4년 동안의 법학교육을 통해 자연스럽게 리걸 마인드가 형성된 법학전공자들에 비해 리걸 마인드가 대체로 부족하다는 지적이 있었던 것이 사실입니다(물론 이는 비법학전공자 모두에게 적용되던 것은 아니었으며, 개인적 능력 여하에 따라 비법학전공자가 대법관에 임명된 사례도 있습니다). 그러나 근래에 들어서는 과거에 비해 사법시험 합격자 중 비법학전공자의 비율과 새로 임용되는 판사·검사 중 비법학전공자의 비율이 증가하고, 실제 업무수행 면에서도 별반 차이가 없거나 업무영역에 따라서는 오히려 비법학전공자들이 두각을 나타내는 경우가 생기면서 위와 같은 시각은 거의 사라지고 있습니다(더구나 법조인 선발제도가 변호사 자격시험으로 단일화되는 2018년 이후에는 위와 같은 견해는 사실상 무의미한 것이 되겠지요).

위와 같은 리걸 마인드가 차가운 머리에 해당한다면 그 다음으로 변호사에게 요구되는 자질은 바로 '따뜻한 마음'입니다. 제3자의 입장에서 객관적인 판단을 하는 판사나 검사와는 달리 변호사의 주된 업무는 기본적으로 의뢰인 편에 서서 의뢰인의 정당한 권리와 이익이 법률적으로 보호받을 수 있도록 대변하는 것입니다. 이를 위해서는 의뢰인이 처한 상황이나 어려움 등을 진심으로 공감하고 이해할 수 있는 따뜻한 마음이 절대적으로 필요합니다. 그러한 따뜻한 마음이 없다면 의뢰인은 최선을 다해 보호해야 할 대상이 아닌, 한낱 돈벌이를 위한 수단으로 비쳐질 수밖에 없습니다. 의뢰인들 중에는 자신들의 억울한 사정이 실제 법률적으로 구제받을 수 있는지 여부를 떠나 자신들의 억울한 사정을 끝까지 들어주고 이해해주며, 그러한 억울함을 자신을 대신하여 법원이나 검찰에 주장해주는 것만으로도 충분히 만족해하는 경우도 종종 있습니다. 그런 경우에는 비록 소송에서 패소하였다 하더라도 의뢰인으로부터 고맙다는 말을 듣기도 합니다. 따라서 위와 같은 따뜻한 마음이야말로 앞서 말씀드린 차가운 머리와 더불어 변호사가 갖추어야 할 가장 중요한 자질입니다.

마지막으로 변호사에게 요구되는 자질로는 '창의력'을 들 수 있습니다. 적절한 비유일지 모르지만, 변호사의 업무는 실제 일어난 사실이라는 재료들을 가지고 법률이라는 조리기구와 조미료를 이용하여 시식자인 판사에게 최대한 좋은 음식평에 해당하는 승소판결을 얻기 위해 최선을 다해 식탁을 준비하는 요리사와 같습니다. 같은 재료를 가지고도 요리사의 능력에 따라 얼마든지 음식 맛이 달라질 수 있듯이, 동일한 사실관계를 가지고도 변호사의 능력에 따라 소송의 결과가 달라질 수 있습니다. 사안에 따라서는 종래의 관행이나 틀에 박힌 사고를 과감히 탈피하여 새로운 시각으로 사안을 재구성함으로써 좋은 결과를 얻을 수 있습니다. 이때 필요한 것이 바로 창의력인데, 인문학을 공부하면서 축적된 다양한 인문학적 교양과 상상력들이 바로 그 밑거름이 될 수 있습니다. 따라서 인문학 전공자들이 상대적 우위를 점할 수 있는 자질입니다.

## 인문학을 공부한 법조인

제가 가진 법에 대한 소박한 정의는 '더 많은 사람들이 행복하게 살기 위해 지켜야 할 최소한의 약속'입니다. 결국 법이 궁극적으로 지향하는 것도 바로 인간과 관련되어 있다는 점에서 인문학이 지향하는 것과 동일하다고 생각합니다. 그런 면에서 인문학을 공부한 사람들 모두 법조인이 되기에 충분한 자질을 가지고 있다고 감히 말씀드리고 싶습니다.

시간에 쫓겨 미처 정리되지 못한 생각들을 두서없이 말씀드린 것 같아 부끄러움과 걱정이 앞섭니다. 비록 보잘것없는 일천한 경험과 설익은 생각들이지만, 몇 발 앞서 사회에 발을 내딛고 수많은 시행착오를 거치는 과정에서 체득한 제 경험과 생각이 이제 막 대학생활을 시작하고 사회진출을 준비하는 인문대생들에게 조금이나마 도움이 되었으면 하는 과분한 소망을 가져봅니다.

# 미처 하지 못한 말

학창시절 후배들이 들어오면 대학을 다니는 동안 치열하게 고민하고, 직접 경험해보라고 권유한 세 가지 주제가 있었습니다. 사회의 구조적 모순과 그에 대한 구성원으로서 지녀야 할 책임(사회문제), 인간 존재가 가진 근본적 한계와 그 한계선상에서 비로소 시작되는 신의 존재(종교문제), 청춘의 영원한 화두인 진실한 사랑(이성문제)이 바로 그것이었습니다.

그런데 이제 세월이 흘러 우리 사회에도 많은 변화가 있었습니다. 그로 인해 위 세 가지 주제 중 첫 번째 것은 비록 여전히 가치 있는 것이긴 하나, 그 의미가 많이 퇴색한 것 같습니다. 그래서 위 첫 번째 주제를 대신하여 국경 없는 글로벌 시대를 살아가는 젊은이로서 세계의 흐름과 그 흐름 속에서 자신의 역할에 대해서 진지하게 고민해볼 것을 권해드립니다. 물론 나머지 두 가지 주제는 세월이 흐르고 세상이 변하였다 하더라도 여전히 가치 있는 것들이라고 생각합니다.

그리고 위와 같은 고민과 더불어 인식의 지평을 넓힐 수 있도록 국내외를 막론하고 기회가 있을 때마다 여행을 다녀보고, 더불어 타인에 대한 배려의 샘이 마르지 않도록 가급적 여러 형태의 봉사활동을 해볼 것을 마지막으로 권해드리고 싶습니다.